Nederlandse Grammatica voor Anderstaligen

Nederlandse Grammatica voor Anderstaligen

A.M. Fontein
A. Pescher-ter Meer

nederlands centrum buitenlanders

Trefwoorden:
Grammatica, tweede-taalverwerving

ncb uitgeverij bv
Postbus 638
3500 AP Utrecht
tel. (030) 239 49 59
fax (030) 236 45 46
e-mail uitgeverij@ncbnet.nl
internet www.ncbnet.nl

ISBN 90 5517 014 3
Bestelnummer 936.1260
Gewijzigde herdruk 2004

— Voorwoord

Tot dusver bestond er nog geen in het Nederlands gestelde gebruiksgrammatica die speciaal op anderstaligen is gericht. Daarom menen wij dat wij met deze *Nederlandse Grammatica voor Anderstaligen* in een behoefte voorzien. Het boek is in de eerste plaats bestemd voor diegenen die het Nederlands als tweede of als vreemde taal leren, en die zich een zodanige kennis van het Nederlands willen verwerven dat zij zich mondeling en schriftelijk zo correct mogelijk kunnen uitdrukken. Het boek zal echter eveneens veel nut kunnen hebben voor diegenen die het Nederlands onderwijzen als tweede taal of als vreemde taal.

Wij hebben deze grammatica in het Nederlands geschreven, om geen enkele anderstalige groepering bij voorbaat uit te sluiten, hoewel wij er ons van bewust zijn dat het bestuderen van dit boek enige inspanning zal vergen. Wij zijn de leden van de begeleidingscommissie, H. Canter Cremers, F. Goossens en P. de Kleijn dankbaar voor hun waardevolle adviezen, waarbij onze erkentelijkheid vooral uitgaat naar de beide laatstgenoemden, die het concept van dit boek zeer nauwkeurig hebben becommentarieerd, zodat het aanzienlijk aan waarde heeft gewonnen. Voor de definitieve totstandkoming van dit boek zijn wij dank verschuldigd aan velen. Het is ons niet mogelijk allen te noemen, maar wij willen een uitzondering maken voor Janny Timmers die het manuscript heeft uitgetikt, en voor Martine van Gorkum en Hilda Zwitsers die ons niet alleen geheel belangeloos hebben geholpen met de praktische uitwerking, maar die bovendien blijk hebben gegeven van zeer veel inzicht in de materie, zodat zij ons in veel opzichten tot grote steun zijn geweest.

Utrecht, mei 1985
A.M. Fontein, A. Pescher-ter Meer

Bij de herziene druk (1993)

In deze herziene druk hebben wij een aantal correcties aangebracht en is het register uitgebreid. In veel gevallen zijn Nederlandse grammaticale termen vervangen door gelatiniseerde termen. Door een andere vormgeving en lay-out is, naar wij hopen, de overzichtelijkheid en leesbaarheid van deze grammatica verbeterd. Overigens kan deze herziene druk naast de voorgaande drukken worden gebruikt. De paragraafnummering is niet gewijzigd.

Bijzondere dank zijn wij verschuldigd aan dr. B. Rajman uit Wroclaw (Polen) voor zijn uiterst nauwgezette lezing en daaruit voortkomende op- en aanmerkingen die hij ons ter beschikking stelde.

Utrecht, april 1993
A.M. Fontein, A. Pescher-ter Meer

In de herdruk van 1994 zijn enkele storende zetfouten gecorrigeerd. Voor het overige is deze druk gelijk aan de vorige.

Bij de herziene druk (1996)

In de herdruk van 1996 zijn de spellingswijzigingen verwerkt die met ingang van augustus 1996 van kracht zijn geworden. Dit heeft met name gevolgen gehad voor hoofdstuk 1.

Inleiding

Deze grammatica is bedoeld als *gebruiksgrammatica*. Bij het schrijven ervan is ernaar gestreefd dit boek zodanig samen te stellen dat het vooral van praktisch nut is. De accenten liggen anders dan die in een grammatica bestemd voor het moedertaalonderwijs. Er is veel aandacht besteed aan onderwerpen die voor anderstaligen grote moeilijkheden opleveren, maar die voor diegenen die het Nederlands als moedertaal hebben nauwelijks uitleg behoeven. Het onderwijzen van een vreemde taal is immers wezenlijk anders dan het onderwijzen van de moedertaal. Zo nemen in deze grammatica onderwerpen als het gebruik van voorzetsels, het gebruik van *er*, het gebruik van de tijden van het werkwoord, de ontkenning, het onbepaalde lidwoord tegenover het bepaalde lidwoord en de spelling een belangrijke plaats in.

Dit boek wil beginnende taalleerders houvast bieden. Men vindt er die onderwerpen in die van belang zijn om een goede basiskennis van de Nederlandse taal te krijgen. Het criterium voor het wel of niet opnemen van grammaticale onderwerpen was of het weglaten ervan een belemmering zou kunnen zijn voor het zich correct kunnen uitdrukken. Zo is bij voorbeeld niet in detail ingegaan op woordvorming, of op het weglaten van de infinitief *gaan* na *moeten, mogen, kunnen, willen* en *hoeven* (zie par. 221). Voor een zeer uitgebreide en bijna volledige grammatica zij verwezen naar Algemene Nederlandse Spraakkunst, Groningen 1984, die vooral bestemd is voor specialisten.

Deze *Nederlandse Grammatica voor Anderstaligen* is een naslagwerk. Er bestaat geen speciale verbinding met een bepaalde lesmethode. Om het opzoeken te vergemakkelijken zijn de paragrafen doorgenummerd. Het alfabetische register achterin het boek verwijst naar deze paragrafen. Voor een beginnend gebruiker, dat wil zeggen voor iemand die nog maar een beperkte kennis van het Nederlands heeft, zal het voldoende zijn de schema's en voorbeeldzinnen te bestuderen; een gevorderd gebruiker zal bovendien behoefte hebben aan de passages in kleine letters gedrukt.

Om de leesbaarheid te bevorderen is, waar mogelijk, steeds hetzelfde woordgebruik en dezelfde stijl gehanteerd. Dit betekent dat er in dit opzicht soms enige concessies zijn gedaan. Een voordeel is echter dat als iemand één hoofdstuk goed heeft begrepen, de volgende hoofdstukken, althans wat woordgebruik en stijl betreft, minder moeilijkheden zullen opleveren. Het gebruik van een woordenboek zal meestal wel nodig blijven.

In dit boek wordt zo min mogelijk ingegaan op de verklaring van de betekenis van woorden. Soms echter leek een verklaring wel nodig, bij voorbeeld bij de voorzetsels, omdat het gebruik daarvan voor anderstaligen vaak zeer onduidelijk is, en het goed gebruiken van voorzetsels een correct taalgebruik bevordert. Deze grammatica is gebaseerd op het taalgebruik zoals dat door de meerderheid van de bevolking van Nederland als correct wordt beschouwd. Er wordt niet ingegaan op taalgebruik dat karakteristiek is voor Vlaanderen, of op dialecten. In sommige gevallen wordt van een voorbeeld vermeld of het alleen in de schrijftaal dan wel in de spreektaal wordt gebruikt.

Met schrijftaal wordt een stijl bedoeld die men in het algemeen alleen geschreven ziet. Deze stijl is formeel. Met spreektaal wordt een stijl bedoeld die men in het algemeen alleen hanteert als men spreekt. Zo wordt een zin als 'Een ieder dient voorzichtig te zijn' als schrijftaal, en 'Iedereen moet voorzichtig zijn' als spreektaal beschouwd.

Een taal is een systeem dat voortdurend verandert. Het systeem wordt vastgelegd in regels en voorschriften, er worden normen vastgesteld. Deze normen veranderen minder snel dan de taal zoals die door de taalgemeenschap gebruikt wordt. In deze grammatica worden de normen zoals boven omschreven, aangehouden. Wanneer het gaat om een taalgebruik dat in de spreektaal vaak voorkomt, maar dat geschreven niet volgens de norm is, wordt dit gebruik wel gesignaleerd, maar worden voorbeeldzinnen achterwege gelaten. Deze procedure is o.a. gevolgd wanneer bij *hier, daar, waar* en *er* in combinatie met een voorzetsel wordt verwezen naar personen.

In dit boek zijn de grammaticale termen gebruikt die het meest gangbaar lijken. Vaak is dat de Latijnse of de gelatiniseerde term, soms de Nederlandse term. De Latijnse termen worden door de Nederlandse termen verklaard, en andersom. Bovendien wordt een alfabetische lijst gegeven met Latijnse of gelatiniseerde termen gevolgd door de overeenkomstige Nederlandse term, en een opsomming van de tijden van het werkwoord, gevolgd door de overeenkomstige Latijnse termen. In dit boek wordt de spelling gebruikt welke is ingegaan in augustus 1996.*

* Woordenlijst Nederlandse taal. Samengesteld door het Instituut voor Nederlandse Lexicologie in opdracht van de Nederlandse Taalunie. Sdu Uitgevers / Standaard Uitgeverij, Den Haag / Antwerpen, 1995.

Inhoud

1

— De spelling - orthografie

1   De spelling en de uitspraak van Nederlandse woorden staan in nauwe relatie tot elkaar. De manier waarop een woord wordt uitgesproken, hangt in principe af van de manier waarop een woord gespeld wordt. En, de manier waarop een woord gespeld wordt, hangt af van de uitspraak van dat woord. De regels zoals die in dit hoofdstuk gegeven worden, benaderen het probleem in de eerste plaats vanuit de spelling, en in de tweede plaats vanuit de uitspraak. Deze regels hebben betrekking op het spellen van woorden die op de Nederlandse manier worden uitgesproken.

Uitzonderingen

2   **Eigennamen** (zie 84)
Deze worden niet altijd volgens de algemene spellingsregels geschreven. Daarom wordt geadviseerd steeds te vragen hoe een eigennaam gespeld moet worden (zie 66.2 en 66.3)

• de familie De Bruyn	• de familie Janssen
• de familie De Raadt	• de familie Roose
• Philip	• Thea
• Coevorden	• Zutphen

3   **Woorden uit andere talen overgenomen en aan andere talen ontleend.**
Per 1 augustus 1996 zijn er door de Nederlandse Taalunie enkele aanpassingen ingevoerd in de spelling van Nederlandse woorden. De aanpassingen en wijzigingen zijn vastgelegd in de Woordenlijst Nederlandse taal (het nieuwe 'Groene boekje', uitgegeven door Sdu/Standaard, Den Haag/Antwerpen, 1995).

Een aantal woorden is in het Nederlandse taalgebruik uit andere talen overgenomen. Voor deze woorden wordt in het algemeen de originele spelling aangehouden. Deze spelling is meestal anders dan die van oorspronkelijk Nederlandse woorden. Vooral voor Franse en Engelse woorden geldt dat ook de uitspraak anders is. De uitspraak van deze woorden komt min of meer overeen met die in het Frans of in het Engels.

Uit het Frans overgenomen zijn bij voorbeeld:

• atelier	• douane	• ingenieur	• bagage
• employé	• restaurant	• cadeau	• enquête
• toilet	• café	• façade	• trottoir
• chauffeur	• garage	• vestiaire	

Uit het Engels overgenomen zijn bij voorbeeld:

- computer
- jam
- weekend
- folder
- tram
- snackbar
- flat
- dancing
- lunch

Een aantal woorden dat uit het Engels is overgenomen, heeft een Nederlandse vorm gekregen. Dat zijn vooral werkwoorden. Bij voorbeeld:

- racen
- printen
- rugbyen
- faxen
- plannen
- joggen

Deze werkwoorden worden vervoegd volgens de regels van 't kofschip (zie 236-238).
racen - racete - raceten - geracet
rugbyen - rugbyde - rugbyden - gerugbyd
plannen - plande - planden - gepland
joggen - jogde - jogden - gejogd
printen - printte - printten - geprint
faxen - faxte - faxten - gefaxt

Uit het Duits overgenomen zijn bij voorbeeld:

- ober
- sowieso
- überhaupt

4 Een groot aantal woorden is aan andere talen ontleend, bij voorbeeld:

- cultuur
- officieel
- grammatica
- theater
- succes
- expres

5 Het Nederlandse alfabet bestaat uit 26 letters:
a, b, c, d, e, f, g, h, i, j, k, l, m, n, o, p, q, r, s, t, u, v, w, x, y/ij en z. (zie 37 voor y/ij)
De a, e, i, o, u en y/ij zijn **vocalen** (klinkers), de andere letters zijn **consonanten** (medeklinkers).
Met de woorden *vocalen* en *consonanten* worden lettertekens bedoeld. Met het woord *klank* wordt in deze grammatica de uitspraak van deze lettertekens bedoeld.

6 Om duidelijk te maken welke klanken bedoeld worden, volgt hier eerst een lijst met symbolen die internationaal zijn vastgelegd om de uitspraak van klanken weer te geven. In de hierna volgende tekst staan deze symbolen tussen rechte haakjes [ ]

[ɑ]	als in	*al, tak, jas, wat, smal, lamp*
[a]		*aan, taak, straat, ja*
[ɛ]		*en, spel, les, net, zeg*
[e]		*eet, speel, lees, week, mee*
[I]		*ik, is, wil, vis, stil*
[i]		*iets, niet, tien, vies, wie*
[ɔ]		*op, om, ons, pop, pot, los*
[o]		*oom, poot, loop, zo*
[œ]		*put, bus, stuk, kunt*
[y]		*u, uur, duur, nu*
[u]		*boek, roep, zoek, doe, moe*

[ə]		de, je, me, ze
[ø]	als in	neus, reus, leuk
[ɛi]		ijs, kijk, reis, trein, vrij, jij
[ʌü]		uit, huis, tuin, lui
[ɑu]		oud, koud, paus, vrouw, nou, jou
[']		klemtoon

Het verschil in uitspraak tussen æ (put) en ə (de) is zo klein dat de meeste Nederlanders dit verschil niet kunnen horen.

[p]	als in	pak, pot, post, op, loop
[b]		bal, boos, boom, bel
[t]		tak, tas, twee, laat, groot
[d]		dak, deur, dom, dit
[k]		kaas, kat, klas, leuk, zoek
[f]		feest, fles, af, geef
[v]		van, voor, vies, ver
[s]		suiker, soms, kaas, huis, is
[z]		zes, zeven, zonder, zeer, zien
[x]		groot, geld, acht, lach, mag, laag
[ž]		jalouzie, garage, horloge
[š]		chocola, show, sjaal, machine, meisje
[m]		man, maak, moe, dom, oom
[n]		nat, naast, niet, dan, tien
[ŋ]		zingen, brengen, bang, lang, jong
[l]		laat, los, les, zal, wil
[r]		raam, reis, roos, deur, door
[j]		ja, Jan, jij, jong
[w]		wat, waar, wie, welk, weer
[h]		had, heeft, huis, help, hij
[ɲ]		franje, oranje, champagne

Veel Nederlanders maken geen verschil in de uitspraak van *f* en *v*.

I   Vocalen (klinkers)

A   De *a e i o u*

De vocalen *a e i o u* kunnen elk verschillende klanken aanduiden. Zo is er het onderscheid tussen **heldere** en **donkere** klanken. Een donker uitgesproken vocaal klinkt in het algemeen korter dan een helder uitgesproken vocaal. Daarom gebruiken veel grammatica's de termen 'korte' en 'lange' vocalen.

• a (donker)	[ɑ]	tak	takken
• a (helder)	[a]	taak	taken

| • e (donker) | [ɛ] | spel | spellen |
| • e (helder) | [e] | speel | spelen |

| • i (donker) | [I] | wil | willen |
| • i (helder) | [i] | wiel | wielen |

| • o (donker) | [ɔ] | pot | potten |
| • o (helder) | [o] | poot | poten |

| • u (donker) | [œ] | put | putten |
| • u (helder) | [y] | fuut | futen |

8   De regels voor de spelling zijn voor een groot deel gebaseerd op de verdeling van woorden in **lettergrepen** (syllaben). Een woord wordt als volgt in lettergrepen verdeeld. (zie ook 56)

1. Bij één enkele vocaal gevolgd door één enkele consonant splitst men na de vocaal, voor de consonant:

- • ta-ken   • spe-len   • po-ten   • gro-te
- • ta-fel   • stu-dent

tak ↔

2. Bij een dubbele consonant tussen twee vocalen splitst men tussen de twee consonanten:

- • tak-ken   • spel-len   • wil-len   • pot-ten
- • put-ten   • al-les *ales*   • lek-ker   • bin-nen

Bij twee verschillende consonanten splitst men ook tussen de twee consonanten:

- • man-den   • maan-den   • mees-ter   • wor-den
- • woor-den

3. Bij meer dan twee consonanten gaan die consonanten naar de volgende lettergreep die aan het begin van het woord kunnen staan:

- • oog-sten   • bor-stel   • ern-stig   • art-sen
- • zee-strand   • af-spraak   • op-schrift

9   **Aan het eind van een lettergreep staat nooit een dubbele consonant!**

Opmerking 1

10   Bij samengestelde woorden scheidt men eerst de delen van de samenstelling:

- • rust-uur   • antwoord-kaart   • wed-strijd   • waar-om

Zie 56, 122

Opmerking 2

11   Bij afleidingen scheidt men prefixen en suffixen van het grondwoord:

- • be-antwoorden   • ver-overen   • raam-pje   • paard-je
- • paar-tje

Uitzondering

12   Woorden met suffixen die met een vocaal beginnen (bij voorbeeld -*er*, -*aar*, -*es*, -*in*):
      • lo-per   • die-naar   • le-raar   • le-ra-res
      • tij-ge-rin
      Woorden op -*aard*, -*aardig* en -*achtig* volgen wel de regel uit opmerking 2 (zie 11):
      • grijs-aard   • schaap-achtig   • rood-achtig   • eigen-aardig

13   Om te weten of men een vocaal of een consonant enkel of dubbel moet schrijven,
      moet men **gesloten** en **open** lettergrepen onderscheiden.
      Een **gesloten lettergreep** eindigt op een consonant.
      Een **open lettergreep** eindigt op een vocaal.

14   Gesloten lettergreep
      Als de vocaal donker wordt uitgesproken, schrijft men een enkele vocaal.
      Als de vocaal helder wordt uitgesproken, schrijft men een dubbele vocaal.

gesloten lettergreep {	donker - altijd enkele klinker (tak, spel)
	helder - altijd dubbele klinker (taak, speel)

Uitzondering

15   De *u* wordt helder uitgesproken [y] in een gesloten lettergreep voor een *w*: *uw, duw, ruw*.

16   Open lettergreep
      De vocaal die aan het eind staat van een open lettergreep wordt altijd helder
      uitgesproken en altijd enkel geschreven.

open lettergreep {	altijd helder - altijd enkele vocaal
	(ja, zo, nu, ta-ken, spe-len, po-ten)

Uitzonderingen
Voor de *ee* (zie 22), voor de *ie* (zie 23-32), voor de *o* (zie 52), voor de *i* (zie 23-32, 62),
voor de stomme *e* (zie 20-22).

17   Het enkel of dubbel schrijven van een consonant is dus alleen een gevolg van de
      uitspraak van de voorafgaande vocaal. Het heeft geen enkele invloed op de
      uitspraak van de consonant zelf.
      De *k* in *takken* en in *taken* wordt op precies dezelfde manier uitgesproken, alleen de
      uitspraak van de *a* is verschillend.

18   Een donker uitgesproken vocaal kan nooit aan het eind van een lettergreep staan,
      die staat dus altijd in een gesloten lettergreep (*tak, spel*).
      Om de uitspraak van de vocaal donker te houden, moet men de lettergreep
      gesloten houden. Daarom moet men de volgende consonant verdubbelen (*takken,
      spellen*) (zie 62, voor uitzondering).

19 De hierboven genoemde regels zijn met name van toepassing bij het toevoegen en
wegnemen van uitgangen.

1. Bij de uitgang *-en* voor de pluralis van substantieven:

donker uitgesproken vocaal:	de tak	– de takken
	de pot	– de potten
helder uitgesproken vocaal:	de taak	– de taken
	de poot	– de poten

2. Bij de uitgang *-e* voor adjectieven:

donker:	smal	– smalle
	dom	– domme
helder:	laag	– lager
	hoog	– hoger

3. Bij de uitgang *-er* voor de comparatief:

donker:	smal	– smaller
	dom	– dommer
helder:	laag	– lager
	hoog	– hoger

4. Bij de werkwoordsvormen:

| donker: | pakken | – ik pak | – jij/hij pakt | – ik heb gepakt |
| helder: | maken | – ik maak | – jij/hij maakt | – ik heb gemaakt |

5. Bij sommige onregelmatige werkwoorden in het imperfectum:

| donker: | ik begon | – wij begonnen |
| helder: | ik besloot– | wij besloten |

B   De *e/ee*

20 De regels die in de paragrafen 7, 13-18 gegeven zijn, zijn van toepassing op een
heldere *e* [e] en een donkere *e* [ɛ].
Er bestaat ook een 'stomme' *e* [ə], die in principe onbeklemtoond is. De 'stomme' *e*
kan in een open lettergreep en in een gesloten lettergreep staan.

1. In open lettergreep
a. aan het eind van een woord, bij voorbeeld:

| • d*e* | • j*e* | • m*e* | • z*e* |
| • t*e* | • eind*e* | • warmt*e* | |

b. als uitgang van een adjectief, bij voorbeeld:

| • mooi*e* | • hog*e* | • small*e* |

c. tussen twee andere lettergrepen, bij voorbeeld:

| • luist*e*ren | • wand*e*len | • gevang*e*nis |

d. als laatste letter van de prefixen *be-, ge-, te-*, bij voorbeeld:

| • b*e*loven | • g*e*loven | • t*e*samen |

2. In gesloten lettergreep
a. in woorden als:
    - taf*e*l   - kam*e*r   - keuk*e*n   - bez*e*m

b. in het prefix *ver-*:
    - v*e*rstaan

c. in de uitgang *-en* van de pluralis van substantieven en van de infinitief van werkwoorden, bij voorbeeld:
    - tak*e*n   - woord*e*n   - mak*e*n   - werk*e*n

Het is aan een woord niet te zien in welk geval de *e* beklemtoond of onbeklemtoond is. Zo heeft het woord *bedelen* twee betekenissen:
    - bedelen [bédələ] – om geld vragen
    - bedelen [bədélə] – iemand zijn deel geven

Zo bestaan ook bij voorbeeld naast elkaar de woorden:
    - appel en *appel*   [àpəl en apél]
    - *regeling* en *regering*   [réxəlIŋ en rəxérIŋ]

21 Het is voor de spelling belangrijk te weten of een *e* klemtoon heeft of niet, bij voorbeeld wanneer de stam van een werkwoord moet worden gevonden, of wanneer uitgangen moeten worden toegevoegd.
Vergelijk de stomme *e* tegenover de helder uitgesproken *e*:
    - luist*e*ren   – ik luister   – ik heb geluisterd
    - protest*e*ren   – ik protesteer   – ik heb geprotesteerd

Vergelijk ook:
    - borst*e*len [ə]   – ik borstel   – wij borstelen   – ik heb geborsteld
    - best*e*llen [ɛ]   – ik bestel   – wij bestellen   – ik heb besteld
    - best*e*len [e]   – ik besteel   – wij bestelen

22 *ee*
Wanneer een woord eindigt op een helder uitgesproken *e* [e], wordt deze *e* als *ee* geschreven:
    - zee   - thee   - mee   - twee
    - gedwee

Dit gebeurt om onderscheid te maken tussen woorden die eindigen op een stomme *e* [ə], die enkel wordt geschreven.
Vergelijk:
    - thee   – te
    - mee   – me
    - zee   – ze

Wanneer één van de delen van een samengesteld woord eindigt op *-ee*, blijft de *-ee* aan het eind van de lettergreep staan, ook als deze *-ee* midden in het samengestelde woord staat. Dit in tegenstelling tot de in paragraaf 16 gegeven spellingsregels.

Vergelijk:
- zee-strand – ze-ven – maze-len
- thee-pot – te-gen – te-gelijk
- twee-de – we-ten – lauwe-ren
- mee-gaan – me-ten – me-vrouw

C   De *i/ie*

23 Wanneer deze vocaal donker wordt uitgesproken [I], wordt hij geschreven als i:
- ik • is • wil • willen
- binnen

Wanneer deze vocaal helder wordt uitgesproken [i], wordt hij als volgt geschreven.

24 1. In een gesloten lettergreep *ie*, bij voorbeeld:
- wiel • tien • niet • muziek
- misschien • archief

25 *Uitzondering*
Voor de uitzondering in de uitgang *-isch* (elektr*isch*, fantast*isch*) zie 53.

26 2. In een open lettergreep
a. aan het eind van een woord: *ie*, bij voorbeeld:
- wie • die • industrie

27 *Uitzonderingen*
januari, februari, juni, juli, taxi, alibi, ski
en de pluralisuitgangen van oorspronkelijk Latijnse en Italiaanse woorden (zie 114, 116) bij voorbeeld:
- *catalogi* • *porti*

28 b. binnen een woord *ie* in van oorsprong Nederlandse woorden:
- wielen • dieren • niemand • ieder

29 *Uitzondering*
Onbeklemtoond en vóór een andere vocaal schrijft men *i* :
- krioelen • riool • neuriën • koloniën
- principieel

30 Binnen een woord *i* in van oorsprong niet-Nederlandse woorden, dus in woorden die min of meer internationaal zijn:
- spiraal • direct • familie

31 Vergelijk
- muziek (*ie* in gesloten lettergreep) en
- muzikaal (*i* in open lettergreep, binnen een woord van niet-Nederlandse oorsprong).

Zo ook bij voorbeeld:
- archief   – archivaris
- fabriek   – fabricage

Deze regel is niet altijd duidelijk. Raadpleeg bij twijfel een woordenboek.

32 *Opmerking*
De *i* in het suffix *-ig* wordt uitgesproken als een stomme *e* [ə].
- aardig   • prachtig   • gezellig

D   De *oe, eu, ui, ij, ei, au, ou*
33 Er zijn enige klanken die door twee verschillende letters worden aangeduid: *oe* [u], *eu* [ö], *ui* [ʌü], *ij* [ɛi], *ei* [ɛi], *au* [ɑu] en *ou* [ɑu].
- *oe* [u]   – *stoel*   • *au* [ɑu] – *paus*   • *eu* [ø] – *neus*
- *ei* [ɛi]   – *trein*   • *ou* [ɑu] – *kous*   • *ui* [ʌy] – *tuin*
- *ij* [ɛi]   – *kijk*

34 **Bij deze klanken bestaat het contrast helder en donker niet. Voor de spellingsregels gelden ze als helder. Daarom worden ze nooit gevolgd door een dubbele consonant (zie 17).**
- de stoel – de stoelen   • de tuin – de tuinen
- ik kijk   – wij kijken   • de trein – de treinen
- de kous – de kousen

35 *ij/ei*
Let op! De *ij* wordt in het Nederlands als één letter beschouwd.
Er is geen enkel verschil in uitspraak tussen *ij* en *ei* !
- kijk   • trein

Raadpleeg bij twijfel een woordenboek.

Uitzondering
36 De *ij* in het suffix *-lijk* wordt uitgesproken als een stomme *e* [ə]:
- moeilijk   • gemakkelijk   • natuurlijk

Er zijn enkele woorden die precies hetzelfde worden uitgesproken, en waar men het verschil in betekenis alleen kan zien aan de spelling, bij voorbeeld:
- mij – mei   • stijl – steil   • lijden – leiden   • zij – zei
- pijl – peil   • vlijen – vleien   • wij – wei

Er bestaat één woord waarin de *ij* als *ie* [i] wordt uitgesproken: *bijzonder*.

37 *y*
De *y* wordt gebruikt in van oorsprong niet-Nederlandse woorden, en als *i/ie* [i] uitgesproken:
- hobby   • baby   • analyse   • systeem

38 *au/ou*

Er is geen enkel verschil in uitspraak tussen *au* en *ou*!

- paus
- kous
- blauw
- vrouw

Vaak worden *au* en *ou* gevolgd door een *-w*. Deze *-w* wordt niet uitgesproken. Er is dus geen enkel verschil in uitspraak tussen

- *jou* en *jouw*   Ik geef jou straks jouw boek terug.
- *nou* en *nauw*   Nou is mijn rok te nauw geworden.

Er zijn enkele woorden die precies hetzelfde worden uitgesproken, en waar men het verschil in betekenis alleen kan zien aan de spelling, bij voorbeeld:

- rauw – rouw
- kauwt – koud

E   *-aai, -ooi, -oei, -eeuw, -ieuw*

39 Er zijn vijf klanken die door meer dan twee vocalen worden aangeduid:

- -aai   – saai
- -ooi   – mooi
- -oei   – groei
- -eeuw   – sneeuw
- -ieuw   – nieuw

Bij splitsing in lettergrepen blijven *-aai, -ooi* en *oei* als combinatie aan het eind van een open lettergreep bij elkaar staan. Binnen de combinatie kan niet gesplitst worden: *draai-en, mooi-er, moei-lijk*.

De combinaties *-eeuw* en *-ieuw* moeten tussen de *-u-* en de *-w-* gesplitst worden: *sneeu-wen, nieu-we*.

F   Het gebruik van het trema (¨)

40 Een klank wordt soms door twee vocalen aangeduid, bij voorbeeld: *ee, oo, ie, oe, ei, eu, ui*. Wanneer deze vocalen in één woord staan en als aparte klanken moeten worden uitgesproken, schrijft men op de tweede vocaal een trema. Zo wordt het trema gebruikt om aan te duiden dat de twee vocalen tot verschillende lettergrepen behoren. Men zet het trema op de vocaal waarmee de nieuwe lettergreep begint:

- ee   – tweeën, drieën, beëindigen, geëvalueerd
- oo   – coöperatie, zoölogie
- ie   – België, patiënt, koloniën, officiële
- oe   – poëzie
- ei   – beïnvloeden, geïnspireerd, geïnteresseerd
- eu   – reünie, geüniformeerd
- ui   – ruïne

Uitzonderingen

a.   Deze regel is niet van toepassing op Latijnse woorden die eindigen op *-eus, -eum*, en de Latijnse pluralisvorm *-ei* en op Franse woorden die eindigen op *-ien*. Bij voorbeeld:

- extraneus
- museum
- extranei
- opticien

b. Samenstellingen van twee woorden tot één woord, waarvan het einde van het eerste deel en het begin van het tweede deel een klankcombinatie vormen, waarbij men een trema zou verwachten. Bij voorbeeld:
- auto-ongeluk (gevormd door auto en ongeluk)
- zo-even (gevormd door zo en even)

Vergelijk: coöperatie en auto-ongeluk
           poëzie en zo-even.
In het eerste geval is het geen samenstelling, in het tweede geval is het wel een samenstelling.
Getallen bestaan wel uit meer woorden, maar hier moet men toch het trema schrijven. Bij voorbeeld: tweeëntwintig.

Wanneer er geen gevaar bestaat voor een verkeerde uitspraak, gebruikt men het trema niet.
Bij voorbeeld: als een woord aan het eind van de regel wordt afgebroken: *co-operatie*; bovendien bij lettercombinaties die nooit als één klank worden uitgesproken, bij voorbeeld: *chaos, beambte, eventueel, principieel.*

Let op
De vorm *principiële* krijgt natuurlijk wel een trema op de *e*.

II   Consonanten (medeklinkers)

A   Dubbele consonant
41   Een dubbele consonant kan alleen maar tussen twee vocalen staan. Dit betekent:

42   **Nooit een dubbele consonant aan het eind van een woord!**
- al, man, spel, wil, pot, put

43   **Een dubbele consonant kan nooit gevolgd worden door een andere consonant!**
Vergelijk
• spellen	– hij spelt	– hij heeft gespeld
• willen	– u wilt	– u heeft gewild
• pakken	– jij pakt	– jij hebt gepakt

De *consonanten h, j, q, v, w* en *x* kunnen niet verdubbeld worden (zie 54 voor *-cc*).

44   Een uitzondering op de spellingsregels is het vormen van het imperfectum van regelmatige werkwoorden met stam op *-d* of *-t* (zie 246 werkwoorden).
• verbranden	– ik verbrandde	– wij verbrandden
• verwachten	– ik verwachtte	– wij verwachtten
• posten	– ik postte	– wij postten

De participia van dergelijke werkwoorden eindigen op één enkele *d* of *t*.
- *ik heb verbrand – ik heb verwacht – ik heb gepost*

Vergelijk het imperfectum van dergelijke werkwoorden (zie 246) met een participium gebruikt als adjectief *+e* (zie 156 en 243).

- Ik verbrandde de papieren   – de verbrande papieren.
- Ik verwachtte de brief   – de verwachte brief.
- Ik postte de brief   – de geposte brief

B   De wisseling *f/v* en *s/z*

45   Een *v* kan alleen staan voor een vocaal of voor *l* of *r*:
- vader   • veel   • vis   • vuil
- avond   • proeven   • vlees   • vraag

46   Een *z* kan alleen staan voor een vocaal of voor een *w*:
- zal   • zee   • zomer   • zoet
- kiezen   • reizen   • zwaar   • zwemmen

47   **Een *v* en een *z* staan nooit aan het eind van een lettergreep, dus ook nooit aan het eind van een woord!**
Als gevolg hiervan komt de wisseling *f/v* en *s/z* voor.

48   Bij woorden die eindigen op -*f* of -*s*, en die in de laatste lettergreep een helder uitgesproken vocaal hebben, komt het vaak voor dat bij toevoeging van een uitgang de *f* in *v* en de *s* in *z* verandert. Deze regel geldt soms ook voor woorden op -*lf*, -*rf* en -*ls*. Bij voorbeeld:

1. bij substantieven met een pluralis op -*en:*
   - de brief – de brieven   • het huis   – de huizen
   - de golf – de golven   • de hals   – de halzen
   - de werf – de werven   • de beurs   – de beurzen

   Zie 106 voor uitzonderingen.

2. bij adjectieven met uitgang -*e* of -*er:*
   - het kind is lief – het lieve kind   • lief – liever
   - de jas is grijs – de grijze jas   • grijs – grijzer

   Zie 151 voor uitzonderingen.

3. bij werkwoordsvormen:
   - reizen: ik reis – hij reist – ik reisde – ik heb gereisd
   - leven: ik leef – hij leeft – ik leefde – ik heb geleefd
   - delven: ik delf – hij delft
   - sterven: ik sterf – hij sterft

Vergelijk *f* en *s* na een helder uitgesproken vocaal met *f* en *s* na een donker uitgesproken vocaal:
- de kaas – de kazen   • de kas – de kassen
- braaf   – brave   • laf   – laffe
- doof   – dove   • dof   – doffe
- geef   – geven   • tref   – treffen

Aan het begin van een woord is er soms weinig verschil te horen in de uitspraak van *f* en *v* :
- fel   – vel   • fier   – vier

C   De *b* en de *d* aan het eind van een lettergreep

49   Aan het eind van een lettergreep worden de *b* en de *d* uitgesproken als *p* en *t*.
- (ik) heb   [hɛp]   (ik) tob [tɔp]   club [klœp]
- (ik) verbrand   [vərbrɑnt]   (ik) red [rɛt]   hond [hɔnt]

Een *b* voor een *d* of *t* wordt ook als *p* uitgesproken!
- jij hebt, hij heeft getobd

Om te weten of men als eindletter een *b* of een *p*, of wel een *d* of een *t* moet
schrijven, moet men in de meeste gevallen weten hoe men een woord uitspreekt
wanneer er een uitgang achter staat.
Vergelijk
- de krab   – de krabben   • de trap   – de trappen
- ik heb   – wij hebben   • ik schep   – wij scheppen
- de wand   – de wanden   • de want   – de wanten
- de stoel is rood – de rode stoel   • de stoel is groot – de grote stoel

Om te weten of de laatste letter van participia (*verbrand, gered, gewerkt, gedanst*) een *-d*
of een *-t* is, zie 238.

Bij werkwoorden die als participium geen *ge-* krijgen (zie 240), moet men weten of het
presens of het participium bedoeld wordt, om te weten of de eindletter een *d* of een *t* is.
Vergelijk
- Hij vertel*t* een verhaal. – Hij heeft een verhaal vertel*d*.
- Ze bestel*t* een taxi.   – De taxi is bestel*d*.

50   *Let op*
Bij conjugatie van werkwoorden in het presens met stam op *-d*, geldt de regel
stam *+t* ook.
- jij verbrandt   • hij redt

De combinatie *-dt* wordt als *t* uitgesproken!
Er is dus geen verschil in uitspraak tussen *(ik) vind* en *(hij) vindt*. De *-dt* komt als
combinatie aan het eind van een woord alleen voor in vormen van het presens van
werkwoorden.

D   *g* en *ch*

51   Er is geen verschil in uitspraak tussen *g* en *ch* [x].
Ligt en *licht, lag* en *lach* worden precies hetzelfde uitgesproken. Als in een woord
een *t* na deze klank volgt, wordt deze klank vaak aangeduid door *ch*.
- wachten   • vechten   • het licht   • vochtig
- de vrucht

Dit geldt natuurlijk niet bij de conjugatie van werkwoorden in het presens met stam op -*g*.

- liggen – ik lig – hij ligt
- zeggen – ik zeg – hij zegt

52 Eén enkele vocaal voor *ch* wordt donker uitgesproken.
- lachen [α]
- pochen [ɔ]
- kuchen [œ]

De *o* in *goochelen* en *goochem* wordt verdubbeld, omdat deze helder moet worden uitgesproken [o].

In sommige woorden, vaak woorden die uit andere talen zijn overgenomen, wordt de *ch* niet als *g* [x] uitgesproken, maar op de Franse manier, als [š]:
- chocola
- China
- machine

53 De combinatie *sch*-

De combinatie *sch*- staat (behalve in de uitzondering -*sch*) altijd aan het begin van een lettergreep. In deze combinatie wordt de *ch* altijd als *g* [x] uitgesproken, dus nooit op de Franse manier als [š].

Uitzondering

Na een *i* wordt de combinatie -*sch* als *s* uitgesproken. De *i* wordt hier helder uitgesproken [i]. De uitgang -*isch* wordt dus als -*ies* (zoals in *vies*) uitgesproken.
- fantastisch
- elektrisch
- een elektrische trein

E   De *c*

54 De *c* wordt voor *a, o, u, c, l* en *r* uitgesproken als *k* [k]. Voor een *e* en *i* als *s* [s]. (Zie 51-53 voor de combinaties *ch* en *sch*.) De *c* komt alleen voor in woorden die oorspronkelijk niet-Nederlands zijn, of in eigennamen:

- catalogus
- cultuur
- succes
- citroen
- cilinder
- tractor
- clement
- proces
- Coevorden
- secretaris
- contract
- de familie Cramer

In de volgende woorden moet een *k* geschreven worden in plaats van een *c*, hoewel ze aan andere talen zijn ontleend:

• akkoord	• kalligrafie	• komediant	• lokaliteit
• akoestiek	• kandidaat	• komedie	• oktober
• akte	• kapucijn	• konterfeiten	• praktijk
• anekdote	• karamel	• kopie	• praktiseren
• elektriciteit	• karikatuur	• kosmos	• predikaat
• elektronica	• katheder	• kostuum	• rekruut
• eskadron	• katheter	• kotelet	• rekwisiet
• frikadel	• klasseren	• kritiek	• sekte
• helikopter	• klavecimbel	• kritiseren	• spektakel
• kadaver	• klerikaal	• kroep	• stukadoor
• kaduuk	• koeioneren	• krokant	• traktatie
• kaki	• koket	• kroket	• trakteren
• kakofonie	• kolos	• krokus	• vakantie

Let op
clerus, criticus, predicatief, spectaculair, vacant, vacature

In de overige gevallen wordt *c* in plaats van *k* geschreven. Raadpleeg bij twijfel de Woordenlijst Nederlandse taal (het 'Groene boekje'), 1995.

F   De *q*, de *x* en de *th*

55 De *q* en de *x* komen alleen voor in woorden die aan andere talen ontleend zijn, bij voorbeeld:
    • quasi   • expres   • taxi

De *q* staat altijd aan het begin van een lettergreep voor de *u*. Soms gebruikt het Nederlands *kw* in woorden die in andere talen met *qu* geschreven worden, bij voorbeeld:
    • kwaliteit   • kwitantie   • kwadraat

Men schrijft in ieder geval *qu* als deze twee letters samen als *k* worden uitgesproken, bij voorbeeld:
    • quotiënt

De *th* wordt als *t* uitgesproken. De *th* komt voor in woorden die aan andere talen zijn ontleend. Niet alle woorden die in andere talen *th* hebben, worden in het Nederlands met *th* geschreven.

Alleen *t*:
a. voor een consonant, bij voorbeeld:
    • atleet   • astma   • etnisch
b. de uitgang *-paat*, bij voorbeeld:
    • psychopaat

In alle andere gevallen schrijft men wel *th*, waar de andere talen ook *th* gebruiken, bij voorbeeld:
    • apotheek   • euthanasie   • methode

Raadpleeg bij twijfel de Woordenlijst Nederlandse taal (het 'Groene boekje'), 1995.

III   Enige bijzonderheden over de verdeling in lettergrepen

A   Twee of meer woorden vormen samen één woord

56 Als twee of meer woorden samen een woord vormen, worden deze woorden aan elkaar geschreven, bij voorbeeld:
    • voordeur   = voor+deur
    • huiswerkschrift   = huis+werk+schrift
    • spoorwegkruispunt   = spoor+weg+kruis+punt

De verdeling in lettergrepen vindt plaats tussen de delen van de samenstelling:
- voor-deur
- huis-werk-schrift
- spoor-weg-kruis-punt

In bovenstaande gevallen is de verdeling in lettergrepen niet tegen de regels, zoals die in paragraaf 8 gegeven zijn.

Maar wanneer van een samengesteld woord het eerste woord op een consonant eindigt en het tweede woord met een vocaal begint, moet de verdeling ook tussen de woorden plaatsvinden. Dit lijkt soms tegen de regels die in paragraaf 8 gegeven zijn.

Vergelijk

- meteen   – met-een
- weliswaar   – wel-is-waar
- stookolie   – stook-olie
- herfstavond – herfst-avond

- nogal   – nog-al
- rustuur   – rust-uur
- taakomschrijving– taak-omschrijving

Ook lijkt de splitsing tegen de regels wanneer het eerste woord op een vocaal eindigt en het tweede woord met twee consonanten begint:

- nadruk   – na-druk
- zodra   – zo-dra

Tot de samengestelde woorden kan men ook *waar-, daar-* en *er-* rekenen, wanneer deze met een prepositie één woord vormen:

- waarom – waar-om
- daaraan – daar-aan
- erom   – er-om

- waarover– waar-over
- daarin   – daar-in
- eruit   – er-uit

Een woord kan ook bestaan uit een prefix en een grondwoord. Na het prefix begint een nieuwe lettergreep:

- opnemen   – op-nemen
- verkeer   – ver-keer
- ongewoon   – on-gewoon

- omdraaien – om-draaien
- ontstaan   – ont-staan
- gevaar   – ge-vaar

Tegen de regels lijkt dan:

- opeten   – op-eten
- veroveren   – ver-overen
- onevenwichtig – on-evenwichtig

- omarmen – om-armen
- gestel   – ge-stel
- wanorde – wan-orde

Een woord kan ook een suffix krijgen:

- kinderachtig   – kinder-achtig
- roodachtig   – rood-achtig

- lafaard   – laf-aard
- dronkaard – dronk-aard

Een woord kan een prefix en een suffix krijgen:

- gevangenis   • onoverzichtelijk

B   Open lettergreep gevolgd door twee consonanten

57   Wanneer tussen twee vocalen twee consonanten staan, en de tweede daarvan een *l* of *r* is,
gaat het vaak om niet-Nederlandse woorden. Er wordt dan vaak niet tussen de twee
consonanten gesplitst (zie 8), maar voor de eerste consonant.
De eerste lettergreep is dan een open lettergreep:

- probleem   – pro-bleem   • adres   – a-dres
- zebra   – ze-bra

(Zie paragraaf 39 voor splitsing van *-aai, -ooi, -oei, -eeuw* en *-ieuw.*)

IV   Enige bijzonderheden in de spelling

A   Verbindingsletters tussen de delen van een samengesteld woord

58   In paragraaf 56 en 122 staat dat twee of meer substantieven één nieuw woord kunnen
vormen, bij voorbeeld: voordeur.
Soms moet men tussen twee delen van het samengestelde woord één of meer letters
zetten. Deze letters kunnen zijn: *-s, -en* of *-er.*

- dorpsplein   • kippenpoot   • woordenboek   • kinderwagen
- stationshal   • hondenkop   • mannenwerk   • eierdop

De tussenklanken waren oorspronkelijk pluralisuitgangen, genitief-uitgangen, of alleen
klanken om woorden gemakkelijker te kunnen uitspreken. Het is, ook voor Nederlanders,
niet altijd duidelijk welke verbindingsletters men moet gebruiken.
Er zijn een paar regels, die echter niet altijd gelden. Daarom moet men bij twijfel een
woordenboek raadplegen.

59   *-s-*

1. Als overblijfsel van de oude genitief:
    - dorpsplein (het plein van het dorp)
    - stationshal (de hal van een station)
    - doktersassistente (de assistente van een dokter)

2. Wanneer het eerste deel van het samengestelde woord een substantief in de pluralis is
met als pluralisuitgang *-s:*
    - meisjesschool (school voor meisjes)
    - dameskleding (kleding voor dames)
    - jongensclub (club voor jongens)

3. In bepaalde samenstellingen spreken sommige mensen een *-s-* uit en andere niet. Dan
kan de samenstelling zowel met als zonder *-s-* worden geschreven. Bij voorbeeld:
    - drug(s)beleid   • tijd(s)verschil   • spelling(s)probleem

60-61

De nieuwe regels voor de tussenklank -e- in samenstellingen

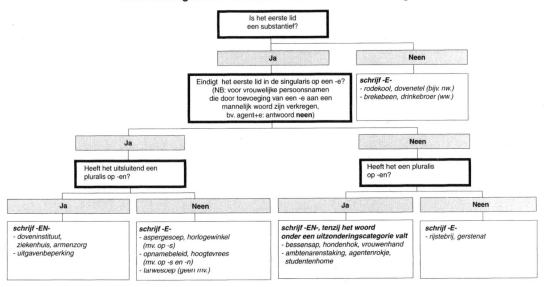

B   Geen verdubbeling consonant

62   Na een vocaal in een gesloten lettergreep zonder klemtoon, verdubbelt men de consonant niet.
Vergelijk

• tik	– tikken	• monnik	– monniken
		• perzik	– perziken
• lig	– liggen	• aardig	– aardige
• vertel	– vertellen	• wandel	– wandelen
		• twijfel	– – twijfelen

Zo ook bij voorbeeld: Dokkum – Dokkumer

Uitzondering
Woorden die eindigen op *-is* en *-us* :

-is :	vonnis	– vonnissen
	kennis	– kennissen
-us :	krokus	– krokussen
	prospectus	– prospectussen

C   Het gebruik van accenten

63   Het Nederlands heeft enige woorden uit het Frans overgenomen (zie 3). Men schrijft alleen
het accent op de letters, als dat noodzakelijk is voor de uitspraak.
Bij voorbeeld:

            • employé   • café   • enquête

Wanneer het accent geen invloed heeft op de uitspraak, wordt het weggelaten. Men schrijft
het accent dus niet in:

            • etalage   • ragout   • debacle

Men schrijft het accent ook niet:

a. bij de vrouwelijke vorm van een woord op -é. Dan verdubbelt men de e. In het Nederlands is de é dan voor de uitspraak niet meer nodig. Bij voorbeeld:

mannelijk: logé   vrouwelijk: logee

mannelijk: introducé   vrouwelijk: introducee

b. bij het toevoegen van de uitgang -tje voor verkleinwoorden (zie 128). Dan verdubbelt men ook de e, bij voorbeeld:

- café   • cafeetje.

c. Bij woorden die in het Frans eindigen op -ée, schrijft men in het Nederlands op de eerste e geen accent. Bij voorbeeld:

- hachee   • matinee.

NB: Uitdrukkingen die letterlijk uit het Frans zijn overgenomen, behouden het accent. Bij voorbeeld: coûte que coûte.

Ook oorspronkelijk Nederlandse woorden kunnen een accent krijgen. Het meest komt dit voor bij het woord een. Dit woord heeft met accent een andere betekenis dan zonder accent: één is een telwoord en een is een lidwoord.

- Hij heeft één zoon en twee dochters.
- Ik heb nog maar één dag vakantie.
- Mijnheer De Vries heeft een vrouw en drie kinderen.

Vergelijk

- Ze heeft maar één stukje vlees in huis.
- Nu haar vriend blijft eten, wil ze nog een stukje vlees kopen.

Opmerking

Het accent op het telwoord één wordt soms weggelaten wanneer heel duidelijk is dat er een telwoord bedoeld wordt, bij voorbeeld na er.

- Hoeveel kinderen heeft u? Ik heb er een.

Soms kan men een accent op woorden schrijven wanneer deze met extra veel nadruk worden uitgesproken, bij voorbeeld én ... én ..., óf ... óf ..., vóór.

- Ik heb én Jan én Piet gezien.
- Wij gaan óf naar het strand, óf naar het museum.
- Wij spreken af vóór de ingang van de schouwburg.

Vergelijk het verschil in betekenis

- Hè, wat jammer. Leuk hè?   • Hé, pas op!

Voor gebruik van het trema (¨) zie 40.

D   Het gebruik van de apostrof (')

64   De apostrof wordt gebruikt in de volgende gevallen.

1. Ter vervanging van één of twee weggelaten letters.

's in plaats van *des*, bij voorbeeld:

- 's morgens   • 's middags   • 's avonds   • 's zomers
- 's winters   • 's-Gravenhage

'n in plaats van *een* in *zo'n* (zie 428)
- Zo'n huis als jij hebt, wil ik ook hebben.
- Zie je die stoel? Zo'n stoel heb ik ook.

Soms ziet men:
- *'t (het)*   – 't Is goed.
- *'k (ik)*   – 'k Ga naar huis.
- *m'n (mijn)* – Waar is m'n boek?
- *z'n (zijn)* – Ik vind z'n huis erg mooi.
- *d'r (haar)* – Heb je d'r auto gezien?

Deze vormen gebruikt men alleen in **zeer informele** taal. Voor het gebruik van de hoofdletter, zie 66.

2. Voor de pluralisuitgang *s* bij substantieven die eindigen op *-a, -i, -o, -u* en *-y*. Hier moet de apostrof gebruikt worden omdat de genoemde vocalen aan het eind van een open lettergreep helder moeten worden uitgesproken. Wanneer men de apostrof niet zou gebruiken, zou de lettergreep bij toevoeging van *-s* gesloten worden, zodat de uitspraak donker zou worden (zie 14).
- collega's   • taxi's   • auto's   • paraplu's
- hobby's

3. In het aanduiden van bezit, wanneer het substantief dat de bezitter aanduidt, eindigt op *-a, -i, -o, -u* of *-y*.
- oma's boek   • Tini's jas   • Otto's radio   • Ru's fiets

Wanneer de naam van de bezitter op *-s* of *-x* eindigt, wordt alleen de apostrof gebruikt.
- Deze auto is van Hans, het is Hans' auto.
- Dit boek is van Truus, het is Truus' boek.
- Deze fiets is van Max, het is Max' fiets.

Wanneer een woord dat een bezitter aanduidt op een andere letter eindigt, wordt de genitief *-s* direct aan het woord toegevoegd.
- moeders kamer   • Piets boek   • elkaars boeken   • tantes jas

Vergelijk
- Anna's grammatica = de grammatica van Anna
- Ans' grammatica = de grammatica van Ans
- Ans grammatica = de grammatica van An

E   Het gebruik van het koppelteken (-)

65   Het koppelteken wordt gebruikt in de volgende gevallen.
1.   Wanneer het laatste gedeelte van een woord niet meer op de regel past. Dan wordt het woord afgebroken tussen twee lettergrepen, bij voorbeeld: *tak-ken.*

2. Soms komen in één zin twee samengestelde woorden voor, waarvan het laatste gedeelte hetzelfde is, bij voorbeeld:
    - voordeel en nadeel
    - zondagen en feestdagen
    - wiskunde en natuurkunde

Men kan deze combinaties als volgt samenvoegen.
    - Alles heeft zijn voor- en nadelen.
    - Op zon- en feestdagen rijden de treinen op andere tijden.
    - Hij moet examen doen in wis- en natuurkunde.

3. In namen van getrouwde vrouwen. Meestal kiest de vrouw ervoor de achternaam van haar man te nemen. Bij voorbeeld:
    - Maria Smit is getrouwd met Jan de Vries. Zij kan zich noemen: Maria de Vries-Smit.

4. In samenstellingen zoals:
    - secretaris-generaal
    - aspirant-lid
    - adjunct directeur

    - sergeant-majoor
    - de Commissie-Jansen
    - het kabinet Drees

5. In geografische namen.
    - Zuid-Amerika
    - Nieuw-Zeeland

    - Noord-Holland

Let op

Ook wanneer van dergelijke namen een adjectief gemaakt wordt, wordt het koppelteken geschreven:
    - de Zuid-Amerikaanse landen
    - Nieuw-Zeelands schapenvlees

    - het Noord-Hollands Kanaal

6. In samenstellingen met *Sint/sint (St. / st)* als eerste deel.
    - Sint-Nicolaas

    - sint-bernardshond

7. a. Bij samenstellingen van woorden, waarvan het eerste deel eindigt op een vocaal en het tweede deel begint met een vocaal, als de twee vocalen samen één klank kunnen vormen (zie 40). Bij voorbeeld:
    - college-uren
    - zestiende-eeuws
    - zo-even

    - radio-omroep (maar radioactief)
    - na-apen
    - rij-instructeur

    b. Bij samenstellingen van woorden, waarbij het weglaten van het koppelteken verwarring kan geven. Bij voorbeeld:
    - kwarts-lagen
    - bas-aria (zonder koppelteken zou het gelezen kunnen worden als basaria).

    - kwart-slagen

8. a. Na een aantal Griekse en Latijnse voorvoegsels krijgt men meestal een koppelteken: *ex-, vice-, loco-, pro-, anti-, adjunct-, aspirant-, interim-, pseudo-, quasi-, semi-, substituut-*. Bij voorbeeld:

- ex-minister
- loco-burgemeester
- pro-kernenergie

- vice-voorzitter
- anti-alcohol
- semi-finale

b. Na de woorden *niet* en *non*

- niet-roker

- non-verbaal

9. In samenstellingen met een letter, cijfer of ander teken.

- de g-snaar
- een tbc-patiënt
- een uitgangs-s

- een +-teken
- We zaten met z'n 22-en in de klas.
- VVV-kantoor

10. Bij samenkoppelingen waarvan de twee delen als even belangrijk gevoeld worden.

- een Belgisch-Nederlandse commissie
- het station Driebergen-Zeist
- dichter-zanger

- de secretaris-penningmeester
- christen-democraat

11. In samenstellingen van tenminste drie delen, waarvan het eerste deel bij het tweede deel hoort.

- kleine-boerenpartij (een partij van kleine boeren)
- kleine boerenpartij (een kleine partij van boeren)
- Tweede-Kamervergadering (vergadering van de Tweede Kamer)
- tweede Kamervergadering (tweede vergadering van de Kamer)

Opmerking

Deze regel geldt niet in algemeen gebruikelijke woorden als:

- tweepersoonsbed
- heteluchtmotor
- onderzeeboot.

F   Het gebruik van hoofdletters

66   Iedere nieuwe zin begint met een hoofdletter. Met andere woorden: het eerste woord van een tekst, of het eerste woord na een punt (.), een vraagteken (?) of een uitroepteken (!) of het eerste woord van een directe rede begint met een hoofdletter.

- Mijn vader zei: "Ik ga naar het strand. Ga je mee? De zon schijnt! Het is wel een beetje koud, maar het zal toch heerlijk zijn."

Opmerking 1

Aan het begin van een brief schrijft men een hoofdletter achter de aanhef:

- Geachte heer,
  Hierbij zend ik u de gevraagde informatie.

- Beste Piet,
  Welgefeliciteerd met je verjaardag.

Opmerking 2
Wanneer een zin begint met *'s, 't, 'n* of *'k* krijgt het volgende woord de hoofdletter.
- 's Winters is het daar erg koud.
- 's Middags begint de les om half twee.
- 'k Ga wel even naar hem toe.
- "'t Is net vijf uur geweest", zei vader.
- 'n Heerlijke dag zal het worden ...

Sommige woorden moeten met een hoofdletter beginnen, ook als ze niet aan het begin van een zin staan.
1. De namen van het Opperwezen en de pronomina die daarop betrekking hebben.
    - Met Kerstmis wordt de geboorte van de Zoon van God herdacht.
    - Men viert Zijn geboorte.

2. Voornamen en achternamen.
    - Dit is Piets huis.
    - Morgen komt Jan.
    - Ken je Corry Bakker?

Vaak gaan aan Nederlandse achternamen woorden vooraf zoals *van, van der, van den, de, ter*. De hele achternaam bestaat dan uit twee of drie woorden. Het laatste woord is het belangrijkste, dat woord krijgt de hoofdletter.
    - Ken jij Jan van der Meer?
    - Hij heet eigenlijk Cornelis Johannes de Vries.
    - Je moet schrijven aan mevrouw W. van Westendorp.

Wanneer de voornaam of voorletters niet genoemd worden, schrijft men het eerste woordje wel met een hoofdletter.
Vergelijk
    - Jan van der Meer
    - De heer J. van der Meer
    - De heer De Vries
    - De heer Van der Meer
    - Mevrouw Ten Bosch

Let op
Omdat het laatste woord van een achternaam het belangrijkste is, worden achternamen op alfabet gezet volgens het laatste woord. In een Nederlands telefoonboek bij voorbeeld staat de heer De Vries onder de *v*, mevrouw Van der Meer staat onder de *m* en Annie ten Bosch onder de *b*.
Bij voorbeeld:
    - Bosch, A. ten, Voorstraat 56
    - Meer, J. van der, Schoolplein 8
    - Vries, C.J. de, Julianalaan 13

De eigennaam krijgt ook een hoofdletter in samenstellingen. Bij voorbeeld:
    - de Nobelprijs

3. Geografische namen, straatnamen en daarvan afgeleide woorden.
    - Ik woon in Nederland.
    - Jan is Nederlander.
    - Deze winkel is in de Kalverstraat in Amsterdam.

Let op

Adjectieven die afgeleid zijn van geografische namen en eigennamen schrijft men ook met een hoofdletter!
    - De Nederlandse taal.
    - Ik houd van Franse kaas.

Opmerking

Wanneer een geografische naam een koppelteken (-) heeft, schrijft men twee hoofdletters.
    - Ik kom uit Zuid-Afrika.
    - De Zuid-Afrikaanse regering.

4. Namen van organisaties, instellingen, bedrijven en dergelijke.
    - Hij werkt bij de Rijksbelastingdienst.
    - Ik logeer in hotel De Gouden Leeuw.

Wanneer een dergelijke naam door meer dan één woord wordt gevormd, begint ieder nieuw woord met een hoofdletter, behalve de woorden *van, voor, tot, ter, de* en dergelijke.
    - Dit boek is uitgegeven door het Nederlands Centrum Buitenlanders.
    - De excursie wordt georganiseerd door de Nederlandse Vereniging van Blinden en Slechtzienden.

Afkortingen hiervan worden ook in hoofdletters weergegeven. Tussen de letters van de afkorting zet men over het algemeen geen punten.
    - Dit boek wordt uitgegeven door het NCB.
    - Deze excursie wordt door de NVBS georganiseerd.

Let op

De namen van dagen, maanden, titels, maten en gewichten schrijft men met een kleine letter.
    - Deze afstand is 35 km.
    - De koffer weegt bijna 20 kg.
    - Ik heb maandag 17 januari een afspraak met dr. Jansen.

Opmerking

Men ziet *U, Uw, Uwe,* enzovoort ook wel met een hoofdletter.
    - Ik wil U hartelijk bedanken voor Uw brief.
Dit gebruik van de hoofdletter is een beetje verouderd.

V Leestekens

De leestekens zijn: de punt (.), de komma (,), de puntkomma (;), de dubbele punt (:),
het vraagteken (?), het uitroepteken (!), de aanhalingstekens ("..." en '...') en het
gedachtestreepje (– ... –).

67   1. De punt (.)
- Aan het eind van een zin, behalve bij een vraag of een uitroep.
  - Jan gaat naar een feest.
  - Het feest begint om 9 uur.
  - Piet gaat niet want hij is ziek.

- Bij veel gebruikte afkortingen als
  - d.w.z.   • t.g.v.   • i.h.b.

Na afkortingen van eigennamen en van maten, gewichten, en scheikundige en
natuurkundige namen gebruikt men meestal geen punt. Bij voorbeeld:
  - VVV   • NCB   • USA   • VN
  - 3 m   • één ons is 100 g • km   • kg
  - Fe   • Hg   • H   • V(volt)
  - W(watt)

68   2. De komma (,)
- Voor en/of achter de naam van een aangesproken persoon.
  - Jan, kom eens hier.
  - Gaat u zitten, mevrouw.
  - Hé, Piet, ga je mee?
  - Wat moet ik doen, mijnheer?
  - Hoor eens, jongens, jullie moeten beter opletten.

- Voor de aanhef van een brief geldt hetzelfde.
  - Geachte heer,
    Hierbij zend ik u de gevraagde informatie.
  - Beste Piet,
    Welgefeliciteerd met je verjaardag.

- Tussen de delen van een opsomming. De komma staat hier in plaats van de
conjunctie *en*.
  - Ik heb wijn, bier, sherry en limonade in huis.
  - In de vakantie gaan we zwemmen, zeilen, roeien en wandelen.
  - Ken je Kees? Hij drinkt niet, (hij) rookt niet, (hij) is zuinig en (hij) gaat vroeg
    naar bed.

- Tussen adjectieven die iets zeggen van hetzelfde substantief.
  - De groenteman verkoopt mooie, dikke, blauwe pruimen.
  - In deze straat staan leuke, kleine, moderne huizen.

Let op het verschil
- Een bijzonder, mooi, oud huis (het huis is oud en mooi en bijzonder).
- Een bijzonder mooi, oud huis (het huis is oud en bijzonder mooi).

- Achter een bijzin, wanneer de zin nog niet afgelopen is.
- De man die daar staat, is mijn vader.
- Het huis dat je daar ziet, is van mijn oom.
- Omdat het mooi weer is, gaan we zwemmen.
- Als ik tijd heb, kom ik een kopje koffie drinken.
- Dat zoiets zal gebeuren, is niet waarschijnlijk.
- Toen hij klein was, woonde hij in Egypte.
- Als het mooi weer was, gingen we naar het strand.

Let op
Aan het begin van een bijzin plaatst men in het algemeen geen komma!
- Ken jij die man die daar staat?
- Dat is de tijd waarin hij leefde.
- We gaan zwemmen omdat het mooi weer is.
- Ik kom een kopje koffie drinken als ik tijd heb.
- Het is niet waarschijnlijk dat zoiets zal gebeuren.

Er staat ook geen komma vóór de persoonsvorm in een hoofdzin met inversie, wanneer er geen bijzin voorop staat.
- 's Morgens staat hij om 7 uur op.
- In de zomer gaan ze drie weken met vakantie.
- In Duitsland en in Oostenrijk spreken de mensen Duits.

- Vóór en achter een tussenzin.
- Amsterdam, de hoofdstad van Nederland, is een grote stad.
- Mia de Wit, de dochter van onze buren, is gisteren getrouwd.
- Je moet, als je tijd hebt, eens komen.

Soms is het voor de duidelijkheid nodig een komma te zetten, zelfs voor de conjunctie *en*.
- De groenteman verkoopt aardappels, groente en fruit, en de melkboer, boter en kaas.
Wanneer de komma voor de conjunctie *en* hier niet staat, verkoopt de groenteman ook de melkboer!

Vergelijk ook de volgende zinnen:
- Vader denkt dat Jan komt en Piet ook. (Jan en Piet komen allebei.)
- Vader denkt dat Jan komt, en Piet ook. (Vader en Piet denken allebei dat Jan komt.)
- Hij hoopte, heel erg vroeg te komen.
- Hij hoopte heel erg, vroeg te komen.
- De kinderen, die vakantie hadden, gingen naar het sportveld. (Alle kinderen gingen naar het sportveld.)
- De kinderen die vakantie hadden, gingen naar het sportveld. (De kinderen die geen vakantie hadden, gingen niet naar het sportveld.)

69   3. De puntkomma (;)
Een puntkomma staat soms tussen twee zinnen die een duidelijke relatie met
elkaar hebben.
- De trein had vertraging; daardoor kwam ik te laat.
- Het regent hard; toch moet ik uit.

In plaats van een puntkomma schrijft men vaak een punt of een komma.

70   4. De dubbele punt (:)
Een dubbele punt gebruikt men om aan te duiden dat er een aanhaling,
opsomming of verklaring volgt. Meestal volgen na een dubbele punt
aanhalingstekens (zie 73).
- Jan vraagt: "Ga je mee?"
- De minister verklaarde: "De belastingen gaan omhoog".
- Er zijn drie problemen: ten eerste ..., ten tweede ... en ten derde ...
- De auto startte niet: de benzine was op.

71   5. Het vraagteken (?)
Een vraagteken staat aan het eind van een vraagzin.
- Wie is daar?
- Ga je mee naar het strand als het mooi weer is?

Opmerking
Men zet geen vraagteken in zinnen als:
- Hij vraagt of je meegaat.
- Ik weet niet wat ik moet doen.

72   6. Het uitroepteken (!)
Een uitroepteken staat aan het eind van een uitroep.
- Hé! Kom eens hier, jongens!
- Wat een mooi boek is dat!

73   7. De aanhalingstekens ("..." of '...')
Aanhalingstekens moeten worden gebruikt wanneer men iemands woorden of een
tekst letterlijk weergeeft.
- Jan vraagt: "Ga je mee?"
- Op het bord staat 'Verboden te roken'.
- "We gaan weg", zei Joop, "zodra het droog is".

74   8.   Het gedachtestreepje (– ... –)
Gedachtestreepjes kunnen in plaats van de komma's staan vóór en achter een tussenzin
wanneer deze tussenzin wat langer is en een andere mededeling aanduidt.
- De leraar – hij had ons al gewaarschuwd – gaf ons een test.
- We zaten buiten – het was eind april en al lekker warm – toen Hilde opeens voor
  ons stond.

2

— Het lidwoord - artikel

75   Het Nederlands kent drie lidwoorden:
het onbepaalde lidwoord   *een*
het bepaalde lidwoord   *de*
het bepaalde lidwoord   *het*
Een lidwoord staat altijd voor een substantief:

- een man
- een stoel
- een huis
- een kind

- de man
- de stoel

- het huis
- het kind

- de mannen
- de stoelen
- de huizen
- de kinderen

Er kunnen andere woorden staan tussen het lidwoord en het substantief. Bij voorbeeld:

- een stoel – een mooie stoel
- de stoel – de mooie stoel

Lidwoorden blijven in modern Nederlands onveranderd, behalve in enkele vaststaande verbindingen (zie naamvallen 851-860).

I   Functie en gebruik

A   *Een*

76   Het lidwoord *een* heeft een **generaliserende functie,** dat wil zeggen: men gebruikt *een* wanneer men over een persoon, of een zaak in het algemeen spreekt. Met andere woorden, men gebruikt *een* wanneer niet helemaal zeker is wie of wat er bedoeld wordt.

- Daar staat een man.
- Ik zie een huis.
- Ik koop een stoel.
- Daar loopt een kind.

Een wordt gebruikt voor een substantief in de singularis (zie 79-80 voor uitzonderingen). *Een* kan men in het algemeen gebruiken voor een substantief, dat een begrip uitdrukt dat men kan tellen.

- Een man (10 mannen)
- -   melk ('melk' kan men niet tellen)

B   *De* en *het*

77   *De* en *het* hebben een **specificerende functie,** dat wil zeggen: *de* en *het* worden gebruikt wanneer men precies weet over welke persoon, of welke zaak men spreekt.

- De stoel (die ik koop) is rood.
- De man (die daar staat) heeft een hond.
- Het huis (dat ik zie) is van mij.
- Het kind (dat daar loopt) heet Jan.
- De stoelen (die ik koop) zijn rood.
- De kinderen (die daar lopen) wonen hier.

Uitzonderingen

78 *De* en *het* in generaliserende functie

1. In het algemeen gebruik
    - Hij leest de krant (welke krant weten wij niet).
    - Hij gaat met de bus (welke bus weten wij niet).
    - Hij ligt in het ziekenhuis (welk ziekenhuis weten wij niet).

2. Bij het aanduiden van een heel soort, door één exemplaar van het soort te noemen.
    - De mens kan niet leven zonder eten.
    - In Nederland heeft de machine het paard vervangen (machines zijn in de plaats gekomen van paarden).

Opmerking

Uit deze en andere voorbeelden blijkt dat het verschil tussen generaliserend en specificerend gebruik niet altijd duidelijk is. Er is soms nauwelijks verschil in betekenis.

C   Geen lidwoord

79 Het lidwoord *een* wordt weggelaten:

1. vóór een substantief in de pluralis.
    - Ik koop stoelen. (Ik koop een stoel.)
    - Ik zie huizen. (Ik zie een huis.)
    - Daar lopen kinderen. (Daar loopt een kind.)
    - Daar staan mannen. (Daar staat een man.)

2. vóór een substantief dat een begrip uitdrukt dat men niet kan tellen.
    - Wilt u melk en suiker?
    - Ik spreek Nederlands.

3. bij het aanduiden van een hoedanigheid, een nationaliteit of een beroep van iemand.
    - Hij is buitenlander.
    - Zij is lid van de zwemvereniging.
    - Ik ben Nederlander.
    - Hij is leraar.

Vergelijk

- Een leraar is een man die les geeft.
- Hij is leraar.
- Wat is zijn nationaliteit? Hij is Nederlander.
- Hij is erg zuinig, hij is een echte Nederlander.

4. in het algemeen spraakgebruik, vaak om dingen die bij elkaar horen, aan te duiden.
   - Heeft u *pen en papier* bij u?
   - Om te naaien heb je *naald en draad* nodig.

5. meestal na *als* en *zonder*.
   - Hij gebruikt dit schoteltje als asbak.
   - Hij is aardig als mens, maar als minister is hij slecht
   - Ga niet zonder jas naar buiten!
   - Een taal kun je niet zonder woordenboek leren.

Uitzonderingen

80   *Een* wordt wel gebruikt:
1. bij een uitroep.
   - Er stonden toch een mensen in de winkel!
   - Hij spreekt toch een Nederlands! Verschrikkelijk!
   - Wat een mooie stoelen zijn dat! (zie 867).

2. in vraagzinnen met *wat voor een* (zie 488 vraagwoorden).
   - Wat voor een auto's zijn dat?

81   De lidwoorden *de* en *het* worden weggelaten:
1. bij eigennamen van personen of dieren (zie ook 82).
   - Ik ben Jan de Boer.
   - Annie is niet thuis.

2 bij namen van werelddelen, landen, provincies, steden en dorpen.
   - Hij komt uit Nederland.
   - Amsterdam is een mooie stad.

3. in het algemeen spraakgebruik in min of meer idiomatische zinnen.
   - Een foto met *naam en adres* erop.
   - Dit tankstation is *dag en nacht* geopend.
   - *Bij toeval* vond ik uw naam.
   - *Bij gebruik* van dit medicijn kunt u niet autorijden.

Uitzonderingen

82   *De* wordt wel gebruikt vóór een familienaam in de pluralis wanneer men over het echtpaar of over de hele familie spreekt.
   - De Schuurmannen komen vanavond eten.
   - De Jansens zijn met vakantie.

83   *De* en *het* worden wel gebruikt in gevallen als:
   - Het Rotterdam van nu.
   - Het mooie Amsterdam.
   - Het China van de twintigste eeuw.
   - De beroemde Rembrandt.

In deze gevallen wordt binnen dezelfde woordgroep een kwalificatie aan de eigennaam toegevoegd.

II   Naamvalsvormen van lidwoorden

In het moderne Nederlands komen naamvalsvormen nog voor in officiële schrijftaal en in enkele vaste combinaties (zie hiervoor 851-860).

3

Het substantief - zelfstandig naamwoord

84   Een substantief is een woord waar een lidwoord (*een, de* of *het*) bij hoort.

- (de) man
- (het) kind
- (het) land
- (de) organisatie
- (de) stoel
- (het) huis
- (de) gezondheid
- (de) mogelijkheid
- (het) water
- (het) licht
- (de) hond
- (de) cactus
- (de) liefde
- (de) warmte
- (de) boom

Substantieven duiden personen, dieren, planten en zaken aan. In de grammatica behoren dieren en planten tot de zaken.

Eigennamen horen ook bij deze groep (zie 81).

- Jan
- Amsterdam
- Rembrandt

I   Het substantief in relatie tot de bepaalde lidwoorden *de* en *het*

85   Men kan de substantieven verdelen in twee klassen: *de*-woorden en *het*-woorden. Dat wil zeggen: bij ieder substantief in de singularis hoort óf het lidwoord *de* óf het lidwoord *het*.
Het-woorden noemen wij **onzijdige** woorden. In sommige woordenboeken staat achter deze woorden *o. (huis, o.)*.
De-woorden kunnen wij verdelen in mannelijke en vrouwelijke woorden. In sommige woordenboeken staat achter deze woorden *m.* of *v. Mannelijk* en *vrouwelijk* zijn traditioneel grammaticale termen, zij hebben niets te maken met het biologische sekse-onderscheid. Het mannelijk of vrouwelijk zijn van een woord kan belangrijk zijn bij het gebruik van personale pronomina (*hij/hem - zij/haar*, zie 364, 369), en van possessieve pronomina (*zijn - haar*, zie 414-415), wanneer deze betrekking hebben op zaken.

Vroeger wist men precies welk *de*-woord mannelijk en welk *de*-woord vrouwelijk was. In het zuidelijk deel van Nederland en in het Nederlands sprekende deel van België wordt dit verschil ook tegenwoordig nog gevoeld; in Noord-Nederland voelt men het in het algemeen niet meer.

De in 1947 ingestelde Commissie (zie 3) heeft zich ook met dit probleem beziggehouden en haar conclusies in de Woordenlijst van de Nederlandse Taal vastgelegd.

De meeste *de*-woorden mogen als mannelijk worden beschouwd. Van een betrekkelijk klein aantal woorden heeft de Commissie vastgesteld dat ze vrouwelijk zijn. Dit zijn vooral woorden die iets abstracts of iets collectiefs aanduiden.

86   Als vrouwelijke woorden moeten worden beschouwd:
1. woorden gevormd met de van oorsprong Nederlandse suffixen:

• *-heid*	waarheid, schoonheid
• *-nis*	kennis, vergiffenis
• *-ing*	achter de stam van een werkwoord: regering,deling
• *-st*	achter de stam van een werkwoord: kunst, winst
• *-schap*	wetenschap, blijdschap
• *-de, -te*	liefde, vreugde, begeerte, diepte
• *-ij (-erij, -arij, -enij, -ernij)*	bedriegerij, ambtenarij, artsenij, slavernij, maatschappij

2. woorden gevormd met van oorsprong vreemde suffixen:

• *-ie*	discussie, theorie, natie, organisatie, filosofie
• *-iek, -ica*	muziek, logica
• *-theek*	bibliotheek, hypotheek
• *-teit*	universiteit, stabiliteit
• *-tuur, -suur*	natuur, censuur
• *-ade, -ide, -ode, -ude,*	limonade, chloride, methode, attitude
• *-age, -ine, -se*	montage, discipline, analyse
• *-ee, -ea, oea*	farmacopee, alinea
• *-sis, -xis, -tis*	crisis, syntaxis, bronchitis

87   Men kan meestal aan het substantief niet zien of het een *de*-woord of een *het*-woord is. Vergelijk

• de sla	• het programma
• de muur	• het uur
• de vos	• het bos
• de klas	• het glas
• de zee	• het idee

Daarom is het nodig bij ieder substantief het bijbehorende lidwoord te weten. Als men correct Nederlands wil spreken, is het belangrijk te weten of een substantief een *de*-woord of een *het*-woord is, omdat dit ook consequenties heeft voor andere woorden.

Vergelijk

de	*het*
de stoel	het huis
welke stoel	welk huis
deze stoel	dit huis
die stoel	dat huis
de stoel die daar staat	het huis dat daar staat
iedere stoel	ieder huis
elke stoel	elk huis
onze stoel	ons huis
een mooie stoel	een mooi huis
geen mooie stoel	geen mooi huis

Alleen in enkele gevallen kan men wel weten of een woord een *de*-woord of een *het*-woord is.

A   Altijd *de*

88 1. Namen van mannen en vrouwen.
- de man
- de vrouw
- de ober
- de lerares

Uitzondering
- het mens (vrouwelijk persoon)
- het wijf
- het mannetje, het meisje (verkleinwoorden krijgen altijd *het*, zie 90)

2. Namen van vruchten, groentes, bomen en planten.
- de appel
- de bloemkool
- de beuk
- de tulp

3. Namen van rivieren en bergen.
- de Maas
- de Olympus

4. Namen van letters en cijfers.
- de m, de 3

5. Substantieven die genoemd worden in 86 (altijd vrouwelijk).
Uitzondering op *-ij*
- het schilderij
- het gerij
- het gevlij

89 **Alle substantieven in de pluralis krijgen *de*.**
- het huis   - de huizen
- het meisje - de meisjes
- het boek   - de boeken
- de stoel   - de stoelen

B   Altijd *het*

90 1. Alle verkleinwoorden *(-je)* krijgen *het*.
- de stoel   - het stoeltje
- de brief   - het briefje
- de man   - het mannetje
- het boek   - het boekje

2. Namen van talen.
   - het Nederlands
   - het Spaans

3. Namen van metalen.
   - het ijzer
   - het goud

4. Namen van windrichtingen.
   - het Noorden

5. Namen van sporten en spelen.
   - het voetbal
   - het kaartspel

6. Substantieven met twee lettergrepen die beginnen met:
   - be-   het besluit, het gezag
   - *ge-*   het gezag, het geloof
   - *ver-*   het verhaal, het vertrek
   - *ont-*   het ontbijt, het ontslag

7. Substantieven die eindigen op:
   - *-isme*   het socialisme, het egoïsme
   - *-ment*   het moment, het parlement
   - *-sel*   het mengsel

zie 92 voor *deksel*

8. Infinitieven van werkwoorden die als substantief worden gebruikt.
   - het eten
   - het leren

C   *de* of *het*

91   Een aantal substantieven komt voor met *de* en met *het*. Sommige substantieven hebben in dit geval dezelfde betekenis, sommige hebben een verschillende betekenis.

92   *De* en *het* (zonder verschil in betekenis)
De belangrijkste zijn:

• aanrecht	• hars	• sap	• soort
• afval	• omslag	• schort	• subsidie
• deksel	• roest	• silhouet	• vuilnis
• figuur			

93   *De* en *het* (met verschil in betekenis)
De belangrijkste zijn:

- de aas (speelkaart)   het aas (prooi voor dieren
- de bal (balvormig voorwerp)   het bal (dansfeest)

- de blik (oogopslag)
- de bos (bundel)
- de bot (vis)
- de doek (lap stof)
- de hof (tuin, afgesloten ruimte)

- de idee (filosofische gedachte, begrip)
- de jacht (het jagen)
- de pad (dier)
- de patroon (chef, beschermheer, huls)
- de portier (bewaker bij ingang)
- de punt (stip, spits)
- de Schot (inwoner van Schotland)

- de stof (materie, materiaal)
- de veer (huidbekleedsel van vogel, veerkrachtige spiraal)

het blik (dun geplet metaal)
het bos (woud)
het bot (been)
het doek (scherm, schilderstuk)
het hof (kring van medewerkers rond een vorst, Hof van Justitie)

het idee (voorstel, plan)
het jacht (privé-schip)
het pad (smalle weg)
het patroon (model, vorm, voorbeeld)
het portier (deur van auto of trein)
het punt (kwestie, plaats)
het schot (handeling van schieten, scherm ter afscheiding)

het stof (stuivend vuil)
het veer (veerboot)

D   Het artikel bij samengestelde substantieven

94   Sommige substantieven zijn samengesteld uit twee substantieven die ook afzonderlijk kunnen bestaan. Deze samenstellingen krijgen het lidwoord van het laatste substantief.

- het huis   + de kamer   = de huiskamer
- de woorden   + het boek   = het woordenboek
- de spoorweg + het kruispunt = het spoorwegkruispunt
- de gemeente + het huis   = het gemeentehuis
- het spoor   + de weg   = de spoorweg

Uitzondering

- de vier   + de kant   = het vierkant
- de ogen   + de blik   = het ogenblik
- de tijd   + de stip   = het tijdstip

II   De pluralis van substantieven

95   Substantieven krijgen een uitgang wanneer ze in de pluralis worden gebruikt. Pluralis wil zeggen dat er meer dan één persoon of zaak wordt aangeduid.

Alleen die substantieven die een begrip uitdrukken dat men kan tellen, kunnen in de pluralis gebruikt worden!
- een tafel – twee tafels
- een boek – veel boeken

96   **Het bepaalde lidwoord voor de pluralis is altijd *de*.**

97   **De pluralis kent niet het onbepaalde lidwoord *een*.**
(zie 80, 488, 867 voor uitzonderingen).

A   Geen pluralis

98   Na een bepaald hoofdtelwoord *(twee, tien, duizend)* en na de woorden *hoeveel* en *een paar*
wordt in de volgende gevallen geen pluralisvorm gebruikt.

1. Bij een substantief dat een maat of gewicht aanduidt.

    • tien liter   • zes kilometer
    • hoeveel kilo   • honderd gram

2. Bij prijzen in guldens en centen.

    • Dit boek kost tien gulden.
    • Dit telefoongesprek kost 65 cent.

Deze regel geldt ook voor de meeste buitenlandse valuta.

    • zes dollar
    • honderd mark

3. Bij *kwartier, uur, jaar, keer, maal, man* (in de betekenis van *mensen*), *procent, promille*.

    • drie jaar
    • hoeveel keer
    • honderd man

99   In de overige gevallen komen deze substantieven wel in de pluralis voor.

    • Wij hebben enige kilometers gelopen.
    • Ik heb een korting van enige guldens.
    • Ik heb verschillende malen opgebeld.
    • Kun je een tientje wisselen in guldens?

100   Vergelijk ook de volgende voorbeelden.

    • De mannen roken een sigaret (dat wil zeggen: iedere man rookt één sigaret).
    • De mannen roken sigaretten (dat wil zeggen: iedere man rookt twee of meer
      sigaretten).
    • Jongens, nemen jullie je boek mee! (dat wil zeggen: iedere jongen één boek!).
    • Jongens, nemen jullie je boeken mee! (dat wil zeggen: iedere jongen twee of meer
      boeken).

B   De regelmatige vormen van de pluralis

101   Men vormt in het algemeen de pluralis door achter de singularis *-s* of *-en* te plaatsen.

102   Altijd *-s*
De volgende substantieven krijgen de pluralisvorm *-s*.

1. Verkleinwoorden

    • het kopje   – de kopjes
    • het meisje   – de meisjes
    • het tafeltje   – de tafeltjes

2. Persoonsnamen op *-ier*

    • de winkelier   – de winkeliers
    • de portier   – de portiers
    • de griffier   – de griffiers

3. Vrouwelijke persoonsnamen op *-e* en *-ster*
    - de studente   – de studentes
    - de secretaresse – de secretaresses
    - de verpleegster – de verpleegsters

4. De volgende substantieven:
    - de broer   – de broers
    - de oom   – de ooms
    - de kok   – de koks
    - de zoon   – de zoons
    - de bruidegom – de bruidegoms

De pluralis *zonen* komt voor in zeer officieel taalgebruik en in namen van firma's:
'De Vries en Zonen'.

103 Meestal *-s*
Een groep substantieven krijgt meestal de pluralisuitgang *-s*, maar in sommige gevallen wordt ook de uitgang *-(e)n* gebruikt:
1. Substantieven die eindigen op onbeklemtoond:
    - *-el*   - de tafels
    - *-en*   - de jongens
    - *-er*   - de moeders
    - *-em*   - de bezems
    - *-erd* - de sufferds
    - *-e*   - de ziektes
    - *-ie*   - de vakanties

Men ziet bij voorbeeld naast elkaar:
    - *aardappels* en *aardappelen*
    - *ziektes* en *ziekten*

Uitzonderingen, dat wil zeggen geen *-s*, alleen *-en*:
    - de christen – de christenen   - de engel   – de engelen
    - de reden   – de redenen   - het wonder – de wonderen
    - het middel – de middelen (financiën, hulpmiddelen)

2. Substantieven die aan andere talen ontleend zijn, zoals:
    - het hotel   – de hotels   - het restaurant – de restaurants
    - het station – de stations   - de microfoon   – de microfoons

maar bij voorbeeld:
    - de tabel – de tabellen   - het biljet – de biljetten
    - de kiosk – de kiosken   - de japon   – de japonnen

104 *'s*
's krijgen de substantieven die eindigen op:
    - *-a*   – de firma   – de firma's
    - *-o*   – de auto   – de auto's

- *-u*   – de paraplu   – de paraplu's
- *-y*   – de hobby   – de hobby's
- *-i*   – de taxi   – de taxi's

105   *-en*

De overige substantieven krijgen als pluralisuitgang *-en* (zie 107, 109, 118 voor uitzonderingen). Bij pluralisvormen op *-en* zijn de spellingsregels voor helder en donker uitgesproken vocalen van toepassing (zie 108 voor uitzonderingen).

- de taak   – de taken
- de boot   – de boten
- het meer   – de meren
- de minuut   – de minuten
- de bus   – de bussen

- het boek   – de boeken
- de tak   – de takken
- de pot   – de potten
- de ster   – de sterren
- het ding   – de dingen

106   *-f/v* en *-s/z* wisseling

Bij substantieven die eindigen op *-f* of *-s* voorafgegaan door een heldere vocaal, een *-m*, een *-n*, een *-l* of een *-r*, verandert bij toevoeging van *-en* de *-f* in *-v* en de *-s* in *-z*. Deze regel gaat vooral bij de wisseling *s/z* niet altijd op. Raadpleeg bij twijfel een woordenboek.

Vergelijk

f wordt *v*

- de brief   – de brieven
- de graaf   – de graven
- de proef   – de proeven
- de golf   – de golven
- de werf   – de werven

f blijft *f*

Alle substantieven die eindigen op *-graaf* en *-soof*:

- de fotograaf   – de fotografen
- de filosoof   – de filosofen
- de elf (uit sprookje) – de elfen
- de nimf   – de nimfen

s wordt *z*

- het huis   – de huizen
- de prijs   – de prijzen
- de gans   – de ganzen
- de grens   – de grenzen
- de beurs   – de beurzen
- de hals   – de halzen

s blijft *s*

- het kruis   – de kruisen
- de eis   – de eisen
- de dans   – de dansen
- de mens   – de mensen

107   *-ën*

Bij substantieven die eindigen op *-ee* of beklemtoond *-ie*, vormt men de pluralis door toevoeging van *-ën*.

- de zee   – de zeeën
- de industrie – de industrieën

C   Onregelmatige vormen van de pluralis

108   1. De volgende substantieven hebben in de singularis een donker uitgesproken vocaal die in de pluralis helder wordt uitgesproken.

met *a*

- het bad   – de baden
- het bedrag   – de bedragen
- het blad   – de bladen (papier, krant, presenteerblad)
- de dag   – de dagen
- het dak   – de daken
- het dal   – de dalen
- het gat   – de gaten
- het glas   – de glazen
- het graf   – de graven
- het ontslag – de ontslagen
- het pad   – de paden
- de slag   – de slagen
- de staf   – de staven
- het vat   – de vaten
- het verdrag – de verdragen
- het verslag – de verslagen

Twee substantieven krijgen ook de pluralisuitgang *-eren* (zie 112).

- het blad   – de bladeren (van een boom)
- het rad   – de raderen

met *e*

- het bevel   – de bevelen
- het gebed   – de gebeden
- het gebrek   – de gebreken
- het spel   – de spelen (zie 120)
- de weg   – de wegen

met *o*

- het gebod   – de geboden
- de god   – de goden
- de hertog   – de hertogen
- het hof   – de hoven
- het hol   – de holen
- het lot   – de loten (van loterij)
- de oorlog   – de oorlogen
- het schot   – de schoten (zie 121)
- het slot   – de sloten
- het verlof   – de verloven

Tot deze categorie behoort ook een aantal natuurkundige termen, zoals:

- het proton   – de protonen
- het neutron – de neutronen
- het elektron – de elektronen

109   Een aantal substantieven op onbeklemtoond *-or* heeft twee pluralisvormen:
  • de condensator – de condensatoren – de condensators
  • de motor   – de motoren   – de motors
  • de professor   – de professoren   – de professors (niet vaak gebruikt)
  • de radiator   – de radiatoren   – de radiators

Opmerking
Het substantief *dokter* heeft twee pluralisvormen: *dokters* en *doktoren*.

110   2. Vocaalverandering
Er zijn vier substantieven die in de pluralis een andere vocaal hebben:
  • het lid   – de leden   • het schip – de schepen
  • de stad   – de steden   • de smid   – de smeden

Eén substantief krijgt bovendien de uitgang -eren:
  • het gelid – de gelederen

111   3. *-heid, -heden*
Substantieven die eindigen op het suffix *-heid* krijgen in de pluralis *-heden:*
  • de moeilijkheid – de moeilijkheden   • de gelegenheid – de gelegenheden

112   4. *-eren*
De volgende substantieven vormen de pluralis door toevoeging van *-eren:*
  • het ei   – de eieren
  • het gemoed – de gemoederen
  • (het goed) – de goederen
  • het kalf   – de kalveren
  • het kind   – de kinderen
  • het lam   – de lammeren
  • het lied   – de liederen
  • het rund   – de runderen
  • het volk   – de volkeren (ook volken)

met toevoeging *d:*
  • het been   – de beenderen (botten)
  • het hoen   – de hoenderen (ook hoenders)

met verandering donker-helder:
  • het blad   – de bladeren (van boom)
  • het rad   – de raderen
  • het gelid   – de gelederen

113   5. Twee substantieven vormen de pluralis door toevoeging van *-ien.*
  • de koe   – de koeien
  • de vlo   – de vlooien

114   6. Sommige substantieven zijn overgenomen uit het Latijn. Zowel de Latijnse als de
Nederlandse pluralisuitgangen komen voor.

- de catalogus   – de catalogi   – de catalogussen
- de collega   – de collegae   – de collega's
- het museum   – de musea   – de museums
- de crisis   – de crises   – de crisissen
- het tentamen   – de tentamina   – de tentamens

115   *Opmerking*
Niet alle substantieven op *-us* of *-um* krijgen de pluralisuitgang *-i* of *-a*, bij voorbeeld:

- de cursus   – de cursussen
- de krokus   – de krokussen
- de prospectus   – de prospectussen
- het album   – de albums
- de geranium   – de geraniums
- het harmonium   – de harmoniums

116   7. Een klein aantal substantieven is overgenomen uit het Italiaans. Zowel de Italiaanse als
de Nederlandse uitgangen komen voor, bij voorbeeld:

- de porto   – de porti   – de porto's
- het saldo   – de saldi   – de saldo's
- de solo   – de soli   – de solo's

117   8. Sommige samenstellingen die eindigen op *-man* krijgen de pluralisuitgang *-lui* of *-lieden*.
De pluralis *-mannen* komt echter ook vaak voor:

- de jongeman   – de jongelui (ook meisjes)   – de jongemannen
- de timmerman   – de timmerlui   – de timmerlieden/timmermannen
- de zeeman   – de zeelui   – de zeelieden/zeemannen

118   9. Geen eigen pluralis
Sommige substantieven hebben geen eigen pluralisvorm, maar gebruiken de pluralisvorm
van een ander substantief dat synoniem of bijna synoniem is. Dit synoniem komt ook in de
singularis voor.

- het aanbod   – de aanbiedingen
- de arbeid   – de werkzaamheden
- het bedrog   – de bedriegerijen
- de dank   – de dankbetuigingen
- het genot   – de genietingen
- de hoop   – de verwachtingen
- het onderzoek   – de onderzoekingen (onderzoeken)
- de raad (advies) – de raadgevingen
- de rede   – de redevoeringen (ook: redes)
- de vent   – de kerels

119   10. Alleen pluralis
Sommige substantieven komen alleen in de pluralis voor. De belangrijkste:

singularis
- de baten   – de ontvangst
- de bescheiden
- de chemicaliën
- de doeleinden   – het doel
- de financiën
- de hersenen
- de ingewanden
- de inkomsten
- de kleren   – het kledingstuk
- de kosten
- de lasten   – de uitgave
- de lauweren
- de ledematen
- de notulen
- de onkosten
- de zeden
- de zemelen

120   11. Verschil in betekenis in de pluralis
Sommige substantieven hebben twee pluralisvormen, die een beetje in betekenis verschillen.
- de letter   – de letters   – Ik kan die letters niet lezen.
- de letter   – de letteren – Hij is doctor in de Nederlandse letteren.
- het spel   – de spellen   – De spellen liggen in de kast.
- het spel   – de spelen   – Er worden verschillende spelen georganiseerd.
- het teken   – de tekens   – Het Chinees gebruikt andere tekens dan het Nederlands.
- het teken   – de tekenen – Alle tekenen wijzen erop dat er in de situatie
                             verbetering komt.
- het stuk   – de stukken – Mag ik twee stukken kaas?
- het stuk   – de stuks   – Van deze appels wil ik graag twee stuks.

121   12. Verschil in betekenis in de singularis
Een zelfde substantief heeft soms twee betekenissen. In sommige gevallen hebben zij ook
een verschillende pluralisvorm.
De belangrijkste zijn:
- het bal   – de ballen (bolvormig voorwerp)
- het bal   – de bals (dansfeest)
- het blad   – de bladen (papier, krant, presenteerblad)
- het blad   – de bladeren (van een boom)
- het been   – de benen (lichaamsdeel)
- het been   – de beenderen (het bot)
- de curator – de curatoren (bestuurder van een universiteit en dergelijke)
- de curator – de curators (iemand die bij een faillissement ingeschakeld wordt)
- het middel – de middels (taille)
- het middel – de middelen (hulpmiddelen, financiën)

- de pad — de padden (dier)
- het pad — de paden (smalle weg)
- het patroon — de patronen (model, vorm, voorbeeld)
- de patroon — de patronen (huls)
- de patroon — de patroons (chef, beschermheer)
- de portier — de portiers (bewaker bij ingang)
- het portier — de portieren (deur van auto of trein)
- de raad — de raden (bestuurlijke of wetgevende vergadering)
- de raad — de raadgevingen (advies)
- de Schot — de Schotten (inwoner van Schotland)
- het schot — de schotten (scherm ter afscheiding)
- het schot — de schoten (handeling van schieten)
- de veer — de veren (huidbekleedsel van vogel, veerkrachtige spiraal)
- het veer — de veerdiensten (veerboot)

III   Samengestelde substantieven

122   Door het samenvoegen van twee of meer woorden kunnen nieuwe substantieven ontstaan: voetbalelftal = voet + bal + elf + tal.

In het geval van *voetbalelftal* is de betekenis duidelijk op te maken uit de betekenis van de woorden waaruit het substantief is samengesteld. Er zijn ook gevallen waarin de betekenis niet logisch uit de samengestelde delen volgt.

Bij voorbeeld een *huiskamer* is niet iedere kamer van een huis, maar de kamer waar men meestal voor de gezelligheid zit.

A   Het gebruik van *de* of *het*

123   Zie 94 voor het gebruik van *de* of *het* in combinatie met een samengesteld substantief.

B   Tussenklanken

124   Soms krijgt men tussen de delen van een samengesteld substantief de verbindingsletters *-e, -er, -en* of *-s*.

Deze verbindingsletters zijn van oorsprong eigenlijk

óf oude pluralisuitgangen: *krantenkiosk*; óf oude naamvalsuitgangen: *stationshal*;

óf alleen overgangsklanken om de uitspraak voor de Nederlanders gemakkelijker te maken. De toestand die wij nu hebben is het resultaat van een eeuwenlange taalontwikkeling met veel verschillende invloeden. Deze toestand is erg chaotisch. Regels zijn er niet.

Vergelijk

• boekenkast	— boekhandel	• fietsenwinkel	— boekwinkel
• fietsenmaker	— horlogemaker	• tandenstoker	— tandzijde
• bietenoogst	— aardappeloogst	• eierdooier	— eiwit
• woningbureau	— huisvestingsbureau	• weeshuis	— bejaardenhuis

Er bestaan slechts enkele richtlijnen (zie 58-61 spelling). Raadpleeg bij twijfel een woordenboek.

IV   Verkleinwoorden (diminutieven)

125   In het Nederlands komen verkleinwoorden veel voor. Ze worden gebruikt voor het
uitdrukken van:
- iets kleins   – een tafeltje
- een liefkozing– schatje
- iets positiefs   – een lekker wijntje, een muziekje
- verachting   – een raar zaakje
- kinderspelen   – vadertje en moedertje spelen, touwtje springen

126   *-je*
Verkleinwoorden worden in principe gevormd door toevoeging van *-je* achter het
substantief.
- de brief   – het briefje
- het boek   – het boekje

127   Omdat het voor een Nederlander soms moeilijk is, een woord uit te spreken na
toevoeging van *-je,* zijn andere suffixen ontstaan: *-tje, -etje, -pje* en *-kje.*

128   *-tje*
De uitgang *-tje* krijgen substantieven die eindigen op
1. een vocaal:
- het ei   – het eitje
- de dame   – het dametje

Let op
Een open *-a, -o,* en *-u* verdubbelt bij toevoeging van *-tje, é* wordt *ee* (zie 63).
- de la   – het laatje
- de auto   – het autootje
- het café   – het cafeetje

2. *-n, -l* en *-r* voorafgegaan door een heldere vocaal:
- de schoen   – het schoentje
- het verhaal   – het verhaaltje
- de deur   – het deurtje

3. onbeklemtoond *-er, -el, -en* en *-or:*
- de kamer   – het kamertje
- de tafel   – het tafeltje
- de keuken   – het keukentje
- de professor – het professortje

Let op
De *-n* valt weg bij *jongen:*
- de jongen   – het jongetje

4. een -*w*
- de vrouw — het vrouwtje
- de duw — het duwtje

129 *-etje*

De uitgang *-etje* krijgen:

1. substantieven die eindigen op *-l, -m, -n, -ng* en *-r* voorafgegaan door een beklemtoonde donker uitgesproken vocaal:
- de bal — het balletje
- de kam — het kammetje
- de bon — het bonnetje
- het ding — het dingetje
- de ster — het sterretje

De spellingsregels (donkere vocalen) zijn hier van toepassing.

Uitzondering
- Jan — Jantje

2. enkele substantieven die eindigen op *b, g* en *p,* voorafgegaan door een donker uitgesproken vocaal:
- de krab — het krabbetje
- de slab — het slabbetje
- de brug — het bruggetje
- de vlag — het vlaggetje
- de weg — het weggetje
- de kip — het kippetje
- de pop — het poppetje

De vorm *-je* komt ook voor, bij voorbeeld *het brugje.*

130 *-pje*

De uitgang *-pje* krijgen substantieven die eindigen op

1. *-m,* voorafgegaan door een heldere vocaal:
- het raam — het raampje
- de bloem — het bloempje (of bloemetje)
- de boom — het boompje
- het geheim — het geheimpje

2. *-lm* en *-rm:*
- de film — het filmpje
- de arm — het armpje

3. onbeklemtoond *-em* en *-um:*
- de bezem — het bezempje
- het museum — het museumpje

131   *-kje*
        De uitgang *-kje* krijgen veel substantieven die eindigen op onbeklemtoond *-ing*.
        De *-g* valt in dit geval weg.
                • de woning   – het woninkje
                • de ketting   – het kettinkje

132   Maar bij voorbeeld:
                • de rekening   – het rekeningetje
                • de tekening   – het tekeningetje

        veel substantieven op *-ling:*
                • de leerling   – het leerlingetje
                • de wandeling   – het wandelingetje

133   Sommige substantieven hebben een donkere vocaal in het grondwoord; deze
        wordt in het verkleinwoord helder (zie ook 108).
        Vergelijk
                • het blad   – het blaadje
                • het gat   – het gaatje
                • het glas   – het glaasje
                • het lot   – het lootje (uit loterij) (ook *lotje*)
                • het pad   – het paadje
                • het schip   – het scheepje
                • de staf   – het staafje
                • het rad   – het raadje of radertje
                • het vat   – het vaatje

134   *Opmerking*
        Het regelmatige verkleinwoord *kindje* heeft als pluralisvorm *kindertjes* of *kindjes*.

135   Sommige substantieven komen alleen als verkleinwoord voor: de woorden waarvan
        ze zijn afgeleid, worden niet meer gebruikt of hebben een andere betekenis.
                • beetje   • meisje   • rotje   • toetje
                • dubbeltje   • muisjes   • sprookje   • voorafje
                • kwartje   • poffertjes   • tientje   • zuurtje

136   Sommige substantieven hebben als verkleinwoord een andere betekenis dan als
        grondwoord, maar beide woorden houden toch wel verband met elkaar.
                • het brood   (de substantie of een stuk brood van 800 gram in
                                  afgepaste vorm)
                • het broodje   (brood voor één persoon in een bepaalde vorm gebakken)
                • de chocola   (substantie)
                • het chocolaatje (een stukje chocola of een bonbon)
                • de snoep   (een soort versnapering - snoepgoed)
                • het snoepje   (een stukje snoep)
                • de koek   (een soort brood gemaakt van meel, eieren, honing,
                                  stroop, en dergelijke)

- het koekje   (soort biscuitje)
- de taart   (gebak voor meer personen)
- het taartje   (gebakje voor één persoon in bepaalde vorm gebakken of kleine taart)

137   Let op het volgende taalgebruik

- een ijsje eten
- iemand een standje geven
- een dutje doen
- over ditjes en datjes praten
- een onderonsje
- op het nippertje

- een hapje eten
- limonade met een rietje drinken
- een ommetje maken
- een gezellig uitje
- dat is een lachertje

Een *biertje,* een *likeurtje,* een *sapje* betekent: *een glaasje bier, likeur* of *sap.*

138   Niet alleen van substantieven, ook van adverbia, adjectieven en telwoorden komen verkleinwoorden voor. Hier gelden dezelfde spellingsregels als bij de substantieven. Achter de uitgang -*je* wordt een -*s* geplaatst.

- even   – eventjes
- straks   – strakjes
- gezellig   – gezelligjes
- twee   – met z'n tweetjes (zie 512)
- los   – losjes
- warm   – warmpjes
- net   – netjes

Uitzondering

- een   - eentje

V   Naamvalsvormen

139   Naamvalsuitgangen komen bij substantieven voor (zie 851-860).
Vergelijk

- oma's boek
- vaders jas
- 's middags
- in groten getale

4

Het adjectief - bijvoeglijk naamwoord

140 Een adjectief is een woord dat iets zegt over een persoon of een zaak.
Overzicht
I   attributief: een mooie tafel, een mooi huis
II predikatief: de tafel is mooi, het huis is mooi
III als adverbium: hij schrijft mooi
IV zelfstandig: wat een mooie! iets moois!
V   trappen van vergelijking: mooi, mooier, mooist.

I   Attributief gebruik van het adjectief

141 **Attributief** wil zeggen: het adjectief staat direct voor het substantief waar het
betrekking op heeft. Aan de meeste adjectieven kan de uitgang *-e* worden
toegevoegd (zie 150-151 voor de spelling).

142 *-e* wordt toegevoegd
1. in de pluralis bij alle substantieven:
   - de tafel   – oude tafels
   - het huis   – drie oude huizen

143 2. in de singularis bij alle *de*-woorden:
   - de tafel   – de oude tafel   – een oude tafel
   - de wijn   – de oude wijn   – oude wijn

144 3. in de singularis bij alle *het*-woorden wanneer ze gespecificeerd zijn, dus na:
   het lidwoord *het*   – het oude huis
   een demonstratief pronomen   – dit oude huis
   een possessief pronomen   – mijn oude huis
   een eigennaam +*s* (bezit)   – Jans oude huis

145 Geen *-e* wordt toegevoegd in de singularis bij *het*-woorden in een generaliserende
betekenis (zie 76), dus:

146 1. zonder lidwoord: oud brood

147 2. na de woorden:
   - *een*   – een oud huis   - *enig*   – enig oud huis
   - *geen*   – geen oud huis   - *menig*   – menig oud huis
   - *veel*   – veel oud brood   - *welk*   – welk oud huis
   - *weinig*   – weinig oud brood   - *wat voor* – wat voor oud huis

• *wat* (= een beetje)	– wat oud brood	• *genoeg*	– genoeg oud brood
• *zo'n*	– zo'n oud huis	• *allerlei*	– allerlei oud brood
• *zulk*	– zulk oud brood	• *ieder, elk*	– ieder oud huis,
			– elk oud huis

148   **Adjectieven krijgen nooit een pluralisuitgang.**

149   Schema attributief gebruik van het adjectief

DE		HET	
-e			
de tafel	de wijn	het huis	het brood
de oude tafels		de oude huizen	
oude tafels		oude huizen	
-e			
de oude tafel	de oude wijn	het oude huis	het oude brood
die oude tafel	die oude wijn	dit oude huis	dit oude brood
mijn oude tafel	mijn oude wijn	mijn oude huis	mijn oude brood
Jans oude tafel	Jans oude wijn	Jans oude huis	Jans oude brood
-e			
een oude tafel	oude wijn		
geen oude tafel	geen oude wijn		
welke oude tafel	welke oude wijn		
elke oude tafel	elke oude wijn		
enzovoort	veel oude wijn		
	enzovoort		
geen *-e*		een oud huis	oud brood
		geen oud huis	geen oud brood
		welk oud huis	welk oud brood
		elk oud huis	elk oud brood
		(enzovoort)	veel oud brood
			genoeg oud brood

150   Spelling
Bij toevoeging van de uitgang *-e* zijn de spellingsregels voor helder en donker
uitgesproken vocalen van toepassing (zie 7, 18):

   • hoog   – een hoge stoel
   • smal   – een smalle straat
   • klein   – een kleine auto

151   *-f/v* en *-s/z* wisseling
        Bij adjectieven die eindigen op *-f* en *-s* voorafgegaan door een heldere vocaal,
        verandert de *-f* in *-v* en de *-s* in *-z*:
        - scheef – de scheve toren van Pisa   • lief   – het lieve kind
        - boos   – het boze kind   • grijs   – de grijze jas

        Uitzonderingen
        Hees, kuis, overzees en adjectieven op *-ees, -ies, -oos* en *-aas*, die afgeleid zijn van
        aardrijkskundige namen:
        - hees   – de hese stem   • kuis   – het kuise meisje
        - overzees – het overzeese land   • Chinees   – de Chinese taal
        - Fries   – de Friese taal   • Hengelo   – de Hengelose politie
        - Breda   – het Bredase station

        Grof heeft twee vormen: *groffe* en *grove.*

152   Een aantal adjectieven blijft altijd onveranderd.

        Nooit een *-e* krijgen:
153   1. adjectieven die eindigen op *-en*.

154   a. stoffelijke adjectieven
        De meeste stoffelijke adjectieven eindigen op *-en*:
        - de wollen jas   • de stenen brug
        - de katoenen rok   • het houten gebouw
        - de zilveren ring   • de stalen buis
        - het gouden horloge

        Opmerking
        Enkele stoffelijke adjectieven eindigen niet op *-en*, maar blijven toch onveranderd:
        - de plastic regenjas   • de nylon kousen
        - de aluminium pan   • de platina ring
        - de rubber autoband

155   b. alle participia van onregelmatige werkwoorden die eindigen op *-en*, en die als
        adjectief gebruikt worden:
        - de gebakken eieren
        - de gelezen boeken

156   *Let op*
        Alle overige participia die als adjectief gebruikt worden, krijgen wel de uitgang *-e*:
        - gedaan   – de gedane moeite
        - gemaakt   – de gemaakte fout
        - vergroot   – de vergrote foto
        - verbrand   – de verbrande brieven
        - toegestaan – het toegestane vakkenpakket

Ook een participium van het presens krijgt de regelmatige uitgang *-e* (zie 282-283):
- een rijdende trein
- een veel voorkomende klacht

157   c. een aantal adjectieven dat eindigt op *-en*, zoals: *eigen, even, oneven, dronken, open, volwassen, verlegen, verkouden, tevreden, ontevreden.*
- de verlegen jongen
- de open deur
- een dronken man
- mijn eigen huis
- even getallen
- het ontevreden kind

158   2. adjectieven die eindigen op een *-a* of een stomme *-e.*
- het prima idee
- de oranje jurk

159   3. *rechter, linker.* Deze adjectieven vormen meestal één woord met het bijbehorende substantief.
- de rechterhand
- de linkerkant
- maar: *de rechter helft*

160   4. adjectieven die beginnen met een rangtelwoord.
- de eerstejaars student
- een tweedehands fiets
- een derderangs artiest

161   *Opmerking 1*
Bij het aangeven van een kwaliteit van een persoon kan de uitgang *-e* worden weggelaten.
- Rembrandt was een beroemd / beroemde schilder.

Let echter op het verschil in betekenis tussen *een groot man* figuurlijk bedoeld, en *een grote man* in de letterlijke betekenis.
- Napoleon was een groot man in de geschiedenis, maar hij was geen grote man.

In de pluralis wordt de uitgang *-e* in beide betekenissen toegevoegd:
- Caesar en Napoleon waren grote mannen in de geschiedenis.

162   *Opmerking 2*
In veel voorkomende combinaties wordt de uitgang *-e* in de singularis vaak weggelaten:
- het voortgezet onderwijs
- het algemeen ziekenhuis
- het voltooid deelwoord
- het zelfstandig naamwoord
- het Centraal station

In de pluralis echter:
- zelfstandige naamwoorden
- voltooide deelwoorden

163　　*Opmerking 3*
　　　　Adjectieven die eindigen op -*er*, die afgeleid zijn van plaatsnamen en die alleen in vaste
　　　　combinaties gebruikt worden, krijgen geen -*e*:
　　　　　　　• Groninger koek　　　　　　　　　　• Edammer kaas

　　　　In andere gevallen geldt de afleiding op -*s*:
　　　　　　　• Groningse studenten　　　　　　　　• de Rotterdamse politie

164　　Naamvalsuitgangen worden in het moderne Nederlands niet meer gebruikt, behalve in een
　　　　aantal vaste combinaties (zie 851-860):
　　　　　　　• in groten getale　　　　　　　　　　• van ganser harte

II　Predikatief gebruik van het adjectief

165　　Predikatief gebruik wil zeggen: het adjectief is via een werkwoord verbonden aan
　　　　de persoon of zaak, waar het betrekking op heeft. Het adjectief wordt in dit geval
　　　　niet direct door een substantief gevolgd.

　　　　Een predikatief gebruikt adjectief blijft altijd onveranderd!

　　　　　　　• De tafel is oud.　　　　　　　　　• De tafels zijn oud.
　　　　　　　• Deze hond lijkt me gevaarlijk.　　　• Annie is wel aardig, maar mooi is ze ni
　　　　　　　• Hij is in de vakantie ziek geworden.　• De kinderen zijn lief geweest.

166　　Stoffelijke adjectieven kunnen niet predikatief gebruikt worden.
　　　　In dat geval gebruikt men *van*, gevolgd door de naam van de stof.
　　　　　　　• De brug is van steen.　　　　　　　• Het horloge is van goud.
　　　　　　　• De regenjas is van nylon.　　　　　• De ring is van zilver.
　　　　　　　• Het huis is van hout.

167　　De woorden *af, anders, beducht, behept, benieuwd, bereid, bestand, gewend, jammer,*
　　　　klaar, kwijt, onwel en *op* komen alleen predikatief voor.
　　　　　　　• De koffie is op.　　　　　　　　　• Het werk is klaar.
　　　　　　　• Mijn pennen zijn kwijt.　　　　　　• Ze zijn benieuwd naar het resultaat.

III　Adjectief als adverbium

168　　Een adjectief kan als adverbium worden gebruikt, dat wil zeggen, het woord zegt
　　　　in dit geval niet iets over een persoon of een zaak (zie 549, 557).
　　　　　　　• Hij schrijft *duidelijk*.
　　　　　　　• Die mensen kunnen *goed* zingen.
　　　　　　　• Een *bijzonder* mooie grammofoonplaat.

　　　　Een adverbium blijft altijd onveranderd!

IV   Zelfstandig gebruik van het adjectief

169   Na een adjectief kan het substantief worden weggelaten, wanneer duidelijk is wat er bedoeld wordt. In zo'n geval wordt het adjectief **zelfstandig** gebruikt.
- Welke tafel wil je hebben? Die oude of die moderne?

170   De regels voor attributief gebruikte adjectieven (zie 142-160) zijn ook hier van toepassing, behalve in de onder 171 en 172 genoemde gevallen.
- Wat voor tafel heb je gekocht? Een oude of een moderne?
- Wat voor huis heb je gekocht? Een oud of een modern?
- Wat voor tafels heb je gekocht? Oude of moderne?
- Wat voor huis heb je gekocht? Een houten of een stenen?

171   *Uitzonderingen*
Participia van onregelmatige werkwoorden, ook die op *-en*, krijgen de uitgang *-e* (vergelijk 155).
- Ik breng het gelezen boek naar de bibliotheek, maar het niet gelezen*e* houd ik nog even.
- Het onbeschreven papier mag je niet gebruiken, maar op de achterkant van het beschreven*e* mag je tekenen.
- Er komt iemand bij een arts. De arts heeft veel belangstelling voor de betrokken*e*.
- De betrokken patiënt is een vriend van hem.

172   Bij weglating van substantieven die personen aanduiden, eindigt de pluralis van het adjectief op *-en* (zie ook 546).
- Door zure regen worden veel bomen ziek. De *zieke* sterven langzaam af.
- Door de koude winter zijn veel mensen ziek geworden. De *zieken* herstellen langzaam.
- Bij het plan van de gemeente zijn veel mensen betrokken. Alle *betrokkenen* (personen) moeten een brief krijgen.

173   Wanneer de personen eerst worden genoemd, en in de herhaling in dezelfde zin worden weggelaten, heeft het adjectief de uitgang *-e*.
Vergelijk
- In dit gedeelte van de stad wonen arme mensen en rijke.
- In dit gedeelte van de stad wonen armen en rijken.

174   Men spreekt ook van zelfstandig gebruik wanneer het adjectief staat na de woorden: *iets, niets, veel, wat, allerlei, wat voor, genoeg, weinig*. In dit geval krijgt het adjectief de uitgang *-s* (zie ook 851-860).
- Ik heb iets nieuw*s* gekocht.
- Ik wens je veel goed*s*.
- Heb je wat lekker*s* voor me?
- Hij vertelt allerlei wetenswaardig*s*.
- Er is genoeg leuk*s* te doen.
- Wat voor moois kun je in dit museum zien?

175   *Uitzonderingen*
       Geen -*s*
       1. Adjectieven die eindigen op -*s* en -*isch*:
              • vies   – iets vies
              • psychisch   – niets psychisch

       2. Stoffelijke adjectieven hebben geen vorm met -*s*. Bij de stoffelijke adjectieven wordt in
       dit geval *van* gebruikt, gevolgd door de naam van de stof:
              • iets van ijzer
              • veel van katoen

V   Trappen van vergelijking

176   Grondwoord   *oud*
       comparatief (vergrotende trap)   *ouder*
       superlatief (overtreffende trap)   *(het) oudste*

       De **comparatief** wordt gebruikt wanneer twee ongelijke personen of zaken met
       elkaar vergeleken worden.

       De **superlatief** wordt gebruikt wanneer twee of meer ongelijke personen of zaken
       met elkaar vergeleken worden.
              • De tafel is oud (vijftig jaar geleden gemaakt).
              • Die tafel is ouder dan deze (vijfenzeventig jaar geleden gemaakt).
              • Die derde tafel is het oudst (honderd jaar geleden gemaakt).
              • Er lopen twee meisjes, het kleinste is mijn zusje.

A   Vormen van comparatief en superlatief
177   a   De comparatief wordt in principe gevormd door toevoeging van -*er* achter het
       adjectief:
              • oud   – ouder

       Bij het vormen van de comparatief zijn dezelfde spellingsregels van toepassing als
       de regels voor toevoeging van de -*e* (zie 150, 151):
              • lief   – liever
              • boos   – bozer
              • hees   – heser

178   b   De superlatief wordt in principe gevormd door toevoeging van -*st* achter het
       adjectief:
              • oud   – oudst

179   Onregelmatige vormen van comparatief en superlatief
       1. Adjectieven die eindigen op -*r* vormen de comparatief door toevoeging van -*der*:
              • duur   – duurder
              • ver   – verder

180 2. Adjectieven die eindigen op *-s* en *-isch* vormen de superlatief door toevoeging
van *-t*:
- vies   – (het) viest

181 3. Bij adjectieven die eindigen op *-st* wordt de superlatief uitgedrukt door *het
meest* gevolgd door het grondwoord:
- juist   – (het) meest juist
- vast   – (het) meest vast
- gepast – (het) meest gepast

182 In plaats van de superlatief kan in principe *het meest* gevolgd door het grondwoord worden
gebruikt. Dit komt wel voor bij adjectieven van drie of meer lettergrepen:
- de meest uitgebreide gegevens
- de meest bijzondere kenmerken

183 Onregelmatige trappen van vergelijking hebben:
- goed   – beter   – best
- graag   – liever   – liefst
- veel   – meer   – meest
- weinig – minder – minst
- dichtbij – dichterbij – dichtstbij of dichtstbijzijnde

De woorden *graag, veel* en *weinig* zijn weliswaar geen adjectieven, maar hebben wel
trappen van vergelijking. Daarom worden ze in dit hoofdstuk genoemd.

184 Geen eigen trappen van vergelijking
Een paar woorden hebben geen eigen trappen van vergelijking, maar gebruiken de vormen
van een ander woord dat synoniem is:
- dikwijls   – vaker   – vaakst
- kwaad (slecht) – erger   – ergst
maar wel:
- kwaad (boos)   – kwader – kwaadst

185 Het woord *vroeg* kent naast de vorm *vroeger* ook *eerder*.
- Ik ben te laat van huis gegaan; ik had vroeger / eerder van huis moeten gaan.

B   Gebruik van de comparatief en de superlatief
186 1. Attributief
a. Comparatief
Voor wel of niet toevoegen van de uitgang *-e* gelden dezelfde regels als voor het
adjectief als grondwoord (zie 149):
- oudere tafels – de oudere tafel – een oudere tafel
- oudere wijn   – de oudere wijn
- oudere huizen – het oudere huis – een ouder huis
- ouder brood   – het oudere brood

187   b. Superlatief
       De uitgang -*e* wordt altijd toegevoegd, omdat de superlatief alleen in een
       specificerende betekenis voorkomt:
              • het oudste huis   • mijn jongste zusje

188   2. Predikatief
       a. Comparatief
       Hiervoor gelden dezelfde regels als voor het gebruik van het adjectief als
       grondwoord: ze blijven altijd onveranderd.
              • Deze tafel is ouder.   • Hij is vandaag nog zieker geworden.
              • Deze tafels zijn ouder.   • De lessen worden steeds moeilijker.

189   *dan*
       Wanneer twee ongelijke personen of zaken met elkaar vergeleken worden,
       gebruikt men de comparatief gevolgd door *dan* (zie 826 en 846 voor de zinsbouw).
              • Deze kinderen zijn jonger dan die kinderen.
              • Mijn tafel is groter dan jouw tafel.

190   *even, evenzo, net zo ... als*
       Wanneer gelijke personen of zaken met elkaar vergeleken worden, gebruikt men
       het grondwoord voorafgegaan door *even (evenzo), net zo* en gevolgd door *als* (zie
       826 en 846 voor de zinsbouw).
              • Jan is even oud als Piet.
              • Hij blijft net zo lang als ik.

191   *hoe ... hoe, hoe ... des te*
       Deze constructie wordt gebruikt wanneer in een zin twee comparatieven met
       elkaar gelijk opgaan (zie 826, 849, 850 voor de zinsbouw).
              • Hoe meer ik eet, hoe (deste) dikker ik word.
              • Hoe langer je met dit werkje wacht, hoe moeilijker (deste moeilijker) het
                voor je zal worden.

192   *hoe langer hoe ..., steeds ..., al (maar)...*
       De woorden drukken een toenemende ongelijkheid uit.
              • Alles wordt hoe langer hoe duurder (steeds/al maar duurder).
              • Als je te veel eet, word je hoe langer hoe dikker.
              • Als je konijnen hun gang laat gaan, komen er hoe langer hoe meer.

193   b. Superlatief
       De vorm van de superlatief blijft bij predikatief gebruik onveranderd. In gesproken
       taal hoort men vaak een -*e* aan het eind.

194   **De superlatief wordt bij predikatief gebruik altijd voorafgegaan door** *het.*
              • Dit huis is oud, dat huis is ouder, maar dat huis is *het oudst.*
              • Welke van deze tafels vind je *het mooist?*
              • Dingen die *het duurst* zijn, zijn niet altijd *het best.*

195   De superlatief kan worden versterkt door een voorafgaand *aller-*.
  • Dit huis is het alleroudst.
  • Deze tafel vind ik het allermooist.

196   3. Als adverbium
  a. Comparatief
  Hiervoor gelden dezelfde regels als voor het gebruik van het adjectief als
  grondwoord.
  • Hij schrijft duidelijker dan ik.   • Kunt u niet wat langzamer spreken?
  • Ik wil liever koffie dan thee.   • Zij kan beter zingen dan ik.

197   b. Superlatief
  De superlatief wordt bij gebruik als adverbium altijd voorafgegaan door *het*.
  • Dit meisje schrijft het duidelijkst.
  • Jan is het langst op het feest gebleven.
  • Hij drinkt het liefst bier.

198   4. Zelfstandig
  a. Comparatief
  Hiervoor gelden dezelfde regels als voor het zelfstandig gebruik van het adjectief
  als grondwoord.
  • Deze pen is wel goed, maar ik heb hier een betere.
  • Voor mij is er niets lekkerders dan taart.

199   b. Superlatief
  De superlatief wordt vaak zelfstandig gebruikt.

200   De superlatief krijgt bij zelfstandig gebruik altijd de uitgang *-e*.
  • Van deze tafels neem ik de goedkoopste (tafel).
  • Dit huis is het oudste (huis) van de hele straat.

201   *Op z'n* kan voorafgaan aan predikatief of adverbiaal gebruik van de superlatief.
  • De verwarming staat op z'n hoogst.
  • Ik kan op z'n vroegst om 10 uur bij jullie zijn.
  • Deze bloemen zijn nu op z'n mooist.

202   Soms komen adjectieven in een comparatief of superlatief voor in een geïsoleerde
  betekenis, dat wil zeggen, men realiseert zich niet meer dat het woord een comparatief of
  superlatief is.
  • beter   – Hij was ziek, maar hij is nu weer beter: hij werkt weer.
  • later   – Mijn zoontje wil later buschauffeur worden.
  • nader   – Dat geval moet je eens nader uitleggen.
  • verder   – Ik heb verder geen nieuws.
  • vroeger   – Vroeger woonde hij in Egypte.
  • laatst   – Ik heb hem laatst nog op straat gezien.

203   Soms wordt de superlatief gebruikt, wanneer men een zekere graad wil aangeven, zonder
       dat van vergelijking sprake is.
             • Beste Piet, ik schrijf je even om een afspraak te maken.
             • Mijn buurman is een beste kerel.
             • De toegang is ten strengste verboden.
             • Wilt u mij ten spoedigste telefonisch berichten?
             • Als je geld namaakt, krijg je hoogstens negen jaar gevangenisstraf.
             • Op dit misdrijf staat een straf van ten hoogste negen jaar (schrijftaal).
             • Er komen morgen ten minste zes mensen eten.
             • Deze lezing is hoogst interessant.
             • Deze mensen zijn uiterst vriendelijk.

204   Er zijn ook andere woorden dan adjectieven die een superlatief kunnen hebben:
             • achterste   • binnenste   • bovenste   • benedenste
             • voorste   • buitenste   • onderste   • uiterste

5

— Het werkwoord - verbum

205   Een werkwoord is een woord dat men kan vervoegen, dat wil zeggen: de vorm van een werkwoord kan veranderen wanneer een subject (onderwerp) en/of de tijd verandert. De vorm die verandert, wordt **persoonsvorm** genoemd. Werkwoorden duiden aan dat men iets doet, dat men in een bepaalde situatie is of naar een andere situatie overgaat, of dat er iets gebeurt.

Werkwoorden zijn bijvoorbeeld:
- werken
- lopen
- slapen
- trouwen
- denken
- begrijpen
- hebben
- zijn
- worden
- opbellen
- regenen
- horen

I   Vormen van het werkwoord

206   Bij het bespreken van de vervoegingen van een werkwoord zijn twee termen van belang: de **infinitief** en de **stam**.
De infinitief is de vorm van het werkwoord die in een woordenboek staat. De infinitief eindigt altijd op *-n*, en bijna altijd op *-en*. De stam van een werkwoord is gelijk aan de eerste persoon singularis van het presens, dat wil zeggen de stam is gelijk aan de ik-vorm van het presens.
Voor vervoeging van werkwoorden, bij voorbeeld *werken, begrijpen* en *trouwen* in het presens, zie schema 869.

A   De infinitief
207   De infinitief eindigt op onbeklemtoond *-en*:
- werken
- trouwen
- begrijpen

Uitzondering
208   De volgende werkwoorden (en hun samenstellingen en afleidingen) eindigen niet op *-en*, maar op *-n*.
- slaan (verslaan, afslaan)
- staan (bestaan, opstaan)
- zijn
- doen (verdoen, meedoen)
- zien (herzien, overzien)

209   Een infinitief wordt soms voorafgegaan door *te*, en soms niet voorafgegaan door *te*.
- Hij komt kijken.
- Hij probeert het te doen.

1. Infinitief met *te*.

210   a. Na een groep werkwoorden (zie ook 822-825).

achten	gebieden	lopen (zie 213)	verzuimen
beginnen	gelasten	menen	vinden (zie 220)
beloven	geloven	plegen	vóórkomen
beogen	hangen (zie 213)	pogen	vragen
besluiten	hebben (zie 219)	proberen	vrezen
bevelen	helpen (zie 218)	schijnen	wagen
beweren	hoeven	staan (zie 213)	weigeren
blijken	(be)horen	trachten	wensen
denken	hopen	vallen	zeggen
dienen	komen (zie 220)	verbieden	zien (zie 220)
dreigen	leren (zie 218)	vergeten	zijn
durven	liggen (zie 213)	verklaren	zitten (zie 213)
eisen	lijken	verlangen	

- Het begint te regenen.
- Je hoeft niet te komen.
- Zij dreigen van de conferentietafel weg te lopen.
- Hij vraagt ons morgen te komen.
- Annie blijkt goed te kunnen zwemmen.

211   b. Tussen een lidwoord en een substantief, in de betekenis van *iets dat gedaan moet worden* of *iets dat gedaan kan worden*.
Deze constructie komt vooral in de schrijftaal voor.
- De te nemen beslissing (de beslissing die genomen moet worden).
- Het te houden examen (het examen dat gehouden moet worden).

Tussen dit lidwoord en *te* kunnen meer woorden staan.
- Een op onze bankrekening te storten bedrag (een bedrag dat op onze bankrekening gestort moet (kan) worden).
- Het bij het ministerie te verkrijgen formulier (het formulier dat bij het ministerie verkregen kan worden).

212   c. Na een predikatief gebruikt adjectief (zie 165).
- Het is niet moeilijk deze oefening te maken.
- Ik vind het leuk te mogen komen.

Vergelijkbaar met deze constructies zijn zinnen met bij voorbeeld: *van plan zijn, voornemens zijn, het is de bedoeling.*
- Wij zijn van plan hier tien dagen te blijven.
- Men is voornemens het boek binnen een half jaar uit te geven.
- Het is de bedoeling voor de vakantie met de lessen klaar te zijn.

213   d. Na de werkwoorden *staan, zitten, liggen, lopen* en *hangen*, waarbij twee dingen tegelijk gebeuren (zie ook 273 en 319).
- Ze staat de borden af te wassen.

- Hij zit een brief te schrijven.
- De kinderen lopen te zingen.
- Ik lig in bed een boek te lezen.
- De was hangt buiten te drogen.

Let op
Dit *te* wordt niet gebruikt wanneer *staan, zitten, liggen* en *lopen* zelf als infinitief gebruikt worden.
- Zij gaat een liedje staan zingen.
- Hij wil nog even zitten lezen.
- Hij bleef maar lopen zeuren.
- Je kunt in bed lekker liggen uitrusten.

214   e.   In constructies met *om, teneinde, door, zonder, na, in plaats van, voor, alvorens* (zie 215 voor gebruik van *om*).
- Ik ga naar de stad om boodschappen te doen.
- Teneinde een zo goed mogelijk resultaat te verkrijgen, dient men de aanwijzingen stipt op te volgen (schrijftaal).
- Door te betalen bent u definitief ingeschreven voor deze cursus.
- Hij liep weg zonder een woord te zeggen.
- Hij verliet het huis na zijn jas te hebben aangetrokken.
- In plaats van te lachen, werd hij boos.
- Voor de medicijnen in te nemen, moet je goed de gebruiksaanwijzing lezen.
- Alvorens de medicijnen in te nemen dient men goed de gebruiksaanwijzing te lezen (schrijftaal).

215   *Om* in combinatie met *te* + infinitief.
Om gevolgd door *te* + infinitief moet in ieder geval gebruikt worden:
- om een duidelijk doel of een duidelijke reden aan te duiden.
- Ik ga naar de stad om boodschappen te doen.
- Ik ben bij je gekomen om je het nieuws te vertellen.
- Hij volgt de cursus om beter te leren schrijven.
- Zij ligt in de zon om bruin te worden.

- na *te* + een adjectief.
- De koffer is te zwaar om te dragen.
- Dit glas is te vies om uit te drinken.
- Ik ben te moe om te eten.

Let op
Te in *te zwaar, te vies* en *te moe* betekent niet hetzelfde als *te* in combinatie met een infinitief.

Bij de woorden die gevolgd worden door *te* (zie 210 en 212) wordt vooral in gesproken taal vaak *om* toegevoegd.
- gesproken   – Vind je het leuk om mee te gaan?
- geschreven   – Vind je het leuk mee te gaan?

- gesproken   – Wij zijn van plan om hier tien dagen te blijven.
- geschreven – Wij zijn van plan hier tien dagen te blijven.
- gesproken   – Ik heb geprobeerd om Piet op te bellen.
- geschreven – Ik heb geprobeerd Piet op te bellen

Om wordt vaak toegevoegd in langere zinnen:
- Ik heb geprobeerd op te bellen.
- Ik heb geprobeerd om Piet op zijn werk op te bellen.

216   *Om* kan niet worden toegevoegd na bij voorbeeld:
- blijken
- durven
- geloven
- hoeven
- lijken
- menen
- schijnen
- verklaren
- voorkomen
- vrezen

217   2. Infinitief zonder *te*.
Er zijn enkele werkwoorden die vaak in combinatie met een infinitief gebruikt
worden, maar waarbij de infinitief niet voorafgegaan mag worden door *te* (zie ook
272). Deze werkwoorden zijn:

• kunnen	• gaan	• voelen
• mogen	• komen (zie 220)	• horen (zie 220)
• moeten	• blijven	• zien (zie 220)
• zullen	• laten	• leren (zie 218)
• willen	• doen (= laten)	• helpen (zie 218)

- Kunt u mij helpen?
- Zal ik u even helpen?
- Ik ga in de stad eten.
- Zijn opmerking doet mij vermoeden dat hij gelijk heeft.
- Ik laat mijn haar knippen.
- Ik voel mijn hart kloppen.

218   De werkwoorden *helpen* en *leren* kunnen of wel, of niet door *te* + infinitief gevolgd worden.
Er is geen verschil in betekenis. Vooral in korte zinnen wordt *te* vaak weggelaten.
- Ik help hem afwassen.
- Ik help hem zijn kamer op te ruimen (opruimen).
- Ik leer zwemmen.
- Ik leer goed Nederlands (te) spreken.

De vaste combinatie *leren kennen* komt altijd zonder *te* voor.
- Ze leerden elkaar in Groningen kennen.

219   Het werkwoord *hebben* komt voor met *te* en zonder *te*. Er is geen verschil in betekenis.
       zonder *te*: voorafgegaan aan *staan, zitten, liggen, lopen, hangen* en *wonen*.
       • Ik heb weinig geld op de bank staan.
       • Hij heeft een zuster in Amsterdam wonen.
       • Ik heb de was nog buiten hangen.

       met *te* : in andere gevallen.
       • Zij hebben niet genoeg te eten.
       • Ik heb niet veel te doen.

220   Enkele werkwoorden kunnen met *te* en zonder *te* voorkomen. Hierbij is wel verschil in
       betekenis.

horen	met *te*	– behoren. Je hoort op tijd te zijn.
	zonder *te*	– functie van het oor. Ik hoor hem praten.
zien	met *te*	– proberen. Ik zal zien het boek te krijgen.
	zonder *te*	– functie van het oog. Ik zie haar staan.
komen	met *te*	– in een bepaalde toestand komen. De cursus komt te vervallen.
	zonder *te*	– beweging. Wij komen bij je eten.
zijn	met *te*	– het aangeven van een mogelijkheid. Het is niet te doen. Brand is door voorzichtigheid met vuur te voorkomen.
	zonder *te*	– in de spreektaal, wanneer eigenlijk *gaan* gebruikt moet worden. Er wordt hier in feite een perfectum van het werkwoord *gaan* bedoeld. Hij is koffie halen.
vinden	met *te*	– het geven van een mening over iets passiefs. Ik vind die soep niet te eten (ik vind dat die soep niet gegeten kan worden). Wij vinden zijn optreden niet te accepteren (wij vinden dat zijn optreden niet geaccepteerd kan worden).
	zonder *te*	– aantreffen. Ze vonden hem dood in bed liggen. Toen ik thuis kwam, vond ik de voordeur open staan.
	zonder *te*	– het geven van een mening over iets actiefs. Ik vind haar mooi zingen. Ik vind die ketting niet bij die jurk passen.

       3. Het weglaten van *gaan* en *hebben*.

221   *Gaan*
       De infinitief *gaan* wordt meestal weggelaten na *moeten, mogen, willen, kunnen* en
       hoeven. Dit gebeurt vooral in een concreet geval, wanneer de nadruk op de richting
       of het doel van het gaan valt, en *gaan* zelf vanzelfsprekend is.
       • Ik moet naar de dokter.
       • Vader, mag ik vanavond naar de bioscoop?
       • Hij wil niet meer naar de les.
       • Je kunt vandaag niet met de trein naar Amsterdam, want er is een
         spoorwegongeluk gebeurd.
       • We hoeven vandaag niet naar school!

222   *hebben*
De infinitief *hebben* wordt vaak weggelaten na *mogen* en *willen*, vooral in een
concreet geval, wanneer de nadruk op het object valt.
- Mag ik een kopje thee?
- Hoeveel appels wilt u?
- Ik wil er graag vier.

Soms is het niet duidelijk of de nadruk ligt op het object, of op het bezitten, het
hebben van dat object.
Vergelijk
- Ik wilde graag een nieuwe fiets (hebben).
- Mag ik dat mooie papier (hebben)?

Opmerking
In gesproken taal wordt ook na *hoeven* de infinitief *hebben* vaak weggelaten.
- Wil je melk in je thee? Nee, dank je, ik hoef geen melk.

B   Presens
Voor de vervoeging van het presens zie 869.
De spellingsregels voor helder en donker uitgesproken vocalen zijn hier van
toepassing.

223   Open lettergreep in infinitief;
helder uitgesproken vocaal, enkele consonant.

maken – stam: maak		lopen – stam: loop	
ik	maak	ik	loop
jij	maakt	jij	loopt
u	maakt	u	loopt
hij	maakt	hij	loopt
zij	maakt	zij	loopt
het	maakt	het	loopt
wij	maken	wij	lopen
jullie	maken	jullie	lopen
zij	maken	zij	lopen

224   Gesloten lettergreep in infinitief;
donker uitgesproken vocaal, dubbele consonant.

pakken – stam: pak		zeggen – stam: zeg	
ik	pak	ik	zeg
jij	pakt	jij	zegt
u	pakt	u	zegt
hij	pakt	hij	zegt
zij	pakt	zij	zegt
het	pakt	het	zegt

wij	pakken	wij	zeggen
jullie	pakken	jullie	zeggen
zij	pakken	zij	zeggen

225 Gesloten lettergreep in infinitief;
helder uitgesproken (dubbele) vocaal.

antwoorden – stam: antwoord verbeelden – stam: verbeeld

ik	antwoord	ik	verbeeld
jij	antwoordt	jij	verbeeldt
u	antwoordt	u	verbeeldt
hij	antwoordt	hij	verbeeldt
zij	antwoordt	zij	verbeeldt
het	antwoordt	het	verbeeldt
wij	antwoorden	wij	verbeelden
jullie	antwoorden	jullie	verbeelden
zij	antwoorden	zij	verbeelden

226 *f/v* wisseling
proeven – stam: proef   leven – stam: leef

ik	proef	ik	leef
jij	proeft	jij	leeft
u	proeft	u	leeft
hij	proeft	hij	leeft
zij	proeft	zij	leeft
het	proeft	het	leeft
wij	proeven	wij	leven
jullie	proeven	jullie	leven
zij	proeven	zij	leven

227 *s/z* wisseling
reizen – stam: reis   lezen – stam: lees

ik	reis	ik	lees
jij	reist	jij	leest
u	reist	u	leest
hij	reist	hij	leest
zij	reist	zij	leest
het	reist	het	leest
wij	reizen	wij	lezen
jullie	reizen	jullie	lezen
zij	reizen	zij	lezen

228   *Let op*

Een -*t* wordt ook toegevoegd als de stam op een -*d* eindigt.

• hij antwoordt	• hij vindt	• hij verbeeldt	• hij wordt
• zij vermoordt	• zij doodt	• zij verbrandt	• zij meldt

Een -*t* wordt niet toegevoegd wanneer de stam eindigt op een -*t* (een woord eindigt nooit op een dubbele consonant).

• wachten	– ik wacht	– jij wacht	– hij wacht
• praten	– ik praat	– jij praat	– hij praat
• zetten	– ik zet	– jij zet	– hij zet

229   Onregelmatig

1. Er zijn zes werkwoorden met een infinitief van één lettergreep: *gaan, slaan, staan, doen, zien, zijn* (zie 230 voor het werkwoord *zijn*).

gaan		slaan		staan	
ik	ga	ik	sla	ik	sta
jij	gaat	jij	slaat	jij	staat
u	gaat	u	slaat	u	staat
hij	gaat	hij	slaat	hij	staat
zij	gaat	zij	slaat	zij	staat
het	gaat	het	slaat	het	staat
wij	gaan	wij	slaan	wij	staan
jullie	gaan	jullie	slaan	jullie	staan
zij	gaan	zij	slaan	zij	staan

doen		zien	
ik	doe	ik	zie
jij	doet	jij	ziet
u	doet	u	ziet
hij	doet	hij	ziet
zij	doet	zij	ziet
het	doet	het	ziet
wij	doen	wij	zien
jullie	doen	jullie	zien
zij	doen	zij	zien

230 2. De andere werkwoorden die onregelmatig zijn in het presens: *zijn, hebben,*
kunnen, willen, zullen, mogen, komen.

zijn		hebben		kunnen	
ik	ben	ik	heb	ik	kan
jij	bent	jij	hebt	jij	kan/kunt (zie 232)
u	bent	u	hebt/heeft	u	kan/kunt (zie 231/232)
hij	is	hij	heeft	hij	kan
zij	is	zij	heeft	zij	kan
het	is	het	heeft	het	kan
wij	zijn	wij	hebben	wij	kunnen
jullie	zijn	jullie	hebben	jullie	kunnen
zij	zijn	zij	hebben	zij	kunnen

willen		zullen	
ik	wil	ik	zal
jij	wil/wilt(zie 232)	jij	zal/zult (zie 232)
u	wil/wilt (zie 232)	u	zal/zult (zie 232)
hij	wil	hij	zal
zij	wil	zij	zal
het	wil	het	zal
wij	willen	wij	zullen
jullie	willen	jullie	zullen
zij	willen	zij	zullen

mogen		komen	
ik	mag	ik	kom
jij	mag	jij	komt
u	mag	u	komt
hij	mag	hij	komt
zij	mag	zij	komt
het	mag	het	komt
wij	mogen	wij	komen
jullie	mogen	jullie	komen
zij	mogen	zij	komen

231 *U hebt* en *u heeft* worden beide gebruikt. Er is geen verschil.

232   De 2de persoon singularis van de werkwoorden *kunnen, willen* en *zullen* heeft twee
       vormen: één met -*t* en één zonder -*t*. Bij de informele vorm (jij) komt de vorm
       zonder -*t* vaker voor dan de vorm met -*t*. In de schrijftaal komt de vorm met -*t*
       vaker voor. Bij de formele vorm (u) komt de vorm met -*t* vaker voor dan die
       zonder -*t*, zeker in de schrijftaal.

233   De 2de persoon singularis
       De vorm voor de 2de persoon singularis heeft een -*t* achter de stam. Deze -*t* valt
       weg bij alle werkwoorden, in alle gevallen wanneer *jij/je* (personaal pronomen)
       achter de persoonsvorm staat.
           • Jij werk*t* niet.   – Werk_ jij niet?
           • Je ben*t* ziek   – Ben_ je ziek?
           • Je hoef*t* 's avonds niet te werken. – 's Avonds hoef_ je niet werken.

       Bij *u* geldt deze regel niet!
           • Werk je niet?   – Werk*t* u niet?
           • U ben*t* ziek.   – Ben*t* u ziek?
           • Hoe vind je de cursus?   – Hoe vind*t* u de cursus?

C   Imperfectum en participium van regelmatige werkwoorden
234   Imperfectum en participium worden hier tegelijk behandeld, omdat het
       onderscheid in regelmatige (zwakke) en onregelmatige (sterke) werkwoorden
       gemaakt wordt op basis van deze vormen. Men kan aan de infinitief niet zien of
       een werkwoord regelmatig of onregelmatig is.
       Vergelijk
           • regelmatig: slikken   – slikte   – slikten   – geslikt
           • onregelmatig: schrikken   – schrok – schrokken – geschrokken

       Er worden achterin het boek lijsten met onregelmatige werkwoorden gegeven,
       alfabetisch geordend op infinitief (877), imperfectum (878), en participium (879).

235   1. Imperfectum
       Zowel voor de regelmatige als voor de onregelmatige werkwoorden geldt dat er in
       het imperfectum slechts twee vormen zijn (zie 870):
       - één vorm voor alle personen in de singularis;
       - één vorm voor alle personen in de pluralis.

236   Regelmatige werkwoorden
       Het imperfectum

+--+
| ⎧ *te(n)* (laatste letter vóór -*en*: 't, k, f, s, ch, p) |
| stam + ⎨ |
| ⎩ *de(n)* (laatste letter vóór -*en*: geen 't, k, f s, ch, p) |
+--+

-te(n)/-de(n)

Het imperfectum vormt men door achter de stam van een werkwoord *-te(n)* of *-de(n)* te plaatsen.

-te(n) gebruikt men wanneer de laatste letter voor de uitgang *-en* van de infinitief een *t, k, f, s, ch* of een *p* is.

-de(n) gebruikt men wanneer de laatste letter voor de uitgang *-en* van de infinitief een andere letter is.

237 Men kan bovengenoemde consonanten op twee manieren onthouden.
- Het zijn de consonanten in: **'t kofschip**.
- Het zijn de beginletters van de woorden in de volgende zin: **Fr**é**d**é**ric Ch**opin **p**akte **t**wee **s**tukjes **k**aas.

Bovengenoemde regel heeft geen uitzonderingen!
Dat wil zeggen: de spelling van het imperfectum gaat soms tegen de algemene regels voor de spelling in (zie voorbeelden 246).

238 2. Participium van het perfectum

(ge) + stam + {
t (laatste letter vóór *-en*: *t, k, f, s, ch, p*)
d (laatste letter vóór *-en*: geen *t, k, f, s, ch, p*)

De algemene regels voor de spelling zijn van toepassing.

239 In principe begint een participium met het prefix *ge-*, bij regelmatige werkwoorden en ook bij onregelmatige werkwoorden:
• gewerkt   • getrouwd   • gekeken

240 Geen *ge-*
Geen *ge-* wanneer de infinitief begint met het prefix *be-, ge-, er-, her-, ont-* en *ver-*:
• begrijpen   – ik heb begrepen
• gebeuren   – er is gebeurd
• ervaren   – ik heb ervaren
• herhalen   – ik heb herhaald
• onthouden   – ik heb onthouden
• vertellen   – ik heb verteld

Geen ge- wanneer het werkwoord met een prefix begint en onscheidbaar is (zie 300-305):
• overtuigen   – ik heb overtuigd
• voorzien   – ik heb voorzien
• achtervolgen – ik heb achtervolgd

241 In enkele gevallen, wanneer het prefix *her-* extra nadruk krijgt, wordt het
participium wel met *ge-* gevormd:
> • herwaarderen – ik heb hergewaardeerd – ik heb geherwaardeerd.

242 De regel dat *ge-* wordt weggelaten, geldt alleen wanneer de infinitief met een prefix
begint. Het werkwoord *bellen* bij voorbeeld begint wel met *be-*, maar dit *be* is geen
prefix, het participium krijgt dus normaal *ge-*.

Vergelijk
> • beleven – ik heb beleefd
> • bellen   – ik heb gebeld

243 Een participium van het perfectum, van regelmatige en onregelmatige
werkwoorden, kan soms als adjectief gebruikt worden. In dat geval kan het de
uitgang *-e* krijgen (zie 44 en 156).
> • De vraag is beantwoord   – de beantwoorde vraag
> • De eieren zijn gebakken   – de gebakken eieren
> • Het vakkenpakket is toegestaan   – het toegestane vakkenpakket

244 Bij het kiezen van de *-t* of *-d* als laatste letter van het participium gelden dezelfde
regels als bij de vorming van het imperfectum (*-te(n)*, *-de(n)*).

Voorbeelden
infinitief	:	werken (laatste letter vóór *-en* = k →*te*)
stam	:	werk
imperfectum	:	werkte(n)
participium	: gewerkt	
infinitief	:	straffen (laatste letter vóór *-en* = f →*te*)
stam	:	straf
imperfectum	:	strafte(n)
participium	: gestraft	
infinitief	:	dansen (laatste letter vóór *-en* = s →*te*)
stam	:	dans
imperfectum	:	danste(n)
participium	: gedanst	
infinitief	:	juichen (laatste letter vóór *-en* = ch →*te*)
stam	:	juich
imperfectum	:	juichte(n)
participium	: gejuicht	
infinitief	:	knippen (laatste letter vóór *-en* = p →*te*)
stam	:	knip
imperfectum	:	knipte(n)
participium	: geknipt	

infinitief   :   trouwen (laatste letter vóór -*en* = *w* →*de*)
stam   :   trouw
imperfectum   :   trouwde(n)
participium   : getrouwd

infinitief   :   leren (laatste letter vóór -*en* = *r* →*de*)
stam   :   leer
imperfectum   :   leerde(n)
participium   : geleerd

infinitief   :   proeven (laatste letter vóór -*en* = *v* →*de*)
stam   :   proef
imperfectum   :   proefde(n)
participium   : geproefd

infinitief   :   reizen (laatste letter vóór -*en* = *z* →*de*)
stam   :   reis
imperfectum   :   reisde(n)
participium   : gereisd

infinitief   :   maken (laatste letter vóór -*en* = *k* →*te*)
stam   :   maak
imperfectum   :   maakte(n)
participium   : gemaakt

infinitief   :   horen (laatste letter vóór -*en* = *r* →*de*)
stam   :   hoor
imperfectum   :   hoorde(n)
participium   : gehoord

infinitief   :   bellen (laatste letter vóór -*en* = *l* →*de*)
stam   :   bel
imperfectum   :   belde(n)
participium   : gebeld

245   Wanneer de stam eindigt op -*f* of -*s*, moet men dus kijken naar de letter vóór de -*en* van de infinitief om te weten of -*te(n)* of -*de(n)* moeten worden toegevoegd, en niet naar de laatste letter van de stam! Vergelijk bovenstaande voorbeelden *blaffen, proeven, dansen* en *reizen*.

246   Wanneer de stam eindigt op -*t* of -*d*, wordt het imperfectum volgens de regels gevormd door toevoeging van -*te(n)* of -*de(n)*. De -*t* of -*d* verdubbelt in dat geval. Een participium heeft nooit een dubbele -*t* of -*d* aan het eind.

infinitief   :   wachten (laatste letter vóór -*en* = *t* →*te*)
stam   :   wacht
imperfectum   :   wachtte(n)
participium   : gewacht

infinitief	:	praten (laatste letter vóór -en = t →te)
stam	:	praat
imperfectum	:	praatte(n)
participium	: gepraat	

infinitief	:	antwoorden (laatste letter vóór -en = d →de)
stam	:	antwoord
imperfectum	:	antwoordde(n)
participium	: geantwoord	

infinitief	:	verbranden (laatste letter vóór -en = d → de)
stam	:	verbrand
imperfectum	:	verbrandde(n)
participium	:	verbrand

247   Bij werkwoorden die eindigen op *-elen* of *-eren* moet men om de stam te kunnen vinden, weten of de klemtoon wel of niet op *-el-* of *-er-* valt. Raadpleeg bij twijfel een woordenboek. De klemtoon is hier met een accent aangegeven.

Vergelijk

infinitief	:	verdélen (laatste letter vóór -en = l →de)
stam	:	verdeel
imperfectum	:	verdeelde(n)
participium	:	verdeeld

infinitief	:	wándelen (laatste letter vóór -en = l →de)
stam	:	wandel
imperfectum	:	wandelde(n)
participium	: gewandeld	

infinitief	:	protestéren (laatste letter vóór -en = r →de)
stam	:	protesteer
imperfectum	:	protesteerde(n)
participium	: geprotesteerd	

infinitief	:	luisteren (laatste letter vóór -en = r →de)
stam	:	luister
imperfectum	:	luisterde(n)
participium	: geluisterd	

248   De ''t kofschip-regel' geldt alleen voor consonanten.

infinitief	:	naaien (laatste letter vóór -en = i →de)
stam	:	naai
imperfectum	:	naaide(n)
participium	: genaaid	

D   Imperfectum en participium van onregelmatige werkwoorden

249   Een groot aantal werkwoorden noemen we onregelmatig, omdat de ''t
kofschip-regels' niet van toepassing zijn. Bij het imperfectum en het participium
verandert meestal de vocaal van de voorlaatste lettergreep van de infinitief:
begrijpen, ik *begreep*, wij *begrepen*, ik heb *begrepen*.
Men kan bij het veranderen van die vocalen soms enig systeem zien en daarbij de
volgende groepen onderscheiden.

250

ij	*ee*	*e*	*e*
kijken	keek	keken	gekeken
schrijven	schreef	schreven	geschreven

maar:

bevrijden	bevrijdde	bevrijdden	bevrijd

Opmerking
De werkwoorden van deze groep die regelmatig zijn, zijn vaak afgeleid van een adjectief of
een substantief:
vrij-bevrijden, blij-verblijden, rijk-verrijken, nijd-benijden.

251

ie	*oo*	*o*	*o*
bieden	bood	boden	geboden
gieten	goot	goten	gegoten

maar:

fietsen	fietste	fietsten	gefietst

252

ui	*oo*	*o*	*o*
buigen	boog	bogen	gebogen
ruiken	rook	roken	geroken

maar:

huilen	huilde	huilden	gehuild

253

i	*o*	*o*	*o*
vinden	vond	vonden	gevonden
schrikken	schrok	schrokken	geschrokken

maar:

slikken	slikte	slikten	geslikt

254

e	*o*	*o*	*o*
schenken	schonk	schonken	geschonken
zwemmen	zwom	zwommen	gezwommen

maar:

wenken	wenkte	wenkten	gewenkt

255 Wanneer de vocaal van het imperfectum een *a* is, wordt deze *a* in de singularis donker uitgesproken, en in de pluralis helder. Bijvoorbeeld:

spreken	sprak	spraken	gesproken
zitten	zat	zaten	gezeten
zien	zag	zagen	gezien

Uitzondering

hebben	had	hadden	gehad

256 Een aantal werkwoorden heeft een regelmatig imperfectum en een onregelmatig participium. Bij voorbeeld:

bakken	bakte	bakten	gebakken
lachen	lachte	lachten	gelachen

257 Een aantal werkwoorden heeft een onregelmatig imperfectum en een regelmatig participium. Bij voorbeeld:

vragen	vroeg	vroegen	gevraagd
zeggen	zei	zeiden	gezegd

258 Het is nodig bij ieder werkwoord het imperfectum en het perfectum te leren. Daarom geven wij lijsten met onregelmatige werkwoorden, alfabetisch geordend op infinitief (877), imperfectum (878) en participium (879).

259 Sommige werkwoorden hebben twee betekenissen. In één betekenis zijn ze regelmatig, in een andere betekenis zijn ze onregelmatig.

De belangrijkste:

• brouwen	– brouwde-brouwen-gebrouwen	– bier maken
	– brouwen-brouwde-gebrouwd	– de r op een bepaalde manier uitspreken
• plegen	– placht-plachten-(geen participium)	– gewoon zijn
	– pleegde-pleegden-gepleegd	– begaan (van misdaad)
• prijzen	– prees-prezen-geprezen	– loven
	– prijsde-prijsden-geprijsd	– een prijs vaststellen
• scheppen	– schiep-schiepen-geschapen	– creëren
	– schepte-schepten-geschept	– een schep gebruiken
• scheren	– schoor-schoren-geschoren	– haren tot zo kort mogelijk afsnijden
	– scheerde-scheerden-gescheerd	– laag vliegen

260 Het werkwoord *zweren* heeft twee betekenissen. Bij één daarvan horen twee verschillende onregelmatige vormen:

• zweren	– zwoor-zworen-gezworen	– etteren
	– zweerde-zweerden-gezworen	– etteren
	– zwoer-zwoeren-gezworen	– een eed afleggen

261 De werkwoorden *schrikken* en *houwen* zijn in samenstellingen regelmatig:
- afschrikken – ik schrikte af – wij schrikten af – ik heb afgeschrikt
- opschrikken – ik schrikte op – wij schrikten op – ik heb opgeschrikt
- beeldhouwen – ik beeldhouwde – wij beeldhouwden – ik heb gebeeldhouwd

262 Enkele onregelmatige werkwoorden blijven in sommige samenstellingen onregelmatig, maar zijn in andere samenstellingen regelmatig.
De belangrijkste zijn:

• lachen	(onregelmatig)	– uitlachen (uitgelachen)
	(regelmatig)	– glimlachen (geglimlacht)
• vliegen	(onregelmatig)	– alle samenstellingen, behalve
	(regelmatig)	– zweefvliegen (gezweefvliegd)
• vouwen	(onregelmatig)	– alle samenstellingen, behalve
	(regelmatig)	– ontvouwen (ontvouwd)
• zeggen	(onregelmatig)	– b.v. afzeggen (zei af, afgezegd)
	(regelmatig)	– aanzeggen (zegde aan, aangezegd)
		– ontzeggen (ontzegde, ontzegd)
		– toezeggen (zegde toe, toegezegd)
• zuigen	(onregelmatig)	– alle samenstellingen, behalve
	(regelmatig)	– stofzuigen (stofzuigde, gestofzuigd)

263 Van sommige werkwoorden komen de onregelmatige vormen minder vaak voor dan de regelmatige. De belangrijkste zijn:

• durven	– durfde	– durfden	– gedurfd (vaak)
	– dorst	– dorsten	– gedurfd (minder vaak)
• waaien	– waaide	– waaiden	– gewaaid (vaak)
	– woei	– woeien	– gewaaid (minder vaak)
• jagen	– jaagde	– jaagden	– gejaagd (vaak)
	– joeg	– joegden	– gejaagd (minder vaak)

264 Het werkwoord *uitscheiden* in de betekenis van *ophouden, stoppen* komt alleen in de spreektaal voor (scheed uit, is uitgescheden).

E   De voltooide tijden
265 het perfectum
het plusquamperfectum
het futurum exactum
de conditionalis perfecti

De voltooide tijden worden gevormd door de hulpwerkwoorden *hebben* of *zijn* en een participium.

1. Regels voor het gebruik van *hebben* en *zijn*.
Raadpleeg in geval van twijfel een woordenboek.

Hebben
266 Het hulpwerkwoord *hebben* wordt gebruikt bij **transitieve werkwoorden** (dat wil zeggen bij werkwoorden die een direct object kunnen hebben).
- schrijven   – Hij heeft de brief geschreven.

• kopen	– Ik heb het boek gekocht.
• maken	– Wij hebben de oefening gemaakt.
• lezen	– Ik had dit boek vroeger ook al eens gelezen.
	– Zou hij het boek gelezen hebben?
• begrijpen	– Ik heb de les begrepen.
	– Hij zal de les wel begrepen hebben.
• vinden	– Ik heb een portemonnee gevonden.
• zien	– Heb je die film gezien?
• bouwen	– Wie heeft dit huis gebouwd?

Uitzonderingen

• beginnen	– Hij is een winkel begonnen.
• oversteken	– Hij is de straat overgestoken.

Reflexieve werkwoorden (zie 313) horen ook bij deze groep:

• zich vergissen	– Oom Dick heeft zich in de datum vergist.

267   Het hulpwerkwoord *hebben* wordt gebruikt bij **intransitieve werkwoorden** (dat wil zeggen bij werkwoorden die geen direct object kunnen hebben) die een voortdurende situatie aanduiden.

• wachten	– Ik heb op je gewacht.
	– Hij zou niet zo lang gewacht hebben.
• slapen	– Zij heeft vannacht slecht geslapen.
• zitten	– Ik heb in de tuin gezeten.
	– Jullie zullen gisteren ook wel in de tuin gezeten hebben.
• regenen	– Het heeft gisteren de hele dag geregend.

Uitzonderingen

De werkwoorden *blijven* en *zijn*.

• blijven	– Ik ben hier tien dagen gebleven.
• zijn	– Hij is gisteren de hele dag in Amsterdam geweest.

Zijn

268   Het hulpwerkwoord *zijn* wordt gebruikt bij **intransitieve werkwoorden** (dat wil zeggen bij werkwoorden die geen direct object kunnen hebben) die een verandering van situatie aanduiden.

• beginnen	– Ik ben met les 10 begonnen.
• opstaan	– Ik ben vroeg opgestaan.
• gebeuren	– Wat is er gebeurd?
• komen	– Hij zal wel te laat gekomen zijn.
• sterven	– Hij is plotseling gestorven.
• slagen	– Ze zijn voor het examen geslaagd.
• ontwaken	– zij is pas na 100 jaar ontwaakt.
• inslapen	– Ik ben onder het lezen ingeslapen.
• eindigen	– Chris is als laatste geëindigd.

Hebben of *zijn*

269   Met *hebben* of *zijn* worden vervoegd **intransitieve werkwoorden** die een manier
van voortbewegen aanduiden.
Men gebruikt *zijn* wanneer de richting wordt aangeduid.
Men gebruikt *hebben* wanneer de richting niet wordt aangeduid.

A   B
Hij loopt **naar** het park.   Hij loopt **in** het park
Hij is **naar** het park gelopen   Hij heeft **in** het park gelopen

- wandelen – Ik heb in het park gewandeld.
            – Ik ben naar het park gewandeld.
- vliegen   – Hij heeft nog nooit gevlogen.
            – Hij is naar Parijs gevlogen.
- lopen   – Ik heb een uur gelopen.
            – Ik ben de kamer uit gelopen.
- springen – De kinderen hebben tijdens de gymnastiekles gesprongen.
            – Het kind is van de stoel gesprongen.

Dezelfde mogelijkheden hebben bij voorbeeld *duiken, fietsen, hollen, klimmen,*
kruipen, rennen, roeien, varen, zeilen.

270   Bij enkele werkwoorden die zowel transitief als intransitief gebruikt kunnen
worden, wordt ook *hebben* of *zijn* gebruikt:
- *rijden*   transitief: *hebben*   – *De monteur heeft de auto naar de garage gereden.*
              intransitief: *zijn*   – *Zij is alleen naar de garage gereden.*
- *verhuizen* transitief: *hebben*   – *Mijn vrienden hebben mijn meubels verhuisd.*
              intransitief: *zijn*   – *Ik ben naar Amsterdam verhuisd.*

Opmerking

Het werkwoord *ruiken* kan transitief en intransitief gebruikt worden, maar de voltooide tijden worden altijd met *hebben* gevormd.

- Ik heb de bloemen geroken. – De bloemen hebben lekker geroken.

271   Enkele werkwoorden, die een wat andere betekenis hebben wanneer ze met *hebben* of met *zijn* vervoegd worden.

• opvolgen	met *hebben*	gehoorzamen
		– De soldaat heeft het bevel opgevolgd.
	met *hebben* of *zijn*	in de plaats van iets of iemand komen
		– De koningin heeft/is haar moeder opgevolgd.

• verliezen	met *hebben*	niet winnen
		– Ik heb de wedstrijd verloren.
	met *hebben* of *zijn*	*iets kwijt raken*
		– Ik heb/ben mijn portemonnee verloren.

• vergeten	met *hebben*	vergeten iets te doen
		– Ik heb mijn boek vergeten.
	met *zijn*	niet meer weten
		– Ik ben zijn naam vergeten.

• volgen	met *hebben*	nadoen
		– Ik heb zijn voorbeeld gevolgd.
	met *zijn*	achterna lopen
		– Ik ben hem de hele avond gevolgd.

2. Voltooide tijden gevolgd door een infinitief.

272   a. Wanneer een werkwoord dat niet gevolgd kan worden door *te* (zie 217) in de voltooide tijd staat, en gevolgd wordt door een infinitief, verandert het participium in een infinitief. Er komen dan twee infinitieven achter elkaar.

- Ik hoor hem.   – Ik heb hem gehoord.
- Ik hoor hem zingen.   – Ik heb hem ~~gehoord~~ horen zingen.

Het hulpwerkwoord van het eerste werkwoord wordt gebruikt, dat wil zeggen het hulpwerkwoord dat hoort bij het oorspronkelijke participium.

- Waarom komt hij?   – Hij komt het huis bekijken.
- Waarom is hij gekomen?   – Hij is het huis ~~gekomen~~ komen bekijken.
- Wat zie je?   – Ik zie hem zijn hond slaan.
- Wat heb je gezien?   – Ik heb hem zijn hond ~~gezien~~ zien slaan.

Nog een paar voorbeelden

- Ik moest Jan opbellen.
- Hij blijft eten.
- Hij zal blijven eten.
- Hij laat zijn haar knippen.
- Hij zou zijn haar laten knippen.

– Ik had Jan ~~gemoeten~~ moeten opbellen
– Hij is ~~gebleven~~ blijven eten.
– Hij zal zijn ~~gebleven~~ blijven eten.
– Hij heeft zijn haar ~~gelaten~~ laten knipp
– Hij zou zijn haar hebben ~~gelaten~~ laten knippen.

Opmerking
Wezen wordt gebruikt in plaats van *geweest*
- Ik ben vandaag wezen (= geweest) zwemmen.
Constructies met *wezen* + infinitief komen alleen in de spreektaal voor.

273 b. De werkwoorden *staan, zitten, liggen* en *lopen* kunnen in het presens, het imperfectum en de imperatief gevolgd worden door een infinitief met *te* (zie 217).
- Ik sta te kijken.   • Ik zat te lezen.

In de voltooide tijden wordt hier geen *te* gebruikt. Er komen dan twee infinitieven achter elkaar (zie ook 272).
- Ik heb ~~gestaan~~ staan kijken.   • Hij had ~~gezeten~~ zitten lezen.

274 c. In enkele gevallen wordt *te* in de voltooide tijd wel tussen twee infinitieven geplaatst. Dit gebeurt na de werkwoorden *komen, dienen, (be)horen, weten, hoeven* en *durven*.
- De cursus is ~~gekomen~~ komen te vervallen.
- Dit middel had u ~~gediend~~ dienen te gebruiken.
- Je had hem ~~behoord~~ (be)horen te overtuigen.
- Ik heb hem niet ~~geweten~~ weten te overtuigen
- Hij had niet ~~gehoeven~~ hoeven (te) werken.
- Ik heb dat niet ~~gedurfd~~ durven (te) vragen.

275 In de andere gevallen waarin een werkwoord gevolgd wordt door een infinitief voorafgegaan door *te* wordt wel het eerste werkwoord als participium gebruikt.
- Hij heeft mij gevraagd te blijven.   • Ik had gehoopt te komen.
- Het is opgehouden te regenen.

276 Bij de werkwoorden *helpen, leren, proberen* en *trachten* zijn twee mogelijkheden
- Ik heb hem geholpen de kamer op te ruimen
- Ik heb hem de kamer helpen opruimen (op te ruimen).

- Ik heb geleerd goed Nederlands te spreken.
- Ik heb goed Nederlands leren (te) spreken.

- Ik heb geprobeerd de oefening te maken.
- Ik heb de oefening proberen te maken.

- Ik heb getracht u tijdig op de hoogte te stellen.
- Ik heb u tijdig op de hoogte trachten te stellen.

F   De imperatief (gebiedende wijs)

277   De meest voorkomende vorm van de imperatief is de stam. Deze wordt gebruikt in
singularis en pluralis, in informeel taalgebruik (zie 350 voor gebruik).

- Jan,   kom binnen!
- Jan en Annie, kom binnen!
- Jongens,   kom binnen!
- Jongens,   begin maar vast!

Bij de formele omgangsvorm krijgt men stam + *t* en wordt het personaal pronomen
u toegevoegd (zie 350 voor gebruik).

- Meneer,   komt u binnen!
- Meneer en mevrouw Jansen,   komt u binnen!
- Dames en heren,   komt u binnen!
- Heren,   begin u maar vast!
- Dames,   luistert u even!

278   De imperatief voor de eerste persoon wordt gevormd met het hulpwerkwoord
laten (zie voor gebruik 353).
Voor de le persoon singularis wordt *ik* toegevoegd.
Voor de le persoon pluralis wordt *wij/we* toegevoegd.

- Laat ik eens beginnen!   • Laten we naar binnen gaan!

279   Vooral bij opschriften, maar ook vaak in de spreektaal wordt de infinitief gebruikt.

- Niet roken.   • Hier melden.
- Doorlopen.   • Niet aanraken.
- Niet op het gras voetballen.   • Instappen!
- Opschieten!   • Niet doen!
- Hier komen!   • Afblijven!

280   In informeel taalgebruik kan in de spreektaal *je* of *jullie* worden toegevoegd (zie
voor gebruik 352).

- Hou je op!
- Schieten jullie op!
- Lopen jullie eens door!

281   Het werkwoord *zijn* heeft een onregelmatige imperatief. Deze wordt gevormd van
de infinitief *wezen* (vergelijk: *geweest*)

- Wees voorzichtig!
- Weest u niet bang!
- Wezen jullie eens stil!

G   Het participium van het presens

282   Het participium van het presens wordt gevormd door de uitgang *-d* of *-de(n)* achter
de infinitief te plaatsen.

1. Als adverbium gebruikt: *-d* of *-de*.

- Ze deed zingend de afwas.   – Ze deed zingende de afwas.
- Hij dronk zittend zijn melk op.   – Hij dronk zittende zijn melk op.
- Jij wordt slapend rijk!   – Jij wordt slapende rijk!

Uitzondering
Doende, gaande, staande, ziende en *zijnde* krijgen altijd een *-e*.
- Hij dronk staande zijn melk op.
- Aan het eind van zijn lezing gekomen zijnde, verliet hij de zaal (schrijftaal).

283   2. Als adjectief, attributief gebruikt.
Als attributief gebruikt adjectief zijn de regels voor het adjectief van toepassing (zie 149).

Vergelijk

• de	kleine kamer	– de	leegstaande kamer
• een	kleine kamer	– een	leegstaande kamer
• het	kleine huis	– het	leegstaande huis
• een	klein huis	– een	leegstaand huis
• de	kleine kamers	– de	leegstaande kamers
•	kleine huizen	–	leegstaande huizen

284   3. Als adjectief zelfstandig gebruikt.
Als zelfstandig gebruikt adjectief krijgt een participium van het presens de uitgang *-en*
wanneer het verwijst naar personen in de pluralis (zie 172).
- De werkenden betalen voor de mensen die niet werken.
- De werkzoekenden zijn bij het arbeidsbureau ingeschreven.
- Er zijn nog vier wachtenden voor u (bij automatische telefoonbeantwoording).
- De levenden en de doden.

285   In het algemeen komt een participium van het presens meer in de schrijftaal voor dan in de
spreektaal. In de spreektaal wordt bijna altijd een bijzin gebruikt, voorafgegaan door een
relatief pronomen, of door de conjuncties *terwijl, toen* en *nadat*.

Vergelijk
- De op het land werkende boeren.
- De boeren die op het land werken (werkten).

- Een snel werkend middel.
- Een middel dat snel werkt.

- Aan het eind van zijn lezing gekomen zijnde, verliet hij de zaal.
- Toen hij aan het eind van zijn lezing gekomen was, ging hij de zaal uit.

- Op de trein wachtend, at hij een broodje.
- Terwijl hij op de trein wachtte, at hij een broodje.

- De deur op slot gedaan hebbende, verliet hij het huis.
- Nadat hij de deur op slot gedaan had, ging hij het huis uit.

H   De passieve vorm

286 De onvoltooide tijden van het passief worden gevormd door het hulpwerkwoord
worden en het participium.
Vergelijk

actief presens		*passief presens*		
ik	opereer	ik	word	geopereerd
jij/u	opereert	jij/u	wordt	geopereerd
hij	opereert	hij	wordt	geopereerd
wij	opereren	wij	worden	geopereerd
jullie	opereren	jullie	worden	geopereerd
zij	opereren	zij	worden	geopereerd

actief imperfectum		*passief imperfectum*		
ik	opereerde	ik	werd	geopereerd
jij/u	opereerde	jij/u	werd	geopereerd
hij	opereerde	hij	werd	geopereerd
wij	opereerden	wij	werden	geopereerd
jullie	opereerden	jullie	werden	geopereerd
zij	opereerden	zij	werden	geopereerd

actief futurum			*passief futurum*		
ik	zal	opereren	ik	zal	geopereerd worden*
jij	zal/zult	opereren	jij	zal/zult	geopereerd worden
u	zal/zult	opereren	u	zult/zal	geopereerd worden
hij	zal	opereren	hij	zal	geopereerd worden
wij	zullen	opereren	wij	zullen	geopereerd worden
jullie	zullen	opereren	jullie	zullen	geopereerd worden
zij	zullen	opereren	zij	zullen	geopereerd worden

actief conditionalis			*passief conditionalis*		
ik	zou	opereren	ik	zou	geopereerd worden*
jij	zou	opereren	jij	zou	geopereerd worden
u	*zoudt*/zou	opereren**	u	*zoudt*/zou	geopereerd worden**
hij	zou	opereren	hij	zou	geopereerd worden
wij	zouden	opereren	wij	zouden	geopereerd worden
jullie	zouden	opereren	jullie	zouden	geopereerd worden
zij	zouden	opereren	zij	zouden	geopereerd worden

*   *zal worden geopereerd/zou worden geopereerd* komt ook voor. Er is geen enkel verschil in gebruik.
** De vorm *zoudt* is verouderd.

287   De voltooide tijden van het passief worden gevormd door het hulpwerkwoord *zijn*
       en het participium. Vergelijk

actief perfectum		
ik	heb	geopereerd
jij/u	hebt	geopereerd
hij	heeft	geopereerd
wij	hebben	geopereerd
jullie	hebben	geopereerd
zij	hebben	geopereerd

passief perfectum		
ik	ben	geopereerd
jij/u	bent	geopereerd
hij	is	geopereerd
wij	zijn	geopereerd
jullie	zijn	geopereerd
zij	zijn	geopereerd

actief plusquamperfectum		
ik	had	geopereerd
jij/u	had	geopereerd
hij	had	geopereerd
wij	hadden	geopereerd
jullie	hadden	geopereerd
zij	hadden	geopereerd

passief plusquamperfectum		
ik	was	geopereerd
jij/u	was	geopereerd
hij	was	geopereerd
wij	waren	geopereerd
jullie	waren	geopereerd
zij	waren	geopereerd

actief futurum exactum		
ik	zal	geopereerd hebben
jij	zal/zult	geopereerd hebben
u	zult/zal	geopereerd hebben
hij	zal	geopereerd hebben
wij	zullen	geopereerd hebben
jullie	zullen	geopereerd hebben
zij	zullen	geopereerd hebben

passief futurum exactum		
ik	zal	geopereerd zijn*
jij	zal/zult	geopereerd zijn
u	zult/zal	geopereerd zijn
hij	zal	geopereerd zijn
wij	zullen	geopereerd zijn
jullie	zullen	geopereerd zijn
zij	zullen	geopereerd zijn

actief conditionalis perfecti		
ik	zou	geopereerd hebben
jij	zou	geopereerd hebben
u	*zoudt*/zou opereren**	
hij	zou	geopereerd hebben
wij	zouden	geopereerd hebben
jullie	zouden	geopereerd hebben
zij	zouden	geopereerd hebben

passief conditionalis perfecti		
ik	zou	geopereerd zijn*
jij	zou	geopereerd zijn
u	*zoudt*/zou geopereerd worden**	
hij	zou	geopereerd zijn
wij	zouden	geopereerd zijn
jullie	zouden	geopereerd zijn
zij	zouden	geopereerd zijn

* *zal worden geopereerd*/*zou worden geopereerd* komt ook voor. Er is geen enkel verschil in gebruik.
** De vorm *zoudt* is verouderd.

288   De passieve vorm kan in principe gevormd worden van alle transitieve werkwoorden,
       dat wil zeggen van alle werkwoorden die een direct object kunnen hebben.
       - rondbrengen – De koffie wordt iedere morgen door Annet rondgebracht.
       - opereren   – De patiënten werden door dokter De Wit geopereerd.
       - schilderen   – Het huis is pas geschilderd.
                      – Het huis was tien jaar geleden voor het laatst geschilderd.

289   Er zijn enige werkwoorden die intransitief zijn, die dus geen direct object kunnen
       hebben, maar die wel in een passieve vorm gebruikt kunnen worden. Dit zijn
       vooral werkwoorden die een voortdurende of een steeds terugkerende situatie
       aanduiden.
       Het subject van zo'n passieve zin is *er* (zie 582).
       - Er wordt vandaag niet gewerkt.
       - Er werd gedanst.
       - Er is niet veel gedaan.
       - Er is voor je opgebeld.
       - Er mag hier niet gerookt worden.

290   Werkwoorden die altijd met een reflexief pronomen moeten worden gebruikt (zie
       313 en 396) hebben geen passieve vorm.

I   De conjunctief

291   Conjunctief-vormen werden vroeger veel gebruikt. Tegenwoordig worden ze alleen in
       enkele vaste uitdrukkingen gebruikt.
       - *Leve* de koningin!
       - Ik *moge* u erop wijzen dat ...
       - Op de rand van guldens en rijksdaalders stond: 'God zij met ons'.
       - Het ga je goed!

II   Scheidbare en onscheidbare werkwoorden

292   Veel werkwoorden kunnen een prefix krijgen. Men noemt ze dan **samengestelde
       werkwoorden.**
       Vergelijk
       - staan   – opstaan
       - zoeken   – onderzoeken
       - antwoorden – beantwoorden

       Samengestelde werkwoorden kan men verdelen in **scheidbare** en **onscheidbare
       werkwoorden.**
       Scheidbaar wil zeggen dat het prefix en het oorspronkelijke werkwoord bij de
       conjugatie uit elkaar kunnen worden gehaald.
       Onscheidbaar wil zeggen dat het prefix en het oorspronkelijke werkwoord bij de
       conjugatie altijd bij elkaar moeten blijven.

293   Scheidbaar zijn in principe werkwoorden met klemtoon op het prefix, en geen
       klemtoon op het eigenlijke werkwoord.

294   Onscheidbaar zijn in principe werkwoorden met de klemtoon op het oorspronkelijke werkwoord en niet op het prefix.

295   *Uitzondering*
Een grote groep werkwoorden heeft wel de klemtoon op het prefix, maar deze werkwoorden zijn toch onscheidbaar. Dit zijn werkwoorden met als prefix:
- een substantief, bij voorbeeld *stofzuigen;*
- een vorm van een ander werkwoord, bij voorbeeld *zweefvliegen;*
- een adverbium/adjectief (in enkele gevallen), bij voorbeeld *liefkozen.*

A   De plaats van het prefix bij scheidbare werkwoorden
296   In principe gelden voor het scheiden van oorspronkelijk werkwoord en prefix de volgende regels (zie ook 797).

1. Prefix aan het eind, zo ver mogelijk gescheiden van het oorspronkelijke werkwoord, in **hoofdzinnen**.

presens	– Ik *sta* morgen op 7 uur *op*.
	– Hij *gaat* om acht uur *weg*.
imperfectum	– Ik *belde* je gisteren ... *op*.
	– Hij *ging* gisteren om acht uur *weg*.
imperatief	– *Bel* me morgen maar even *op*.
	– *Gaat* u onmiddellijk *weg*!

2. Prefix vóór het oorspronkelijke werkwoord, met *te* of andere werkwoordsvormen tussen prefix en werkwoord.

infinitief met *te* (drie woorden)	– Ik heb geprobeerd je *op* te *bellen*.
	– U hoeft niet *weg* te *gaan*.
andere werkwoordsvorm(en) (zie ook 297)	– Hij zal wel *weg* moeten *gaan*.
	– Hij zei dat hij *weg* had willen *gaan*.

3. Prefix en werkwoord nog minder ver uit elkaar, *-ge* -tussen prefix en rest van het werkwoord, in één woord.

bij participium	– Je hebt me gisteren niet opgebeld.
	– Wij zijn om acht uur weggegaan.

4. Prefix en werkwoord niet gescheiden, in één woord.

infinitief zonder *te*	– Ik zal je morgen *opbellen*.
	– Hoe laat moeten we *weggaan*?
in bijzinnen met scheidbaar werkwoord in presens en imperfectum	– Ik wil graag dat je me *opbelt*.
	– Ik wou graag dat je me *opbelde*.
	– Ik wou gisteren niet blijven toen hij *wegging*.

297   *Let op*

Vooral in de spreektaal wordt er bij infinitief en participium vaak een ander werkwoord geplaatst tussen prefix en oorspronkelijk werkwoord.

      • weggaan   – Hij zegt dat hij weg moet gaan.
                             – Hij zegt dat hij moet weggaan.

      • uitnodigen   – Ik hoor dat hij jou ook uit heeft genodigd!
                             – Ik hoor dat hij jou ook heeft uitgenodigd!

Vergelijk onderstaand schema
infinitief   *opstaan*

298   **hoofdzinnen**
       infinitief   – Ik zal om 7 uur opstaan.
                             – Je hoeft niet om 7 uur op te staan.

       presens   – Ik sta om 7 uur op.
       imperfectum   – Ik stond om 7 uur op.

       perfectum   – Ik ben om 7 uur opgestaan.

       plusquamperfectum   – Ik was om 7 uur opgestaan.

       futurum   – Ik zal om 7 uur opstaan.

       conditionalis   – Ik zou om 7 uur opstaan.

       futurum exactum   – Ik zal om 7 uur opgestaan zijn.
                             – Ik zal om 7 uur zijn opgestaan.
                             – Ik zal om 7 uur op zijn gestaan.

       conditionalis van het perfectum – Ik zou om 7 uur opgestaan zijn.
                             – Ik zou om 7 uur zijn opgestaan.
                             – Ik zou om 7 uur op zijn gestaan.

       imperatief   – Sta morgen eens om 7 uur op!
                             – Staat u morgen eens om 7 uur op!

       participium van het presens   – opstaande

299   **bijzinnen**
       infinitief   – Hij zegt dat hij om 7 uur wil opstaan.
                             – Hij zegt dat hij om 7 uur op wil staan.
                             – Hij zegt dat ik morgen niet vroeg hoef op te staan.
                             – Hij zegt dat ik morgen niet vroeg op hoef te staan.

       presens   – Hij zegt dat hij morgen om 7 uur opstaat.

imperfectum	– Hij zei dat hij altijd om 7 uur opstond.
perfectum	– Hij zegt dat hij om 7 uur opgestaan is. – Hij zegt dat hij om 7 uur is opgestaan. – Hij zegt dat hij om 7 uur op is gestaan.
plusquamperfectum	– Hij zei dat hij om 7 uur opgestaan was. – Hij zei dat hij om 7 uur was opgestaan. – Hij zei dat hij om 7 uur op was gestaan.
futurum	– Hij zegt dat hij om 7 uur zal opstaan. – Hij zegt dat hij om 7 uur op zal staan.
conditionalis	– Hij zei dat hij om 7 uur zou opstaan. – Hij zei dat hij om 7 uur op zou staan.
futurum exactum	– Ik hoop dat hij om 7 uur opgestaan zal zijn. – Ik hoop dat hij om 7 uur zal zijn opgestaan. – Ik hoop dat hij om 7 uur op zal zijn gestaan.
conditionalis perfecti	– Ik dacht dat hij om 7 uur opgestaan zou zijn. – Ik dacht dat hij om 7 uur zou zijn opgestaan. – Ik dacht dat hij om 7 uur op zou zijn gestaan.

B   Onscheidbare werkwoorden

300 Onscheidbare werkwoorden worden net zoals niet-samengestelde werkwoorden vervoegd.
Vergelijk
- ik werk   – ik heb gewerkt
- ik overtuig – ik heb overtuigd

Voor het weglaten van *ge-* in het participium, zie 240.

C   Scheidbaar of onscheidbaar

In veel gevallen is het niet mogelijk aan de infinitief te zien welke werkwoorden scheidbaar zijn en welke werkwoorden onscheidbaar zijn. Raadpleeg bij twijfel een woordenboek!

301 De meest voorkomende prefixen waarbij een werkwoord altijd scheidbaar is:

• *af-*	afspreken	– Ik spreek een datum af.
• *bij-*	bijhouden	– Ik houd dit tempo niet bij.
• *binnen-*	binnenkomen	– Hij komt de kamer binnen.
• *mee-*	meenemen	– Ik neem een boek mee.
• *mede-*	mededelen	– Wij delen u het volgende mede.
• *na-*	nadenken	– Je denkt niet goed na.
• *neer-*	neerzetten	– Je zet het glas hier neer.
• *op-*	opstaan	– Wij staan om 7 uur op.
• *tegen-*	tegenhouden	– De politie houdt de demonstranten tegen.
• *terug-*	terugbrengen	– Hij brengt de boeken terug.

• *toe-*	toekennen	– Zij kennen mij een beurs toe.
• *uit-*	uitnodigen	– Hij nodigt zijn vrienden uit.
• *voort-*	voortzetten	– Hij zet het bedrijf voort.

302   De meest voorkomende prefixen waarbij een werkwoord altijd onscheidbaar blijft:

• *be-*	beloven	– Ik beloof je te komen.
• *er-*	erkennen	– Hij erkent zijn ongelijk niet.
• *ge-*	geloven	– Hij gelooft niet wat ik zeg.
• *ver-*	vergeten	– Hij vergeet altijd alles.
• *ont-*	ontbijten	– De familie De Vries ontbijt om 8 uur.
• *her-*	herhalen	– Ik herhaal les 10.

303   Er zijn enkele prefixen waarbij werkwoorden scheidbaar of onscheidbaar zijn. Het
scheidbaar of onscheidbaar zijn hangt af van de plaats van de klemtoon. In deze paragrafen
wordt de klemtoon aangegeven door accenttekens. De meest voorkomende:

• *aan*	áánkomen	– Wij komen om 7 uur aan.
		– Wij zijn om 7 uur aangekomen.
	aanváárden	– Wij aanvaarden de voorwaarden.
		– Wij hebben de voorwaarden aanvaard.
• *door*	dóórbrengen	– Ik breng hier de vakantie door.
		– Ik heb de vakantie hier doorgebracht.
	doorstáán	– Hij doorstaat de operatie goed.
		– Hij heeft de operatie goed doorstaan.
• *mis*	mísslaan	– Hij slaat de bal mis.
		– Hij heeft de bal misgeslagen.
	mislúkken	– De poging mislukt.
		– De poging is mislukt.
• *om*	ómvallen	– Het glas valt om.
		– Het glas is omgevallen.
	omschríjven	– Hij omschrijft het begrip.
		-- Hij heeft het begrip omschreven.
• *onder*	ónderbrengen	– Wij brengen alle gasten onder.
		– Wij hebben alle gasten ondergebracht.
	ondertékenen	– Hij ondertekent de brief.
		– Hij heeft de brief ondertekend.
• *over*	óverstappen	– Ik stap op een andere bus over.
		– Ik ben op een andere bus overgestapt.
	overtúigen	– Ik overtuig hem.
		– Ik heb hem overtuigd.
• *voor*	vóórstellen	– Hij stelt zijn vrouw voor.
		– Hij heeft zijn vrouw voorgesteld.
	voorspéllen	– Zij voorspelt de toekomst.
		– Zij heeft de toekomst voorspeld.
• *weer*	wéérgeven	– Ik geef zijn woorden weer.
		– Ik heb zijn woorden weergegeven.
	weerhóuden	– Ik weerhoud hem van die daad.
		– Ik heb hem van die daad weerhouden.

304   Sommige werkwoorden hebben een verschillende betekenis wanneer ze scheidbaar of onscheidbaar zijn.

Voorbeelden

- dóórbreken   in tweeën breken.
                     – Ik breek het stuk chocola door.
                     open gaan.
                     – De dijk is doorgebroken.
- doorbréken   interrumperen, een opening maken.
                     – Zijn opmerking doorbreekt de stilte.
- dóórdringen   met moeite ergens komen, zich een weg banen.
                     – Hij dringt tot de minister door.
- doordríngen   dringen in alle delen van iets.
                     – Hij doordringt mij van de ernst van de situatie.
- dóórlopen   verder lopen.
                     – Hij loopt snel door!
                     door elkaar gaan van kleuren.
                     – De kleuren lopen in de was door.
- doorlópen   helemaal afleggen, afmaken.
                     – Hij doorloopt de hele cursus.
- ómkleden   andere kleren aantrekken.
                     – Mijn jurk is kapot. Ik kleed me snel even om.
- omkléden   rondom bedekken, omhullen.
                     – Hij omkleedt de harde mededeling met mooie woorden.
- óndergaan   naar beneden gaan.
                     – De zon gaat onder.
- ondergáán   doorstaan, verduren, laten gebeuren.
                     – Hij ondergaat een zware operatie.
- óverdrijven   voorbijtrekken, naar de overkant drijven.
                     – De wolken drijven over.
- overdríjven   te ver gaan, te groot voorstellen.
                     – Hij overdrijft in alles wat hij zegt.
- óverkomen   van de ene plaats naar de andere komen.
                     – Mijn oom komt uit Australië over.
                     begrepen worden.
                     – Die uitleg komt bij de leerlingen goed over.
- overkómen   gebeuren.
                     – Jou overkomt altijd iets geks!
- óverleggen   papieren/documenten laten zien.
                     – Hij legt zijn diploma's over.
- overléggen   beraadslagen.
                     – Wij overleggen wat ze moeten doen.
- óverlopen   naar de andere kant gaan.
                     – Veel soldaten lopen naar de vijand over.
                     over de rand stromen.
                     – Het bad loopt bijna over!

- overlópen	(te) veel (bij iemand) komen.
  - Die mensen overlopen hun buren, dat kan niet goed gaan!
- óverstromen	over de rand stromen.
  - Doe de kraan dicht! Het bad stroomt over.
- overstrómen	stromend bedekken.
  - De rivier overstroomt het land.
- vóórkomen	plaatsvinden, verschijnen.
  - Deze ziekte komt hier bijna nooit voor.
- voorkómen	preventiemaatregelen nemen, zorgen dat iets niet gebeurt.
  - Hij voorkomt een ongeluk door op tijd te remmen.

305	Werkwoorden die zijn samengesteld met een substantief, een adjectief of de stam van een ander werkwoord, krijgen altijd de klemtoon op het prefix. Niet al deze werkwoorden zijn scheidbaar.
Vergelijk

- schoonmaken	– Ik maak de kamer schoon (heb schoongemaakt).
- liefkozen	– De ouders liefkozen hun kinderen (hebben geliefkoosd).
- ademhalen	– De patiënt haalt moeilijk adem (heeft ademgehaald).
- stofzuigen	– Ik stofzuig de kamer (heb gestofzuigd).
- gebruikmaken	– Ik maak van uw diensten gebruik (heb gebruikgemaakt).
- glimlachen	– Zij glimlacht tegen mij (heeft geglimlacht).

D De betekenis van werkwoorden met prefixen

306	Als een prefix van een samengesteld werkwoord is afgeleid van een substantief, een adjectief of een deel van een ander werkwoord, houden prefixen en oorspronkelijk werkwoord bijna altijd hun basisbetekenis.

- stofzuigen
- schoonmaken
- zweefvliegen

307	In de overige gevallen is het soms duidelijk wat prefixen en oorspronkelijke werkwoorden betekenen, omdat ze beide hun eigen betekenis houden (zie hoofdstuk 17, preposities).

- meegaan	*mee* betekent vaak *samen met.*
  - Ik ga met je mee.
- omgooien	*om* betekent vaak *omver.*
  - Het kind gooit het glas om.
- overschrijven	*over* betekent vaak *nog een keer, opnieuw.*
  - Hij schrijft de les over.
- overstappen	*over* betekent ook *naar een andere plaats.*
  - Hij stapt op een andere bus over.

308	Soms verliest het werkwoord zijn oorspronkelijke betekenis.

- Oversteken	*steken* betekent: *een steek toebrengen.*
  - Oversteken – Ik steek de straat over.
- Overslaan	*slaan* betekent: *een klap geven.*
  - Overslaan – Ik sla drie bladzijden over.

309   Soms bestaat het werkwoord niet zonder het prefix.

    • Omarmen   *om* betekent vaak *rondom*, *'armen'* bestaat niet als werkwoord.

                     Omarmen – De vader omarmt zijn zoon.

310   Heel vaak echter zijn de betekenissen van het prefix en die van het oorspronkelijke werkwoord beide niet meer te herkennen.

    • Omkomen   – Hij is bij de ramp omgekomen.

    • Overleggen   – Ze overleggen wat ze moeten doen.

    • Meemaken   – Ik maak toch vaak zulke gekke dingen mee!

311   De betekenis van de prefixen *be, ge, er, her, ont* en *ver* is ook meestal niet duidelijk.

her   Het best te begrijpen is *her*, dat *opnieuw* betekent.

       herschrijven

       – Dit artikel is niet goed; je moet het herschrijven.

       heropenen

       – De verbouwde winkel wordt morgen heropend.

       Maar niet duidelijk is bij voorbeeld: *herinneren*, omdat een woord *'inneren'* niet bestaat.

ver   *Ver-* kan betekenen *anders maken* of *anders worden.*

       vergroten: groter maken.

       – Hij heeft de foto's vergroot.

       verdrogen: droger worden.

       – Het gras verdroogt.

       verhuizen: in een ander huis gaan wonen.

       – Ze zijn naar Amsterdam verhuisd.

       Maar niet duidelijk zijn bij voorbeeld: *verstellen, vergeten.*

ont   *Ont-* duidt soms een verwijdering aan.

       ontnemen: wegnemen

       – De bandieten ontnemen hem zijn geld.

       Ont- kan ook het begin van iets aanduiden.

       ontbranden: beginnen te branden.

       – Fosfor ontbrandt al bij kamertemperatuur.

       Maar niet duidelijk zijn bij voorbeeld: *onthouden, ontmoeten.*

be   *Be-* maakt meestal de betekenis van een werkwoord concreter, intensiever.

       De meeste werkwoorden met *be* zijn transitief.

       Vergelijk

       – Ik kijk naar het huis en ik zie dat het te koop staat.

       – Ik bekijk het huis, want ik wil het misschien kopen.

       Maar niet duidelijk zijn bij voorbeeld: *beginnen, bederven.*

er
ge   De betekenis van *er* en *ge* is heel onduidelijk: *erkennen, geloven.*

312   Soms wordt een prefix van een scheidbaar werkwoord gebruikt als een predikatief gebruikt adjectief (zie 165) of als een adverbium. De vorm van het oorspronkelijke werkwoord wordt weggelaten.

       • Ik heb de les af (= afgemaakt).

       • Ik ben mijn boek kwijt (= kwijtgeraakt).

       • We moeten morgen vroeg op (= opstaan).

E   Werkwoorden in vaste combinatie met andere woorden

313   **1.   Reflexieve werkwoorden**

Er zijn werkwoorden die altijd in combinatie met een **reflexief pronomen** gebruikt worden (zie 394-398).

• zich vergissen	– Ik vergis me in de datum.
	– Oom heeft zich in de datum vergist.
• zich schamen	– Je hoeft je niet te schamen.
	– Hij heeft zich over zijn slechte rapport geschaamd.

Deze werkwoorden hebben geen passieve vorm (zie 286-287). Er zijn werkwoorden die vaak in combinatie met een reflexief pronomen gebruikt worden, maar die ook zonder dat gebruikt kunnen worden.

• zich opwinden	– Hij windt zich op.
	– Hij heeft zich opgewonden.
• opwinden	– De toestand windt hem op.
	– De toestand heeft hem opgewonden.
• zich wassen	– Zij wast zich.
	– Zij heeft zich gewassen.
• wassen	– Zij wast haar baby.
	– Zij heeft haar baby gewassen.

314   Wanneer deze werkwoorden in de reflexieve betekenis in de passieve vorm gezet worden, wordt het reflexief pronomen weggelaten.

• Actief	– Hij windt zich op.
	– Hij heeft zich opgewonden.
• Passief	– Hij wordt opgewonden.
	– Hij is opgewonden.
• Actief	– Ik verbaas me.
	– Ik heb me verbaasd.
• Passief	– Ik ben verbaasd.

315   2.   Er zijn veel werkwoorden die in een vaste combinatie met een prepositie voorkomen (zie voor deze werkwoorden de lijst van vaste prepositie-combinaties, 734).

III   Gebruik van de werkwoordsvormen

Het is moeilijk vaste regels te geven voor het gebruik van de tijden. Hieronder worden zoveel mogelijk richtlijnen gegeven.

A   Het gebruik van de infinitief

316   De infinitief kan worden gebruikt in constructies met *te* of zonder *te* (zie hiervoor 209-220, zie ook 820-825). Verder wordt de infinitief gebruikt in de volgende gevallen.

317   1. Als substantief, eventueel voorafgegaan door het lidwoord *het*.
- Stelen mag niet.
- Hard rijden is gevaarlijk.
- Voor het sluiten van de winkels moet ik nog even boodschappen doen.
- Voor het slapen gaan, wordt aan veel kinderen nog een verhaaltje verteld.

318   2. In constructies met *aan het* ...
Deze constructies kunnen gebruikt worden wanneer het gaat om een handeling die een actieve bezigheid aangeeft, bij voorbeeld: *schrijven, praten, vechten, lachen, opruimen.*
Zitten, blijven, slapen, wachten en dergelijke zijn geen actieve bezigheden. Deze werkwoorden kunnen dus niet gebruikt worden in constructies met *aan het* ...
Constructies met *aan het* ... komen alleen voor in combinatie met de werkwoorden:

• zijn	• raken	• brengen	• zetten
• blijven	• gaan	• krijgen	
• houden	• slaan	• maken	

- Ik ben een brief aan het schrijven.
- Die mensen bleven maar aan het praten.
- Je moet die motor aan het draaien houden.
- De jongens raken aan het vechten.
- Na het feest gingen ze meteen aan het opruimen.
- De rovers sloegen meteen aan het plunderen.
- Met die woorden breng je me aan het huilen.
- De clown kreeg het publiek snel aan het lachen.
- Hij maakte me aan het huilen.
- Ik zet die kinderen aan het afwassen.

Blijven en *gaan* komen ook voor met een infinitief zonder *aan het.* Zonder *aan het* is de handeling minder intensief.
- Die mensen bleven maar praten.
- Na het feest gingen ze meteen opruimen.

319   3. In constructies met *staan, zitten, liggen, lopen* en *hangen*.
Deze constructies worden gebruikt wanneer iemand (of iets) iets doet terwijl hij staat, zit, ligt, loopt of hangt. Er gebeuren dus twee dingen tegelijk (zie ook 213).
- Ze staan de borden af te wassen.
- Hij zit een brief te schrijven.
- Ik lig in bed een boek te lezen.
- De kinderen lopen te zingen.
- De vlag hangt in de wind te wapperen.

B   Het gebruik van het presens

320   Het presens kan in principe gebruikt worden in de volgende gevallen.
1. Een handeling of situatie nu, op dit moment.
- Ik schrijf een brief.
- Ik zit op mijn kamer.

2. Een blijvende of steeds terugkerende handeling of situatie.
      - Ik kijk iedere dag naar de televisie.
      - Hij leest nooit een krant.
      - Ik ben Nederlander.

3. (Vaak) een handeling of een situatie in de toekomst, zeker wanneer de tijd genoemd wordt.
      - De trein vertrekt over vijftig minuten.
      - Volgende week heb ik vakantie.

4. (In sommige gevallen) het vertellen van schokkende, plotselinge, vaak onverwachte gebeurtenissen in het verleden.
      - Weet je wat er gisteren gebeurd is? Ik zit te telefoneren en ineens staat er een man achter me, die zegt ...

C   Het gebruik van het perfectum en van het imperfectum

321   *Perfectum*

Het perfectum wordt in principe gebruikt voor het aanduiden van een situatie of een handeling in het verleden, die afgelopen, klaar is. Bij voorbeeld voor een vraag, een informatie of een bewering over iets dat in het verleden gebeurd is.
      - Wat heb je gisteren gedaan?
      - Ik ben gisteren in Amsterdam geweest.
      - Waarom heeft Jan de dokter opgebeld?
      - Hij heeft een afspraak gemaakt.

322   *Imperfectum*

Het imperfectum wordt in principe gebruikt in de volgende gevallen.
1. Een beschrijving of constatering van een handeling of situatie in het verleden, of bij het geven van bijzonderheden over zo'n situatie.
      - Vroeger hield ik niet van kaas.
      - Ik lag nog in bed toen de telefoon ging.
      - Ik vond het leuk in Amsterdam.

2. Een steeds terugkerende handeling of situatie in het verleden, een gewoonte.
      - Ik ging vroeger (altijd) op de fiets naar school.
      - In 1900 droegen de vrouwen hier lange rokken.

3. Kort op elkaar volgende handelingen.
      - Hij kwam binnen, zette zijn tas neer en ging weer weg.

4. In een bijzin, wanneer in de hoofdzin een werkwoord in het imperfectum of in het plusquamperfectum staat.
      - Hij vroeg of ik morgen kwam.
      - Hij vertelde dat hij volgend jaar naar Amerika ging.
      - Ze had gezegd dat ze naar huis moest.

5. Bij een voorwaarde of een onwerkelijkheid (in plaats van de conditionalis *zou* + infinitief) (zie 338, 341).
- Als ik veel geld had, kocht ik een huis.
- Als mijn grootvader nog leefde, was hij nu 115 jaar!

323   Vergelijk perfectum en imperfectum
Perfectum
Een informatie over iets dat in het verleden gebeurd is, en dat afgelopen, klaar is. (321)
- Ik ben gisteren in Amsterdam geweest.

Imperfectum
Bijzonderheid over de in 321 genoemde gebeurtenis.
- Het regende daar, maar ik vond het er toch leuk.

In bovenstaande voorbeelden is het onderscheid tussen het perfectum en het imperfectum duidelijk. Dit onderscheid is niet altijd zo duidelijk. Vaak zijn er twee mogelijkheden.
- Wij woonden vroeger in Amsterdam.
- Wij hebben vroeger in Amsterdam gewoond.
- Bij de verhuizing hadden ze veel hulp.
- Bij de verhuizing hebben ze veel hulp gehad.

In het algemeen wordt het perfectum vaker gebruikt dan het imperfectum.
- Ik heb hem opgebeld.
- Hij heeft een afspraak gemaakt.

324   Na de conjuncties *toen* en *terwijl*, en na het adverbium *vroeger* wordt bijna altijd het imperfectum en niet het perfectum gebruikt.
- Toen Mohamed klein was, woonde hij in Egypte.
- Terwijl ik een brief schreef, keek Annie naar de televisie.
- Vroeger had ik geen auto, maar nu heb ik er wel een.

325   Het gebruik van de passieve vormen van imperfectum en perfectum.
In het passief (zie 286-287) legt het imperfectum meer de nadruk op de handeling, en het perfectum meer de nadruk op het resultaat van de handeling.
- De tafel werd gedekt door ...   (imperfectum)
                         (men denkt aan de mensen die de tafel gedekt hebben)
- De tafel is gedekt (perfectum)
                         (men denkt aan de gedekte tafel)

D   Het gebruik van het plusquamperfectum
326   1. Een situatie of handeling in het verleden, die plaats heeft gevonden vóór een andere situatie of handeling in het verleden, en waarbij de ene handeling in nauwe relatie staat tot de andere.
Vergelijk perfectum en plusquamperfectum
- perfectum   – Ik ben gisteren in Amsterdam geweest.
- plusquamperfectum   – Ik was er nooit eerder geweest.

• perfectum	– Piet heeft een jaar in dit hotel gewerkt.
• plusquamperfectum	– Daarvoor had hij al in een ander hotel gewerkt.

Vergelijk ook

• perfectum	– Dit jaar ben ik met vakantie in Italië geweest.
• perfectum	– Vorig jaar ben ik in Oostenrijk geweest.

Deze laatste twee gebeurtenissen (vakantie in Italië en in Oostenrijk) hebben geen relatie tot elkaar, men gebruikt daarom dus geen plusquamperfectum in het tweede voorbeeld.

327   2. In een bijzin, wanneer het werkwoord in de hoofdzin in het imperfectum staat, en een handeling of de situatie in de bijzin eerder heeft plaatsgevonden dan die in de hoofdzin.
  • Hij zei dat hij gisteren hier was geweest.
  • Ik begreep dat hij zijn huiswerk niet had gemaakt.
  • Nadat we gegeten hadden, gingen we weg.

328   3. Bij een voorwaarde of een onwerkelijkheid (in plaats van de conditionalis van het perfectum: zou ... *hebben*, zou ... *zijn* (zie 345, 348).
  • Als het niet zo geregend had, was ik wel gekomen.
  • Had hij maar niet zo hard gereden, dan was het ongeluk niet gebeurd.

329   4. Om voorzichtig een voorstel te doen.
  • Ik had gedacht, zullen we morgen eens naar het strand gaan?
  • Ik heb een idee. Ik had vanmiddag warm willen eten, en vanavond brood. Wat vinden jullie daarvan?

E   Het gebruik van het futurum

330   Het futurum wordt in principe gebruikt voor het aanduiden van een handeling of een situatie die nog moet gebeuren.

1. Een voorstel, een belofte.
  • Zullen we een kopje koffie gaan drinken?
  • Ik zal je morgen opbellen.
  • Ik zal even met de ober afrekenen.

2. Iets dat bijna zeker zal gebeuren. Vaak worden de woorden *wel, vast, vast wel* in een dergelijke constructie gebruikt.
  • Hij zal (vast)wel op tijd komen.
  • Hij zal (wel) nooit een goede uitspraak krijgen.

331   Een handeling of situatie in de toekomst wordt meestal niet uitgedrukt door een constructie met *zullen*, maar met het presens, zeker wanneer de tijd genoemd wordt.
  • De trein vertrekt over vijftig minuten.
  • Volgende week heb ik vakantie.

332 Voor een handeling in de toekomst wordt vaak een constructie met *gaan* gebruikt.
- Ik ga vanmiddag boodschappen doen.
- Hij gaat lekker slapen.
- Wij gaan volgend jaar ons huis verbouwen.

333 Een constructie in het futurum, dus met het hulpwerkwoord *zullen*, kan in de meeste gevallen vervangen worden door een constructie in het presens.
- Ik bel je morgen op.   – Ik zal je morgen opbellen.
- Ik betaal wel even.   – Ik zal wel even betalen.
- Hij komt vast (wel) op tijd. – Hij zal vast (wel) op tijd komen.

Bij het doen van een voorstel moet men wel altijd een constructie met *zullen* + infinitief gebruiken.
- Zal ik de deur dicht doen?

F   Het gebruik van het futurum exactum
334 1. Men verwacht dat een handeling in de toekomst afgelopen/klaar zal zijn.
- De brief is nog niet klaar, maar als ik morgen terugkom, zal hij de brief wel geschreven hebben.
- Hij was dit jaar nog niet klaar voor zijn examen; volgend jaar september zal hij het examen wel gedaan hebben.

2. Het is bijna zeker dat een handeling is gedaan of een situatie in het verleden afgelopen/voorbij is.
- Hoe weet Femke dat Piet niet komt? Hij zal haar wel opgebeld hebben.
- Kijk, de ruit is kapot, Dat zullen die jongens wel gedaan hebben.
- Hé, daar loopt Jan! Vorige week was hij niet op kantoor. Hij zal wel ziek zijn geweest.

In dergelijke constructies worden bijna altijd woorden gebruikt zoals *wel, vast, vastwel.*

G   Het gebruik van de conditionalis
335 De conditionalis wordt in principe gebruikt voor het aanduiden van een handeling of een situatie die nog moet plaatsvinden of die nog niet afgelopen/klaar is.

336 1. Bij twijfel.
Zich iets afvragen.
- Hij ziet er slecht uit. Zou hij ziek zijn?
- Hij moet examen doen. Zou hij voor dat examen slagen?

Iets weten door een gerucht, 'van horen zeggen'.
- Hij zou vandaag om 2 uur komen, (heb ik gehoord).
- Ze zeggen dat je voor reumatiek naar dokter De Wit moet. Die zou het beste zijn.

337   2. Het geven van een mening.

        Een suggestie.
                    • U wordt veel te dik. U zou eens wat minder moeten eten.
                    • Wat is je jas kapot! Je zou eens een nieuwe jas moeten kopen.

        Wenselijkheid.
                    • We zouden wat meer over andere landen moeten weten.
                    • De mensen zouden beter naar elkaar moeten luisteren.

338   3. Voorwaarde, onwerkelijkheid (zie 322, 341).
                    • Als ik veel geld zou hebben, zou ik een groot huis kopen.
                    • Als ik niet zoveel van lekker eten zou houden, zou ik niet zo dik zijn.
                    • Wat zou jij doen als je een miljoen kreeg?

339   4. Het weergeven van een plan of een idee dat in het verleden gemaakt is.
                    • Zullen we zondag naar het strand gaan? Nee, Piet en Marie zouden immers
                      komen! Dat hebben we toch afgesproken!
                    • Hier kun je geen grond voor een fabriek kopen. De gemeente zou hier toch
                      huizen laten bouwen? Heb je dat niet in de krant gelezen?

340   De conditionalis wordt vaak gebruikt in bijzinnen die door het voegwoord *dat*
        verbonden zijn aan werkwoorden als: *denken, vrezen, hopen, rekenen op, vertrouwen
        op* in het imperfectum
                    • Ik dacht dat hij niet zou komen.
                    • Ik vreesde dat wij te laat zouden komen.
                    • Ik rekende erop dat hij me zou helpen.

        Let op
        Na deze werkwoorden in het presens staat ook de bijzin in het presens.
                    • Ik denk dat hij niet komt.
                    • Ik reken erop dat hij me helpt.

341   Bij het uitdrukken van een voorwaarde of een onwerkelijkheid kan de
        conditionalis of het imperfectum gebruikt worden (zie 322, 338). Onderstaande
        zinnen betekenen hetzelfde:
                    • Als ik veel geld zou krijgen,   zou ik een huis kopen.
                    • Als ik veel geld kreeg,   zou ik een huis kopen.
                    • Als ik veel geld zou krijgen,   kocht ik een huis.
                    • Als ik veel geld kreeg,   kocht ik een huis.

        H   Het gebruik van de conditionalis van het perfectum
342   De conditionalis van het perfectum wordt in principe gebruikt voor het aanduiden
        van een handeling of een situatie die in het verleden afgelopen/klaar is.

343   1. Bij twijfel.

Zich iets afvragen.
- Ik vraag me af hoe hij het examen heeft gedaan. Zou hij geslaagd zijn?
- Nu voel ik me veel beter dan vorige week. Waarom zou ik toen zo moe zijn geweest?

Iets weten door een gerucht, 'van horen zeggen'.
- Er is een ernstig ongeluk gebeurd. Er zouden meer dan tien mensen omgekomen zijn.
- Er is geld gestolen, en de directeur zou het zelf gedaan hebben!

344   2. Het geven van een mening.
- Het is je eigen schuld dat je hoofdpijn hebt. Je zou gisteravond wat minder hebben moeten drinken.
- Nu hebben ze ruzie gekregen. Ze zouden meer met elkaar hebben moeten praten.

345   3. Voorwaarde, onwerkelijkheid (zie 328, 348).
- Als oom Otto niet zo veel gegeten zou hebben, zou hij niet zo jong gestorven zijn.
- Als ik veel geld zou hebben gehad, zou ik een mooi huis hebben gekocht.
- Als Tine ons niet zo goed geholpen zou hebben, zou dit boek nu nog niet klaar zijn geweest!

346   4. Het weergeven van een plan of een idee dat in het verleden ontstaan is, maar dat niet gerealiseerd is.
- Ik zou afgelopen zondag naar een concert zijn gegaan. Wat jammer dat ik ziek geworden ben, nu heb ik het concert gemist.
- De gemeente zou hier oorspronkelijk huizen hebben gebouwd, maar tenslotte hebben ze hier een fabriek gebouwd.

347   De conditionalis van het perfectum wordt vaak gebruikt in bijzinnen die door het voegwoord *dat* verbonden zijn met werkwoorden als *denken, hopen, vrezen, vertrouwen op, rekenen op,* in het perfectum.
- Ik had gedacht dat we te laat gekomen zouden zijn, maar het is meegevallen: we waren precies op tijd!
- Ik had erop gerekend dat hij me zou hebben geholpen. Hij heeft het helaas niet gedaan.

348   Bij het uitdrukken van een voorwaarde of een onwerkelijkheid kan de conditionalis of het plusquamperfectum gebruikt worden (zie 328, 345). Onderstaande zinnen betekenen hetzelfde:
- Als ik meer geld zou hebben gehad,   zou ik een mooier huis hebben gekocht.
- Als ik meer geld had gehad,   zou ik een mooier huis hebben gekocht.
- Als ik meer geld zou hebben gehad,   had ik een mooier huis gekocht.
- Als ik meer geld had gehad,   had ik een mooier huis gekocht.

349   Hoewel er hierboven onderscheid wordt gemaakt in twijfel, het geven van een
       mening, een voorwaarde en onwerkelijkheid, is het eigenlijk hetzelfde: het maakt
       alles wat vaag, wat minder definitief.
       Vergelijk de volgende zinnen waar het gebruik van de conditionalis en de
       conditionalis van het perfectum kan dienen om een wenselijkheid, een afkeuring of
       een voorwaarde uit te drukken.

       Conditionalis
           • Je zou minder moeten drinken, dan zul je je beter voelen.
           • Je zou minder moeten drinken, het is verschrikkelijk dat
             je iedere avond dronken bent.
           • Je zou minder moeten drinken als je je werk wilt blijven doen.

       Conditionalis van het perfectum
           • Je zou gisteravond minder hebben moeten drinken, dan was
             je nu niet zo ziek geweest!
           • Je zou gisteravond minder hebben moeten drinken, iedereen
             vond je vervelend op het feest.
           • Je zou gisteravond minder hebben moeten drinken, dan had je nu
             naar je werk kunnen gaan.

I   Het gebruik van de imperatief (gebiedende wijs)

350   1. De stam (zie 277) wordt op een zeer directe manier gebruikt.
       Bij voorbeeld:
           • Iemand heeft haast. Hij zegt: schiet op!
           • Tegen een hond zegt hij: kom hier!

       De stam of de formele vorm *stam + t* (zie 277) wordt ook gebruikt voor het doen
       van een vriendelijke suggestie.
           • Kom binnen!   – Komt u binnen!
           • Ga zitten!   – Gaat u zitten!

351   2. De infinitief wordt gebruikt bij een bevel of in een opschrift.
           • Doorlopen!
           • Niet roken!

352   3. De vorm *je/jullie* drukt vaak boosheid of irritatie uit (zie 280).
           • Ga je weg!   – Ga weg jij!
           • Houden jullie op!   – Ophouden jullie!

353   De vorm met *laten* wordt gebruikt in de le persoon singularis of pluralis bij een
       aansporing of een voorstel (zie 278).
           • Het is al 10 uur. Laat ik eens beginnen, anders kom ik niet klaar.
           • Wat een mooie fietsen verkopen ze hier. Laten we naar binnen gaan, want
             zo'n fiets zoek ik juist.

354   Om de imperatief minder direct en wat vriendelijker te maken, worden bij de stam, bij de formele vorm en bij de 2de persoon pluralis de woorden *eens, maar, toch* of *even* gebruikt.

eens
Het aangeven van een wens of een verzoek.
U wilt graag dat iemand bij u binnenkomt. U zegt:
- Kom eens binnen.
- Komt u eens binnen.

maar
Het aangeven van een aanmoediging of een toestemming.
U vindt het goed dat iemand hier komt. U zegt:
- Kom maar binnen.
- Komt u maar binnen.

toch
Dit woord is dwingender dan *eens* of *maar*.
U wilt heel graag dat iemand binnenkomt, u vindt dat een heel goed idee. U zegt:
- Kom toch binnen.
- Komt u toch binnen.

even
Dit woord wordt gebruikt voor het aangeven van een korte tijdsduur.
- Kom even binnen.
- Komt u even binnen.

De woorden *eens, maar, toch* en *even* kunnen ook in combinatie gebruikt worden.
- Kom maar eens binnen.
- Komt u maar eens binnen.
- Kom maar even binnen.
- Komt u maar even binnen.
- Kom toch maar eens even binnen.
- Komt u toch maar eens even binnen.

Voor woordvolgorde zie 792.

6

Het personaal pronomen - persoonlijk voornaamwoord

355   *Singularis*

	subject	object
1ste persoon	ik	mij/me
2de persoon informeel	jij/je	jou/je
formeel	u	u
(oud)	(gij, ge)	(u)
3de persoon mannelijk	hij	hem
vrouwelijk	zij/ze	haar
onzijdig	het	het

Pluralis

	subject	object
1ste persoon	wij/we	ons
2de persoon informeel	jullie	jullie/je
formeel	u	u
3de persoon	zij/ze	hun/hen, ze

I   Vormen van het personaal pronomen

356   Sommige personaal pronomina hebben twee vormen, een vorm met nadruk en een vorm zonder nadruk.

met nadruk	zonder nadruk
mij	me
jij	je
jou	je
zij	ze
wij	we
zij	ze (subject 3de persoon vrouwelijk)
zij	ze (subject 3de persoon pluralis)
hun/hen	ze (andere zinsdelen 3de persoon pluralis)

Met nadruk
- In formele geschreven taal. Zo staat er in een formele brief:
    • Wij delen u mede dat ...
    • Zoudt u mij willen berichten ...

- In gesproken en geschreven taal, wanneer de nadruk op het personaal pronomen valt.
    • *Zij* gaan al naar huis, maar *wij* blijven nog even hier.
    • Dit boek is niet van jou, maar van mij!

Zonder nadruk
Altijd in gesproken taal, wanneer de nadruk niet op dit personaal pronomen valt.
    • Kun je me helpen?
    • Ze heeft me net opgebeld.

Soms nadruk
In geschreven informele taal zijn beide vormen mogelijk.
Men ziet dus:
    • Zij heeft mij net opgebeld.
    • Ze heeft me net opgebeld.

II   Betekenis en gebruik van het personaal pronomen

357   1. De eerste persoon singularis: *ik, mij/me.*
De eerste persoon singularis wordt gebruikt wanneer een spreker zichzelf aanduidt.
    • Ik heet Anneke de Boer. – Kom eens bij me.

358   2. De eerste persoon pluralis: *wij/we, ons.*
De eerste persoon pluralis wordt gebruikt wanneer een spreker zichzelf en (een) ander(en) aanduidt.
    • Wij wonen in Amsterdam, Jan en ik. – Kom eens bij ons.

359   3. De tweede persoon singularis: *jij/je, jou/je, u.*
De tweede persoon singularis duidt één aangesproken persoon aan.
    • Jan, waar ben je? – Ik zie je niet!

a. *jij/je   jou/je*
Gebruik van het informele *jij, je, jou/je*
- Voor een persoon die men met de voornaam aanspreekt, ongeacht leeftijd of relatie.
    • 'Anneke, wil je koffie?' – 'Anneke, hier is een brief voor je'.

- Voor een man die men alleen met zijn achternaam aanspreekt.
    • 'Jansen, kom je even hier?' – 'Jansen, ik heb een boodschap voor je'.

- Voor een kind, ook als men het niet kent.
    • 'Meisje, hoe heet je?'

- Voor jonge mensen onder elkaar, ook als ze elkaar niet kennen.
    • 'Hé, weet je ook het station?'

- (Meestal) door kinderen in relatie tot hun ouders.
  - 'Vader, wil je koffie?'
  - 'Mama, mag ik bij je zitten?'

Let op
Grootouders, ooms en tantes worden nog vaak met *u* aangesproken.

Zie 391 voor *je* als indefiniet pronomen.

b. *u*
Het formele *u* wordt gebruikt voor personen die men niet met de voornaam aanspreekt.
- Bekende of andere personen die men met *mijnheer* of *mevrouw* aanspreekt.
  - 'Mijnheer Jansen, wilt u koffie?'
  - 'Mijnheer Jansen, ik heb een boodschap voor u'.

- Onbekende personen die ouder zijn dan ongeveer 20 jaar.
Zo zegt men op straat tegen een voorbijganger:
  - 'Pardon mevrouw, kunt u mij helpen?'
  - 'Mijnheer, is deze tas van u?'

- Personen die wij in hun officiële hoedanigheid aanspreken.
  - 'Voorzitter, wilt u dit agendapunt aan de orde stellen?'
  - 'Mevrouw de penningmeester, ik kan uw berekening niet begrijpen'.

360   *Let op*
Het komt in het Nederlands niet voor dat *u* gebruikt wordt, terwijl men iemand met de voornaam aanspreekt.

Opmerking
Het komt steeds vaker voor dat mensen elkaar met de voornaam aanspreken. Daarom wordt *u* tegenwoordig minder vaak gebruikt dan vroeger.

361   4. De tweede persoon pluralis *jullie, u.*
De tweede persoon pluralis duidt twee of meer aangesproken personen aan.

a. *jullie*
Het informele *jullie* wordt gebruikt als pluralis van *jij/je, jou/je.*
Het wordt in dezelfde gevallen gebruikt (zie 359).
  - Piet en Anneke, willen jullie koffie?
  - Kinderen, hier is melk voor jullie.

Opmerking
Een enkele keer wordt *je* gebruikt in plaats van *jullie.*
  - 'Jongens, heb je het werk al af?'

b. *u*

Het formele *u* duidt ook twee of meer personen aan, *maar het bijbehorende werkwoord blijft in de singularis* (zie 359 voor het gebruik).
- 'Meneer en mevrouw Jansen, wilt u koffie?'
- 'Dames en heren, komt u binnen'.

362   5. De derde persoon singularis: *hij/hem, zij, ze/haar; het/het.*
De derde persoon singularis wordt gebruikt wanneer een spreker (1ste persoon) iemand die niet de aangesproken persoon is, of een zaak aanduidt. Alleen in de derde persoon singularis wordt onderscheid gemaakt tussen mannelijk en vrouwelijk.

363   a. *hij/hem*
- Een mannelijk persoon.
    - 'Is mijnheer De Boer op kantoor?'
    'Nee, hij is er niet'. 'Ik heb hem nog niet gezien'.

364   - Een zaak, uitgedrukt door een *de*-woord (voor uitzonderingen zie 369, 370).
    - 'Is de krant er al?'
    'Nee, hij is er nog niet'. 'Ik heb hem nog niet gezien'.

365   Wanneer *hem* een zaak aanduidt en gebruikt wordt als object, komt *hem* niet voor aan het begin van een zin. In dat geval wordt *hem* vervangen door *die.*
    - Hoe vind je die tafel?
    Ik vind hem mooi.
    Die vind ik mooi.

366   Wanneer *hem* een zaak aanduidt, kan *hem* niet gevolgd worden door een prepositie die erbij hoort. In dat geval wordt *die* gebruikt.
    - Wij hebben een nieuwe auto en Jan ook.
    De auto van ons vind ik mooi, maar die van Jan niet.
    Onze auto is blauw, die van Jan is geel.

Zie voor verdere bijzonderheden over het vervangen van *hij/hem* door *die* 437-439.

367   In de spreektaal wordt *hem* gebruikt als predikaat, wanneer een *de*-woord wordt aangeduid en het subject van de zin *dit* of *dat* is.
    - 'Is dit jouw tas?'
    'Ja, dat is hem'.
    - 'Is dit onze trein?'
    'Ja, dat schijnt hem te zijn'.

368   b. *zij, ze/haar*
- Een vrouwelijk persoon.
    - 'Is mevrouw De Boer op kantoor?'
    'Nee, ze is er niet'.
    'Nee, ik heb haar nog niet gezien'.

369   - Zaken die in de Woordenlijst als alleen vrouwelijk worden beschouwd (zie 86). In
Nederland wordt deze regel in de praktijk bijna altijd alleen maar in de officiële schrijftaal en
in de literatuur toegepast. Bij woorden die een organisatie, een instelling of een vereniging
aanduiden, wordt *zij/haar* misschien wat vaker gebruikt.
> • De wetenschap is deze eeuw met sprongen vooruitgegaan.
> Zij is belangrijk voor veel technische ontwikkelingen.
> Men beschouwt haar als onmisbaar.

370   - Een schip of een vliegtuig (vooral in vakkringen).
> • De 'Theano' ligt nu nog in de haven, maar morgen vertrekt zij weer.
> • De 'Pelikaan' had motorstoring, maar de volgende morgen kon zij toch weer
> vertrekken.

In plaats van *zij, ze/haar* wordt in bepaalde gevallen *die/die* gebruikt (zie 437-439).

371   c. *het/het*
- Een zaak aangeduid door een *het*-woord.
> • 'Is het boek er al?'
> 'Nee, het is er nog niet'.
> 'Ik heb het nog niet gezien'.

> • 'Heb je het geluid gehoord?'
> 'Het was heel hard'.
> 'Jan heeft het ook gehoord'.

372   Wanneer *het* een zaak aanduidt en gebruikt wordt als object, komt *het* niet voor aan
het begin van een zin. In dat geval wordt *het* vervangen door *dat*.
> • Hoe vind je het boek?
> Ik vind het interessant.
> Dat vind ik interessant.

373   Wanneer *het* een zaak aanduidt, kan *het* niet gevolgd worden door een prepositie
die erbij hoort. In dat geval wordt *dat* gebruikt.
> • Wij hebben een nieuw huis, en Jan ook.
> Het huis van ons vind ik mooi, maar dat van Jan niet.
> Ons huis is modern, dat van Jan is oud.

Zie voor verdere bijzonderheden over het vervangen van *het* door *dat* 437-439.

374   - Een begrip (substantief) dat men niet kan tellen, in een generaliserende betekenis
gebruikt (zie 76). Het is hierbij niet relevant of het substantief een *de*-woord of een
het-woord is.
> • Melk:
> Het is goed voor de gezondheid.
> Je drinkt het iedere dag.
> Ik drink het niet alleen voor de gezondheid, maar ik drink het ook
> omdat ik het lekker vind.

- Energie:
  Wij hebben het nodig om te kunnen leven.
  Het is echter wel duur.

375   - Een begrip dat door meer woorden, bij voorbeeld door een hele zin, moet
worden uitgedrukt.
- Mijn tas is gestolen. Het is gisteren gebeurd.
- 'Wie heeft alle koekjes opgegeten?' 'Ik heb het gedaan'.

376   *Let op*
Het kan voorkomen in een zin met een predikaat (naamwoordelijk deel van het
gezegde), als dit predikaat een substantief of een zelfstandig gebruikt adjectief is.
Het werkwoord staat in dit geval in de singularis of in de pluralis, naar gelang het
predikaat singularis of pluralis is (zie ook 453-454).
- Zie je die vruchten? Het zijn sinaasappels, maar het lijken wel citroenen.
- Daar staat mijn auto. Het is die rode.
- Ken je mijnheer Jansen? Het is een aardige man.

Hiermee te vergelijken is:
- Ken je mijnheer Jansen? Ik vind het een aardige man.

377   - Iets onpersoonlijks.
- Het is hier gezellig.
- Het is jammer.
- Ik vind het hier leuk.

In deze zinnen heeft *het* nog een relatie tot een bepaalde situatie. Moeilijker is *het* te
begrijpen in zinnen als:
- Ik heb het druk.
- Ik ben het met je eens.
- We hebben het over de vakantie.

Het komt alleen als subject van een zin voor in zinnen als:
- Het regent.
- Het sneeuwt.
- Het vriest.
- Het blijkt dat hij ziek is.

378   Er komen zinnen voor als:
- Wie is daar? Ik ben het!
- Wie zijn daar? Wij zijn het!
- Hij was het die het initiatief nam.

379   6. De derde persoon pluralis: *zij, ze/hun/hen.*
De derde persoon pluralis wordt gebruikt wanneer een spreker (1ste persoon) twee
of meer andere personen, die niet de aangesprokenen zijn, of zaken aanduidt.

Voor het gebruik van *ze*, *hun* en *hen* kan onderscheid gemaakt worden in formele en informele (meestal gesproken) taal (zie 389).

380   a. *zij*
      Personen als subject (in geschreven taal, en in gesproken taal als vorm met nadruk).
          • Zijn mijnheer en mevrouw De Boer op kantoor?
          Nee, zij zijn er nog niet.

381   b. *ze*
      - Personen als subject.
          • Zijn mevrouw en mijnheer De Boer er al?
          Nee, ze zijn er nog niet.

382   - Personen als object (informeel) (zonder nadruk).
          • Ik heb ze nog niet gezien.
          • Als ze er zijn, zal ik ze een kopje koffie geven en wat met ze praten.

383   - Zaken als subject en object.
          • Zijn de kranten er al?
          Nee, ze zijn er nog niet.
          Ik heb ze nog niet gezien.

384   Wanneer *ze* zaken aanduidt en gebruikt wordt als object, komt *ze* niet voor aan het begin van een zin! In dat geval wordt *ze* vervangen door *die*.
          • Hoe vind je die boeken?
          Die vind ik interessant.

385   Wanneer *ze* zaken aanduidt, kan *ze* niet gevolgd worden door een prepositie die erbij hoort. In dat geval wordt *die* gebruikt.
          • Wij hebben nieuwe meubels, en Jan ook.
          De meubels van ons vind ik mooi, maar die van Jan vind ik lelijk.
          Die van ons zijn modern, die van Jan zijn ouderwets.

386   c. *hun*
      - Personen als indirect object (meewerkend voorwerp).
          • Ik zal hun een kopje koffie geven.

387   d *hen*
      - Personen als direct object (lijdend voorwerp).
          • Ik heb hen nog niet ontmoet.

388   - Personen na een prepositie.
          • Ik zal een gesprek met hen voeren.
          • Ik zal een kopje koffie aan hen geven.

389   De objectsvormen *ze*, *hun* en *hen* worden in moderne gesproken taal door elkaar gebruikt, behalve wanneer de vorm met nadruk gebruikt moet worden.

• Ik heb ze nog geen koffie gegeven.
• Ik heb jullie wel koffie gegeven, maar hun nog niet.

De vorm *hen* wordt ook in geschreven taal tegenwoordig vaak vervangen door *hun* of *ze*.
De meeste Nederlanders maken geen verschil meer tussen *hun* en *hen*.

Personaal pronomen - derde persoon pluralis

subject		direct object		indirect object	
Onderwerp		Lijdend voorwerp		Meewerkend voorwerp	
personen	zaken	personen	zaken	personen	zaken
zij ze	*ze*	*ze hen*	*ze*	*ze hun*	*ze*
		na een prepositie			
		personen	zaken		
		ze hen	*(er)*		

Je en *ze* in onbepaalde betekenis, *men*.
In plaats van het indefiniet pronomen *men* (zie 521, 522) wordt vooral in de spreektaal bijna altijd *je* of *ze* gebruikt.

391   *je*
Je veronderstelt een persoon in het algemeen. Spreker kan zich met die persoon identificeren. Het gebruik van *je* in onbepaalde betekenis is iets anders dan het informele *jij/je* tegenover het formele *u*.
        • Hoe zeg je dat in het Nederlands?
        • Je kunt nooit weten ...
        • Je moet dat maar eens meemaken!
        • Het zal je gebeuren, dat je paspoort gestolen wordt!

392   *ze*
Ze veronderstelt meer dan één persoon in het algemeen. De spreker hoeft zich niet met die personen te kunnen identificeren.
Ze kan alleen gebruikt worden als subject van een zin.
        • Ze zeggen dat er brand is.
        • Bij de VVV geven ze inlichtingen over de stad.
        • Ze denken tegenwoordig dat alles mag.

393   *men*

Men veronderstelt mensen in het algemeen. Het bijbehorende werkwoord staat in de singularis. *Men* kan alleen gebruikt worden als subject van een zin.

- Men mag hier niet parkeren.
- Men beweert dat de economische situatie zal verbeteren.

7

Het reflexief pronomen - wederkerend voornaamwoord

394   Een reflexief pronomen verwijst naar het subject van een zin, dat wil zeggen: het subject is dezelfde persoon of zaak als de persoon of zaak die door het reflexief pronomen wordt aangeduid.

395

Singularis	*personaal pronomen*	*reflexief pronomen*	
1ste persoon:	ik	me	– ik was me
2de persoon:	jij	je	– jij wast je
	u	zich, u	– u wast zich (u)
3de persoon:	hij	zich	– hij wast zich
	zij	zich	– zij wast zich
	het	zich	– het (katje) wast zich
Pluralis			
1ste persoon:	wij	ons	– wij wassen ons
2de persoon:	jullie	je	– jullie wassen je
	u	zich, u	– u wast zich (u)
3de persoon:	zij	zich	– zij wassen zich
			– de kinderen wassen zich

396   Vergelijk
- Ik was me.   – Zij wast zich (= zichzelf).
- Ik was het kind.   – Zij wast haar (= b.v. haar dochtertje).

In voorbeelden als *ik was me* is het niet moeilijk te begrijpen waarom een reflexief pronomen wordt gebruikt. Maar er is ook een aantal werkwoorden, de zogenaamde **reflexieve werkwoorden** (zie 313), die in het algemeen in combinatie met een reflexief pronomen moeten worden gebruikt. Het is moeilijk, soms zelfs onmogelijk te verklaren waarom bij die werkwoorden (bij voorbeeld *zich schamen, zich vergissen, zich bukken*) een reflexief pronomen hoort.
- Het subject kan een persoon zijn.
  - Ze heeft zich in de datum vergist.
  - Ik schaam me voor die slechte resultaten.
  - Hij bukt zich om de pen op te rapen.

- Het subject kan een zaak zijn.
  - Dit voorval heeft zich nooit eerder voorgedaan.
  - De uitslag van het examen laat lang op zich wachten.

397   Een reflexief pronomen kan ook voorkomen na een prepositie.
- Ik heb een tas bij me.
- Moeder heeft alle kinderen om zich heen.
- De hond schudt het water van zich af.
- De patiënten lieten de behandeling over zich heen komen.

398   *zich - u*
Het reflexief pronomen van de formele vorm van de tweede persoon is *zich* of *u*.
- U moet zich warm aankleden.
- U moet u warm aankleden.

De vorm *u* wordt steeds vaker gebruikt, vooral na een prepositie.
- U moet de knop naar u toe draaien.
- U moet altijd uw papieren bij u hebben.
- Mijnheer, kijkt u eens achter u!

Bij inversie wordt na het subject *u* normaal gesproken *zich* gebruikt.
- Vergist u zich niet?
- Kleedt u zich vooral warm aan!

399   *elkaar*
Het zogenaamde wederkerig pronomen *elkaar* betekent *de één ... de ander(e/n)*.
Elkaar wordt zowel voor personen als voor zaken gebruikt.
- We hebben elkaar voor het eerst in 1983 ontmoet.
- De studenten zitten allemaal bij elkaar.
- De lijnen kruisen elkaar in dit punt.
- Ik zal de borden op elkaar zetten.
- Geef elkaar de rechter hand.

400   *Elkaar* kent de genitief vorm *elkaars* (zie 853).
- We lezen elkaars boeken.
- De Herenstraat en de Kerkstraat liggen in elkaars verlengde.

401   De oude vorm *elkander* komt alleen in heel officiële, ouderwetse of literaire stijl voor.
- 'Draagt elkanders lasten'.

402   In gesproken taal wordt vaak *mekaar* gebruikt in plaats van *elkaar*.

8

Het possessief pronomen - bezittelijk voornaamwoord

403 Een possessief pronomen duidt aan: bezit of relatie.
Een possessief pronomen staat vóór een substantief.

- mijn boek   • hun auto
- onze problemen

Tussen een possessief pronomen en een substantief kan staan:
een adjectief:

- mijn ronde tafel

een adverbium met een adjectief:

- zijn erg moeilijke boek.

404 *Singularis*

1ste persoon		mijn
2de persoon	informeel	je/jouw
	formeel	uw
3de persoon		zijn
		haar

Pluralis

1ste persoon		ons/onze
2de persoon	informeel	jullie
	formeel	uw
3de persoon		hun

Voorbeelden
Singularis

1ste persoon	Ik heb een boek.	*Mijn* boek ligt hier.
2de persoon	Jij hebt een boek.	*Je/jouw* boek ligt hier.
	U hebt een boek.	*Uw* boek ligt hier.
3de persoon	Hij heeft een boek.	*Zijn* boek ligt hier.
	Jan heeft een boek.	*Zijn* boek ligt hier.
	Zij heeft een boek.	*Haar* boek ligt hier.
	Anneke heeft een boek.	*Haar* boek ligt hier.

Pluralis

1ste persoon	Wij hebben een boek.	*Ons* boek ligt hier (*het* boek).
	Wij hebben een pen.	*Onze* pen ligt hier (*de* pen).
2de persoon	Jullie hebben een boek.	*Jullie* boek ligt hier.
	U hebt een boek.	*Uw* boek ligt hier.

3de persoon   Zij hebben een boek.   *Hun* boek ligt hier.
               Jan en Annie hebben een boek.   *Hun* boek ligt hier.
               De meisjes hebben een boek.   *Hun* boek ligt hier.

I   Vormen van het possessief pronomen

405   Possessieve pronomina blijven onveranderd wanneer ze voor een substantief staan.
       Uitzondering: *ons/onze*.

406   *ons/onze*
       Ons staat voor een *het*-woord in de singularis.
       Onze staat voor een *de*-woord in de singularis en voor alle substantieven in de
       pluralis.
       • het boek   – ons boek
       • de tafel   – onze tafel
       • de tafels   – onze tafels
       • de boeken   – onze boeken

407   *jouw/je*
       Het possessief pronomen van de 2de persoon singularis (informeel) heeft twee
       vormen: met nadruk: *jouw*; zonder nadruk: *je*. *Je* wordt het meest gebruikt, omdat
       in het algemeen aan een possessief pronomen geen speciale nadruk gegeven wordt.
       • Piet, je boek ligt hier.

       Wanneer het possessief pronomen wel de nadruk heeft, moet men altijd *jouw*
       gebruiken.
       • Dit is niet mijn boek, maar jouw boek.

408   *mijn/m'n   zijn/z'n   haar/d'r*
       Mijn, zijn en *haar* worden weleens in informeel taalgebruik als *m'n, z'n* en *d'r*
       geschreven, wanneer ze geen speciale nadruk hebben.
       • Waar is m'n boek?
       • Z'n huis is mooi.
       • D'r dochter woont in Amsterdam.

       Wanneer de nadruk wel op het possessief pronomen valt, kan men nooit *m'n, z'n*
       of *d'r* schrijven of zeggen.
       Zie ook 64.

409   Naamvallen
       In modern Nederlands worden de naamvalsuitgangen niet meer gebruikt, behalve in vaste
       combinaties (zie 351-360).
       • mijns inziens   • zijns inziens   • onzes inziens   • Mijne heren
       • mijnerzijds   • onzerzijds   • te uwer informatie

II   Betekenis en gebruik van het possessief pronomen

Voor de betekenis van de 1ste, 2de en 3de persoon singularis en pluralis, zie 357-383 personaal pronomen.

410   *je/jouw, uw*
1. Je/jouw wordt gebruikt wanneer de bezitter met je/jij wordt aangesproken (zie 359).
- Anneke, je koffie staat hier.
- Jansen, mag ik je pen even lenen?
- Meisje, waar is je moeder?
- Hé, je fiets staat in de weg!
- Vader, hier is je koffie.

411   De 2de persoon singularis *je/jouw* moet ook gebruikt worden wanneer *je/jouw* in relatie staat tot het onbepaalde *je* (zie 391).
- Iedereen weet: je moet je tanden poetsen voordat je naar bed gaat!
- Het zal je gebeuren dat je paspoort gestolen wordt!
- Iedereen weet: als je je niet aan de regels houdt, is dat jouw verantwoordelijkheid.

412   2. *Uw* wordt gebruikt wanneer de bezitter met *u* wordt aangesproken. Er kan zowel van één als van meer personen sprake zijn (zie 359).
- Mijnheer Jansen, hier is uw koffie.
- Mijnheer, is dit uw tas?
- Voorzitter, ik wil uw aandacht vragen voor het volgende punt.
- Oma, uw koffie staat hier.
- Mevrouw, hier is uw boek.
- Dames en heren, hier zijn uw boeken.

413   *jullie/je*
De 2de persoon pluralis *jullie* wordt gebruikt wanneer de bezitters met *jullie* worden aangesproken (zie 361).
- Jan en Els, jullie boeken liggen hier.

In plaats van *jullie* wordt vaak *je* gebruikt, vooral wanneer in dezelfde zin het personaal pronomen *jullie* voorkomt.
- Jan en Els, willen jullie je boeken meenemen?
- Kinderen, willen jullie je moeder even roepen?

414   *zijn*
De 3de persoon singularis *zijn* wordt gebruikt in de volgende gevallen.
- De bezitter is een mannelijk persoon.

- *Zijn* staat in relatie tot *men* (zie 393), *iedereen, iemand, niemand, menigeen, wie, wie ook maar* en *wie dan ook* en andere onbepaalde of vragende pronomina. Het is daarbij niet relevant of het om mannelijke of vrouwelijke personen gaat.

- Iemand heeft zijn boek hier laten liggen.
- Niemand heeft zijn koffie opgedronken.
- Heeft iedereen zijn koffie op?
- Men dient zijn belasting op tijd te betalen (schrijftaal).

- Zaken worden soms bijna als personen gezien.
In die gevallen wordt *zijn* soms gebruikt in relatie tot een zaak. In andere gevallen wordt het lidwoord gebruikt.
- De auto staat met zijn achterwielen op het trottoir.

Ook is mogelijk:
- De auto staat met de achterwielen op het trottoir.

415   *haar*
De 3de persoon singularis *haar* wordt in principe gebruikt wanneer de bezitter een vrouwelijke persoon is. *Haar* kan ook gebruikt worden in relatie tot de volgende zaken.
- Zaken die in de Woordenlijst als alleen vrouwelijk worden beschouwd (zie 86). In Nederland wordt *haar* in de praktijk bijna alleen maar in de officiële schrijftaal en in de literatuur gebruikt. Bij woorden die een organisatie, een vereniging of een instelling aanduiden, wordt *haar* misschien wat vaker gebruikt.
- De commissie heeft het plan in haar vergadering besproken.

- Schepen en vliegtuigen (vooral in vakkringen).
- De 'Theano' heeft haar passagiers in Rotterdam afgezet.

Organisaties, instellingen en verenigingen aangeduid door een *het*-woord vereisen wel bij terugverwijzing *zijn*.
- Het comité heeft het plan in zijn vergadering besproken.

416   *hun*
De 3de persoon pluralis *hun* wordt in principe gebruikt wanneer de bezitters twee of meer personen zijn. Er zijn ook zaken die soms bijna als personen gezien worden. In die gevallen wordt *hun* soms gebruikt in relatie tot zaken. In andere gevallen wordt het lidwoord gebruikt.
- De auto's staan met hun achterwielen op het trottoir.
- De auto's staan met de achterwielen op het trottoir.

III   Zelfstandig gebruik van het possessief pronomen

417   Een substantief na een possessief pronomen kan worden weggelaten wanneer duidelijk is wat bedoeld wordt. In zo'n geval gebruikt men het possessief pronomen zelfstandig.
Het lidwoord dat bij het weggelaten substantief hoort moet voor het possessief pronomen staan.
Het zelfstandig gebruikte possessief pronomen krijgt de uitgang *-e*.

De algemene regels voor de spelling zijn hier van toepassing.

de/het	mijne	de/het	onze
	jouwe		-
	uwe		uwe
	zijne		hunne
	hare		hunne

- Mijn pen is leeg. Mag ik de jouwe even gebruiken?
- Welke auto nemen we? De mijne of de uwe?

418   Het possessief pronomen *jullie* kan niet zelfstandig gebruikt worden. In plaats daarvan gebruiken we *die/dat van jullie*.

De auto	De onze is groter dan die van jullie.
Het huis	Het onze is groter dan dat van jullie.
	Onze auto is groter dan die van jullie.
	Ons huis is groter dan dat van jullie.

In plaats van het zelfstandig gebruikte possessief pronomen kan vooral in de spreektaal voor alle personen gebruikt worden: *die/dat van + personaal pronomen*.

De auto	Die van ons is groter dan die van jullie.
Het boek	Dat van mij is moeilijker dan dat van jou.

419   Bezit of relatie wordt niet altijd uitgedrukt door een possessief pronomen. Er zijn verschillende andere mogelijkheden.

1. *Van* gevolgd door een personaal pronomen.
- Dit boek is van mij.
- Dit huis is van ons.

Van gevolgd door een substantief dat een persoon of een naam aanduidt.
- Dit is de auto van de bakker.

2. Een genitief uitgang -*s* wanneer de bezitter met een eigennaam wordt aangeduid, of met een substantief dat een familierelatie aanduidt, of met het woord *elkaar* (zie 64, 858).
- Dit is Jans jas.
- Dit is moeders kamer.
- Dit is oma's bril.
- We lezen elkaars boeken.

3. *Diens* betekent eigenlijk *van die (zijn)*. *Diens* wordt vooral gebruikt in officiële taal.
- De minister en diens echtgenote.
- Hij schrijft een boek over Erasmus en diens tijdgenoten.
- Heeft Jan dat gezegd? Maar diens woorden moet je niet geloven!

4. *Wiens*. Wanneer naar de bezitter gevraagd wordt, kan, vooral in de schrijftaal, *wiens* gebruikt worden, in de betekenis *van wie*.

- Wiens boek is dit? (Van wie is dit boek?)
- Wiens woorden moet ik nu geloven?

420   In informeel spraakgebruik wordt soms de bezitter door een eigennaam of door
      een substantief aangegeven, gevolgd door een possessief pronomen.
- Dit is Piet z'n kamer (Piets kamer; de kamer van Piet).
- Dit is Anna d'r kamer (Anna's kamer; de kamer van Anna).
- Dit is de bakker z'n auto (de auto van de bakker).
- Wie z'n auto is dit? (Wiens auto is dit? Van wie is deze auto?)

Een constructie zoals in de laatste vier voorbeelden, wordt in het algemeen niet in
de schrijftaal gebruikt.

9

Het demonstratief pronomen - aanwijzend voornaamwoord

421   Het demonstratief pronomen wordt gebruikt om de persoon, of de zaak die met een substantief wordt aangeduid, duidelijk te specificeren, duidelijker nog dan de bepaalde lidwoorden *de* en *het* dit doen.

De meest voorkomende demonstratieve pronomina zijn *deze/dit* en *die/dat*. Verder horen tot deze woordsoort:

• die (gindse)	• dat (gindse)	• degene	• diegene
• datgene	• zo'n	• zulk	• zulk een
• dergelijk	• soortgelijk	• zodanig	• dusdanig
• dezelfde	• hetzelfde		

422   Een demonstratief pronomen staat vóór een substantief:
- dit huis
- deze tafel

Tussen een demonstratief pronomen en een substantief kan staan:
- een adjectief:
     • dit oude huis.
- een adverbium met een adjectief:
     • dit heel oude huis.

I   Betekenis en vorm van het demonstratief pronomen

423   *deze/dit, die/dat*
In principe hebben *deze* en *dit* betrekking op een persoon of zaak dichtbij, dus hier.
     • Hoe vind je deze stoelen hier?
Die en *dat* hebben betrekking op een persoon of zaak iets verder weg, dus daar.
     • Hoe vind je die stoelen daar?

In het spraakgebruik is er niet altijd een duidelijk verschil tussen *deze/dit* (dichtbij) en *die/dat* (verder weg). Deze demonstratieve pronomina worden vaak door elkaar gebruikt.

424   *Deze* en *die* kunnen staan voor een *de*-woord in de singularis en vóór alle substantieven in de pluralis.

• de tafel	die tafel
• deze tafels	die tafels
• deze huizen	die huizen

Dit en *dat* kunnen staan voor een *het*-woord in de singularis.

• het huis   dit huis   dat huis

		de	**het**
		deze tafel	dit huis
singularis	**hier**	**deze**	**dit**
		deze tafel	dit huis
	daar	**die**	**dat**
		die tafel	dat huis
pluralis	**hier**	**deze**	
		deze tafels	
		deze huizen	
	daar	**die**	
		die tafels	
		die huizen	

425   *Deze/dit* in combinatie met een prepositie wordt vervangen door *hier*.
Die/dat in combinatie met een prepositie wordt vervangen door *daar*.
        • Met deze pen kan ik niet schrijven, hiermee kan ik niet schrijven.
        • In dat huis wil ik niet wonen, daarin wil ik niet wonen.

Zie 446-452.

426   *gindse*
Die gindse / dat gindse in vergelijking met *deze/dit* en *die/dat* heeft betrekking op personen of zaken die nog verder weg zijn.
        • Deze huizen zijn mooi, die huizen zijn mooier, maar (die) gindse huizen (die huizen daarginds) zijn het mooist.

427   *Zulk, dergelijk, dusdanig, zodanig* en *soortgelijk* krijgen de uitgang *-e*, wanneer ze staan voor een *de*-woord in de singularis en voor alle substantieven in de pluralis.
Er is bijna geen verschil in de betekenis van deze woorden. *Dusdanig, zodanig* en *soortgelijk* komen vooral voor in de schrijftaal.
Let op
Dergelijk, dusdanig, zodanig en *soortgelijk* kunnen, in tegenstelling tot de andere demonstratieve pronomina vorafgegaan worden door *een*.
        • de situatie   een zodanige situatie
        • de opmerking   een dergelijke opmerking
        • het huis   een soortgelijk huis
        • het antwoord   een dusdanig antwoord

428   *zo'n / zulk(e)*
Zo'n blijft onveranderd. *Zo'n* is een afkorting van *zo een*. *Zo'n* wordt in principe gebruikt in de singularis waar men het lidwoord *een* kan gebruiken. *Zo'n* gebruikt men dus niet in de pluralis. In de pluralis wordt *zulke* gebruikt.
        • Zie je die stoel? Zo'n stoel heb ik ook.

Zulk(e) wordt gebruikt in gevallen waarin men geen *een* kan gebruiken.
Zulke staat voor *de*-woorden.
Zulk staat voor *het*-woorden.

- de wijn   Zulke wijn vind ik lekker.
- het bier   Zulk bier vind ik lekker.
- de stoelen   Zulke stoelen heb ik ook.

429   *dezelfde/hetzelfde*

Dezelfde staat voor een *de*-woord in de singularis en voor alle substantieven in de pluralis.
Hetzelfde staat voor een *het*-woord in de singularis.

- de tafel   dezelfde tafel
- de tafels   dezelfde tafels
- het huis   hetzelfde huis
- de huizen   dezelfde huizen

430   *degene/diegene*

Degene(n) en *diegene(n)* worden alleen zelfstandig gebruikt.
Degene betekent *de persoon* (gespecificeerd). De pluralis is *degenen*.

- Wil degene met de hond de zaal verlaten?
- Willen degenen met een kaartje naar binnen gaan?

Diegene betekent *die persoon* (nog meer gespecificeerd). De pluralis is *diegenen*.

- Er is iemand met een hond in de zaal. Wil diegene de zaal verlaten?
- Er zijn hier mensen zonder geldig plaatsbewijs. Willen diegenen de zaal verlaten?

Het verschil tussen *degene(n)* en *diegene(n)* is soms heel klein (zie 445).

431   *datgene (hetgeen)*

Datgene wordt alleen zelfstandig gebruikt.
Datgene betekent *dat* (zaak), zelfstandig gebruikt.
Datgene kent geen pluralisvorm.
Datgene wordt altijd gevolgd door het relatief pronomen *wat* of door *waar* + prepositie (zie ook 463).

- Datgene wat hij zegt, is waar.
- Datgene waarover hij spreekt, is waar.

Zie voor *hetgeen* 475, 480.

Naamvallen

432   *Diens* als genitief vorm van *die* wordt voornamelijk in de officiële schrijftaal gebruikt in de betekenis van het possessief pronomen *zijn* (zie 419).

- De minister en diens echtgenote.
- Een boek over Erasmus en diens tijdgenoten.

Zie verder voor naamvalsvormen 860 (met dien verstande, in dier voege, enzovoort).

II   Zelfstandig gebruik van het demonstratief pronomen

A   Zinsdeel zonder prepositie

433   Een substantief na een demonstratief pronomen kan worden weggelaten, wanneer duidelijk is wat bedoeld wordt. Het gaat om gevallen waarbij het niet nodig en ook niet mooi is het substantief te herhalen.
- Hoe vind je mijn twee nieuwe stoelen? Deze vind ik mooi, maar die vind ik lelijk. (in plaats van 'deze stoel' en 'die stoel')
- Heb je deze beide boeken gelezen? Dit heb ik gelezen, maar dat moet ik nog lezen. (in plaats van 'dit boek' en 'dat boek')
- Kijk eens wat een mooie druiven! Deze ga ik kopen. (in plaats van 'deze druiven')

434   Een bekend verondersteld begrip kan door een demonstratief pronomen vervangen worden, wanneer duidelijk is, wat bedoeld wordt. Bij vervanging van een substantief kan *deze/dit* of *die/dat* gebruikt worden.
- Is de kamer nog te huur? Ja, die is nog te huur.
- Is het huis nog te huur? Ja, dat is nog te huur.
- Heb je de brief gelezen? Ja, die heb ik gelezen.
- Jan en Lenie hebben een huisje, maar dat is erg klein.
- Hier staan leuke stoelen. Die wil ik graag hebben!
- Zie je die druiven? Die zijn niet duur!

435   Wanneer het begrip door een hele zin wordt aangeduid, wordt in de spreektaal *dat* gebruikt, in de schrijftaal soms ook *dit*.
- Weet je dat Piet ziek is? Ja, dat weet ik. (dat = het ziek zijn van Piet)
- Je mag hier niet voetballen, dat weet je toch? (dat = het hier niet mogen voetballen)
- Men dient zich op tijd aan te melden. Dit is u reeds eerder medegedeeld. (dit = het zich op tijd moeten aanmelden)

436   Soms kunnen *die/dat* en *deze/dit* bijna beschouwd worden als de personale pronomina *hij, hem, het* en *ze*, waarbij *die* en *dat* vooral in de spreektaal worden gebruikt, en *deze* en *dit* meer in de schrijftaal.
- Is de kamer nog te huur? Ja, die is nog te huur. (ook: hij is nog te huur)
- Is het huis nog te huur? Ja, dat is nog te huur. (ook: het is nog te huur)
- Wat een mooie druiven. Die zijn niet duur. (ook: ze zijn niet duur)
- Heb je de brief gelezen? Ja, die heb ik gelezen. (ook: ik heb hem gelezen)
- Jan en Lenie hebben een huis gezien, maar dat willen zij niet kopen. (ook: ze willen het niet kopen)
- Hier staan leuke stoelen. Die wil ik graag hebben. (ook: ik wil ze graag hebben)

437   Het verschil in gebruik tussen personaal pronomen en demonstratief pronomen is heel klein. Een persoon of zaak aangeduid met een demonstratief pronomen heeft in deze gevallen iets meer nadruk.
- Is de kamer nog te huur? Ja, die is nog te huur.
- Is de kamer nog te huur? Ja, hij is nog te huur, maar je moet wel gauw zijn, anders is hij weg.

Deze en *dit* komen in dergelijke zinnen meer voor in de schrijftaal.
- In de gedragswetenschappen houdt men zich intensief met agressie bezig, hoewel deze in relatie tot de sport nog weinig is onderzocht.
- Het is moeilijk uitspraken te doen over het probleem en hoe dit zich de laatste jaren heeft ontwikkeld.

438   Wanneer de zin met een object begint dat een zaak aanduidt, moet *die/dat* gebruikt worden. In dat geval mag *hem/het* niet gebruikt worden.
Vergelijk
- Hoe vind je die tafel? Die vind ik mooi.
- Hoe vind je dat (dit) boek? Dat vind ik interessant.
- Hoe vind je die (deze) boeken? Die vind ik interessant.

439   Wanneer de zin met een object begint dat een persoon aanduidt, moet ook *die/dat* gebruikt worden, behalve bij de tegenstelling man-vrouw.
- Hoe vind je mevrouw Jansen? Die vind ik aardig.
- Hoe vind je dat meisje? Dat vind ik aardig.

maar wel:
- Hoe vind je mevrouw en mijnheer Jansen? Hem vind ik aardig, maar haar niet.

440   *Die* en *dat* moeten ook gebruikt worden wanneer ze gevolgd worden door een zinsdeel met een prepositie.
- Onze auto is nieuw, maar die van Jan is oud.
- De bloemen op de tafel zijn nog mooi, maar die op de kast zijn niet mooi meer.
- Dat broodje met jam vind ik niet lekker, maar dat met kaas wil ik graag hebben.
- Mijn boek is nog mooi, maar dat van de kinderen is helemaal kapot.

441   *Let op*
Deze/die en *dit/dat* moeten worden gebruikt, wanneer ze verwijzen naar iets of iemand in een voorafgaande zin of zinsdeel, dat niet het onderwerp is.
In zo'n geval wordt *die/dat* gebruikt in de spreektaal, *deze/dit* bijna alleen in de schrijftaal.

Vergelijk
- Vader vroeg aan de dokter of hij (= vader) vandaag op het spreekuur kon komen.
- Vader vroeg aan de dokter of die (= de dokter) vandaag nog kon komen.
- Vader belde de dokter op. Hij (= vader) ging nog dezelfde dag naar het spreekuur.
- Vader belde de dokter op. Die (= de dokter) kwam nog dezelfde dag.
- De minister heeft een gesprek gehad met de burgemeester.
  Hij (= de minister) verklaarde na afloop van het gesprek dat dit (= het gesprek) zeer nuttig was geweest.
- De minister heeft een gesprek gehad met de burgemeester.
  Deze (= de burgemeester) verklaarde na afloop van het gesprek dat dit (= het gesprek) zeer nuttig was geweest.

De minister verklaarde na het gesprek met de burgemeester dat hij (= de minister) tevreden was.

De minister verklaarde na het gesprek met de burgemeester dat deze (= de burgemeester) tevreden was.

- Het bedrijf verklaart in zijn jaarverslag dat het (= het bedrijf) in de toekomst zal worden uitgebreid.
- Het bedrijf verklaart in zijn jaarverslag dat dit (= het jaarverslag) in de toekomst zal worden uitgebreid.
- Het bedrijf heeft zijn jaarverslag gepubliceerd. Het (= het bedrijf) is optimistisch gestemd.
- Het bedrijf heeft zijn jaarverslag gepubliceerd. Dit (= het jaarverslag) is optimistisch gestemd.

442 *Zulk, dergelijk, dusdanig, zodanig, soortgelijk, dezelfde, hetzelfde* kunnen ook zelfstandig gebruikt worden.
- Kijk eens wat een gekke stoelen! Zulke heb ik nog nooit gezien.
- Vind je dat geen mooie jas? Mijn zusje heeft dezelfde.

443 *Dergelijk, dusdanig, zodanig* en *soortgelijk* kunnen zelfstandig gebruikt worden na *iets*. Ze krijgen in dit geval een genitief *-s* (zie ook 854).
- iets dergelijks
- iets soortgelijks

444 *Zo'n* wordt bij zelfstandig gebruik *zo één*.
- Die jas vind ik mooi! Zo'n jas heeft mijn zusje ook.
- Die jas vind ik mooi! Zo één heeft mijn zusje ook.

445 *Degene(n), diegene(n)* en *datgene* worden alleen zelfstandig gebruikt.
Het verschil tussen *degene(n)* en *diegene(n)* is soms heel klein. Er is een verschil in gebruik. *Degene(n)* heeft een nadere specificatie nodig, *diegene(n)* kan zonder nadere specificatie in een zin gebruikt worden. Dit komt omdat *die* al meer gespecificeerd is dan *de*.

Vergelijk
- Wil degene met de hond de zaal verlaten?
- Er is iemand met een hond in de zaal. Wil diegene de zaal verlaten?
- Willen degenen zonder kaartje even buiten wachten?
- Sommige mensen hebben nog geen kaartje. Willen diegenen even buiten wachten?
- Wil degene die aan de noodrem heeft getrokken, zich melden?
- Er heeft iemand aan de noodrem getrokken; wil diegene zich melden?

B   Zinsdeel met een prepositie

446 *Deze/dit* en *die/dat* kunnen in combinatie met een prepositie niet zelfstandig worden gebruikt wanneer ze verwijzen naar een zaak.
Een bekend verondersteld begrip kan wel worden weggelaten in een zinsdeel met een prepositie, maar in dat geval treedt er een verandering op.

Deze en *dit* worden in principe vervangen door *hier-*
Die en *dat* worden in principe vervangen door *daar-*
De desbetreffende prepositie vormt met *hier-* en *daar-* één woord, wanneer het er direct achter staat.

- Ken je dit boek? Hieruit leer je veel. Hieruit (uit dit boek) kun je veel leren.
- Die vakantie was interessant. Daarover (over die vakantie) kan ik veel vertellen.

Opmerking
De woorden *daarom, daardoor, daarvoor* en *daarna* zijn op dezelfde manier ontstaan, maar men realiseert zich dat niet meer.

447   *Uitzondering*
Deze/dit en *die/dat* kunnen wel zelfstandig gebruikt worden na een prepositie om een keuze of een opsomming aan te duiden.
- Wil je op deze stoel zitten of op die?
- Ik leer uit dit boek, en ook uit dat.
- Hij heeft verschillende soorten koekjes gekocht: twee ons van deze en twee ons van die.

448   Vooral in de spreektaal, maar ook in de schrijftaal worden *hier-/daar-* en de prepositie uit elkaar gehaald. Ze worden zo gescheiden, dat de prepositie zo ver mogelijk achteraan in de zin staat, d.w.z. de prepositie staat helemaal aan het eind in een zin met alleen een persoonsvorm als werkwoordsvorm. Wanneer er nog andere werkwoordsvormen zijn, staan deze achter de prepositie. (zie verder 799-800).
- Ken je dat boek? *Daar* leer je veel *uit*. *Daar* kun je veel *uit* leren. *Daar* heb ik veel *uit* geleerd.
- Die reis was interessant. *Daar* kan hij veel *over* vertellen.
- Dit onderwerp interesseert me. *Hier* wil ik meer *van* weten.

449   Doordat er in het spraakgebruik niet altijd een duidelijk verschil is tussen *deze/dit* (dichtbij) en *die/dat* (verder weg), worden *hier-* en *daar-* ook vaak door elkaar gebruikt. Daarbij wordt in de spreektaal meer *-daar* gebruikt. Men kan dus bij voorbeeld heel goed zeggen:
- Dit onderwerp interesseert me, *daar* wil ik meer *van* weten.

450   De prepositie *met* verandert in combinatie met *hier-/daar-* in *mee*.
De prepositie *tot* verandert in combinatie met *hier-/daar-* in *toe*.
- Kijk die race-auto's! Daarmee kun je hard rijden!
  Daar kun je hard *mee* rijden!
- Het museum heeft zijn uitgaven verhoogd. Hiermee (met deze verhoging) is de gemeenteraad akkoord gegaan.
  Hier is het College van Burgemeester en Wethouders *mee* akkoord gegaan.
- Leidt de discussie tot die conclusie? Ja, daartoe leidt de discussie.
  Daar leidt de discussie *toe*. *Daar* heeft de discussie *toe* geleid.

451   *Hier-* en *daar-* kunnen niet gebruikt worden in combinatie met de volgende
       preposities: *sinds, sedert, tijdens, gedurende, vanwege, wegens, behalve, jegens, volgens*
       en *zonder*.
       In zulke gevallen wordt het bekend veronderstelde begrip herhaald, of worden
       deze/die, dit/dat gebruikt.
       - Doe een warme jas aan. Zonder die jas is het buiten koud.
       - Je moet een woordenboek kopen. Zonder dat kun je de taal niet leren.

452   *Let op*
       Hier- en *daar-* hebben in principe betrekking op zaken.
       Bij personen moet een personaal pronomen gebruikt worden, of moet het
       substantief worden herhaald.
       - Heb je met die man gesproken? Ja, met hem heb ik gesproken. Ja, met die
         man heb ik gesproken.
       - Ik denk vaak aan deze lerares. Ik denk heel vaak aan haar.
       - Dick is een grappige jongen, je kunt erg met hem lachen. Om hem moeten
         we vaak erg lachen.

       Opmerking
       In de spreektaal wordt *hier-/daar-* vaak ook bij personen gebruikt.

C   *Dit* en *dat* als voorlopig subject
453   *Dit* en *dat* kunnen voorkomen in een zin met een predikaat (naamwoordelijk deel
       van het gezegde) als dit predikaat een substantief of een zelfstandig gebruikt
       adjectief is (zie ook 376).

454   **Het werkwoord staat in de singularis of in de pluralis naar gelang het predikaat
       in de singularis of in de pluralis staat.**
       - Dit is mijn vrouw en dat is mijn zoon.
       - Dit is mijn vrouw en dat zijn onze kinderen.
       - Dat is Ton.
       - Dat zijn Jan en Annie.
       - Dat zijn mooie stoelen!
       - Dat lijken wel kinderstoeltjes!
       - Dit worden later heel hoge bomen.
       - Dat zijn ook hoge!

D   *Die* en *dat* om meer nadruk te geven
455   *Die* en *dat* kunnen na een subject of een direct object staan, bij voorbeeld om hieraan meer
       nadruk te geven.
       Dit komt alleen voor in gesproken taal.
       - Die tafel die wil ik hebben.
       - Die koffie die is niet lekker.
       - Dat kopje dat is niet schoon.
       - Dat verhaal dat geloof ik niet.
       - Die fiets die is van mij.
       - Dat boek dat is van hem.
       - Jan die zei gisteren nog: 'Die tafel die is mooi'.

Overzicht

456   **de**   Jan koopt *de stoel*   Hij koopt *hem*

       het   Jan koopt *het bed*   Hij koopt *het*   direct object

           Jan koopt *de stoelen*   Hij koopt *ze*

	Jan kijkt *naar de stoel*	Hij kijkt *ernaar*	
er	Jan kijkt *naar het bed*	Hij kijkt *ernaar*	zinsdeel met prepositie
	Jan kijkt *naar de stoelen*	Hij kijkt *ernaar*	
deze	Jan koopt *deze stoel*	Hij koopt *deze*	
dit	Jan koopt *dit bed*	Hij koopt *dit*	direct object
	Jan koopt *deze stoelen*	Hij koopt *deze*	
	Jan kijkt *naar deze stoel*	Hij kijkt *hiernaar*	
hier	Jan kijkt *naar dit bed*	Hij kijkt *hiernaar*	zinsdeel met prepositie
	Jan kijkt *naar deze stoelen*	Hij kijkt *hiernaar*	
die	Jan koopt *die stoel*	Hij koopt *die*	
dat	Jan koopt *dat bed*	Hij koopt *dat*	direct object
	Jan koopt *die stoelen*	Hij koopt *die*	
	Jan kijkt *naar die stoel*	Hij kijkt *daarnaar*	
daar	Jan kijkt *naar dat bed*	Hij kijkt *daarnaar*	zinsdeel met prepositie
	Jan kijkt *naar die stoelen*	Hij kijkt *daarnaar*	

10

Het relatief pronomen - betrekkelijk voornaamwoord

Overzicht
De man die daar staat.
Het huis dat daar staat.
De stoel waarop ik zit (waar ik op zit).
De man met wie ik praat.
Dit is **alles** wat ik weet.
De gewoontes volgens welke de mens nu leeft.
Wie geen aandacht voor het milieu heeft, is dom.
Wat hij zegt, is waar.

457   Een **relatief pronomen** verwijst naar een begrip dat meestal eerder in de zin
genoemd wordt. Zo'n begrip wordt meestal door een substantief uitgedrukt.
Het gedeelte waarnaar verwezen wordt, noemt men **antecedent**.
In de zinnen die in bovenstaand overzicht staan, is het antecedent **vet** gedrukt.
De relatieve pronomina zijn: *die/dat, wie, wat, welk(e), hetwelk, hetgeen*.

458   **Een relatief pronomen wordt gevolgd door een relatieve bijzin, dus werkwoord(en) aan het eind!**

459   Een relatief pronomen kan direct na het antecedent staan.
  • **De man die daar staat, is aardig.**
  • **Het meisje dat daar staat, is mijn zusje.**

460   Soms staat het relatief pronomen niet direct achter het antecedent, om de betekenis
van de zin duidelijker te maken en de stijl te verbeteren.
  • **Ik ga vanavond het boek** lezen *dat* ik op mijn verjaardag heb gekregen.
  • **Ik heb over een visser** gelezen *die* kort geleden weer zalm in de Maas heeft
    gevangen.
  • **Ik heb een stoel** gekocht *waar* je lekker *op* kunt zitten.
  • Machines halen **stoffen** uit de aarde, *waaraan* de mens brandstof ontleent.

A   *Die* en *dat*

461   *Die* verwijst naar:
1. een *de*-woord in de singularis.
  • De man die daar staat, is mijn vader.
  • De man die ik zie, is mijn vader.
  • De tafel die daar staat, is mooi.

2. alle substantieven in de pluralis.
- De mensen die hier wonen, zijn aardig.
- De mensen die ik ken, zijn aardig.
- De boeken die daar liggen, zijn nieuw.

3. een personaal pronomen.
- Hij, die nooit te laat komt.
- Zij, die altijd op tijd is!
- Jij, die nooit te laat komt!

4. *iemand, niemand, iedereen, menigeen, degene, diegene,* en woorden als *sommige, enige, verschillende, een paar.*
- Is er iemand die mij kan helpen?
- Er is niemand die het weet.
- Ik vraag het iedereen die ik ken.
- Menigeen die ik ken, zal verbaasd zijn.
- Wil degene die geen kaartje heeft, even wachten.
- Diegenen die een kaartje hebben, mogen naar binnen.
- Sommigen die hier werken, zijn heel aardig.
- Er zijn er een paar die nog geen boek hebben.
- Ik ken er verschillenden die altijd te laat komen.

Uitzondering
Voor combinaties met een prepositie, zie 463-466.

462   *Dat* verwijst naar een *het*-woord in de singularis.
- Het huis dat daar staat, is mooi.
- Het huis dat ik wil kopen, is mooi.
- Het meisje dat daar staat, heet Anneke.
- Het meisje dat ik ken, heet Anneke.

singularis		*pluralis*	
de	**het**	**de**	**de**
de tafel die ...	het huis dat ...	de tafels die ...	de huizen die ...

B   *Waar* + prepositie

463   *Die* en *dat* kunnen niet verwijzen naar een woord dat voorafgegaan wordt door een prepositie. In zo'n geval moet *waar-* worden gebruikt, gevolgd door de betreffende prepositie, wanneer naar zaken wordt verwezen.
Waar en de desbetreffende prepositie vormen één woord wanneer de prepositie direct volgt.
- De stoel waarop ik zit, is modern.
- Het huis waarin ik woon, is een huurhuis.
- De grammofoonplaten waarnaar ik gisteravond met jou heb geluisterd, waren mooi.

Vooral in de spreektaal, maar ook in de schrijftaal worden *waar* en de prepositie uit elkaar gehaald. In dat geval staat de prepositie zo ver mogelijk achteraan in de relatieve bijzin, d.w.z. in de meeste gevallen meteen vóór de persoonsvorm of een andere werkwoordsvorm. (Voor uitzonderingen zie 799 en 800)
- De stoel *waar* ik *op* zit, is modern.
- Het huis *waar* ik tegenwoordig *in* woon, is een huurhuis.
- De grammofoonplaten *waar* ik gisteravond met jou *naar* heb geluisterd, waren mooi.

464   De prepositie *met* verandert in combinatie met *waar* in *mee*.
De prepositie *tot* verandert in combinatie met *waar* in *toe*.
- De pen waarmee ik de brieven heb geschreven, is zwart. (schrijven met)
- De pen *waar* ik de brieven *mee* heb geschreven, is zwart.

- Het schrijven van brieven, waartoe ik nog steeds niet ben gekomen, moet toch gebeuren. (komen tot)
- Het schrijven van brieven *waar* ik nog steeds niet *toe* ben gekomen, moet toch gebeuren.

465   *Waar* wordt niet gebruikt in combinatie met de preposities *behalve, gedurende, jegens, krachtens, omstreeks, ondanks, niettegenstaande, sedert, sinds, rondom, tijdens, vanwege, volgens, wegens, zonder.*

In combinatie met één van bovenstaande preposities wordt bij verwijzing naar zaken het woord *welk(e)* gebruikt. Bij verwijzing naar personen gebruikt men *wie* (zie 467).
- De gewoontes volgens welke de mens nu leeft, hebben de wereld veranderd.
- Een kookboek zonder welk men niet goed kan koken.
- Dit is de man zonder wie zij niet kan leven.

466   *Opmerking*
Hoewel volgens de grammatica *waar* alleen verwijst naar zaken, wordt in de spreektaal *waar* ook heel vaak gebruikt bij verwijzing naar personen.

C   *Wie*

467   *Wie* wordt gebruikt:
1. in combinatie met een prepositie, wanneer naar personen verwezen wordt.
    - De man met wie ik praat, is mijn leraar.
    - De kinderen naar wie ik de hele tijd heb gekeken, speelden in de tuin.
    - De man zonder wie zij niet kan leven.

468   2. als indirect object (meewerkend voorwerp) wanneer naar één of meer personen wordt verwezen. Hoewel volgens de grammatica in dit geval *wie* gebruikt moet worden, worden in de spreektaal vaak *die* en *waar* + prepositie gebruikt.
    - De man wie (aan wie) ik gevraagd heb de grammatica uit te leggen, is mijn leraar.
    - De mensen wie (aan wie) ik de grammatica heb uitgelegd, zijn mijn leerlingen.

469   3. zonder antecedent (zie 480).
           • Wie het weet mag het zeggen.

470   In de officiële schrijftaal worden de naamvalsuitgangen van *wie* nog gebruikt.
           • De man wiens boek hier ligt, heeft de zaal verlaten.
           • De vrouw wier boek hier ligt, heeft de zaal verlaten.
           • De heren wier boeken hier liggen, hebben de zaal verlaten.

       In de moderne spreektaal gebruikt men in deze gevallen:
           • De man van wie het boek hier ligt, is weggegaan.
           • De man wie z'n boek hier ligt, is weggegaan.
           • De vrouw van wie de boeken hier liggen, is weggegaan.
           • De heren van wie de boeken hier liggen, zijn weggegaan.

       Zie verder voor naamvalsvormen 855.

       D   *Wat*
471   *Wat* verwijst naar een vaag, niet precies omschreven begrip.

472   *Wat* verwijst naar woorden als: *hetgeen, iets, niets, veel, weinig, genoeg, al, alles.*
           • Dit is alles wat ik weet.
           • Grammatica is iets wat je moet leren.
           • Het begrip 'milieu' is iets wat ruim opgevat wordt.
           • Er is weinig wat hij niet heeft, hij heeft bijna alles.

       Als met het woord *iets* een heel duidelijk, concreet begrip omschreven wordt, moet
       wel *dat* gebruikt worden.
           • Een woordenboek is iets dat iedere leerling nodig heeft.
           • Deze grammatica (dit boek) is iets dat je in iedere les bij je moet hebben.

473   *Wat* wordt gebruikt na een vage omschrijving door middel van *het* gevolgd door:
       - een onbepaald telwoord: bij voorbeeld *het enige, het laatste.*
           • Dit is het enige wat ik weet.
           • Dit is het laatste wat ik doe.

       - de superlatief van een adjectief.
           • Dit is het beste wat je kunt doen.

474   Wanneer wordt verwezen naar een duidelijk omschreven, concreet begrip, moet
       dat gebruikt worden.

       Vergelijk
           • Het enige wat ik weet.
           • Het enige dat je weggooit, is de verpakking.
           • Dit werk is het beste wat hij ooit heeft geschreven.
           • Dit boek is het beste dat je kunt gebruiken.

475   *Wat* verwijst naar een hele zin. Deze zin kan meestal worden samengevat door *iets*.
- Ik ga volgende week met vakantie, wat ik erg leuk vind.
- Ik ga volgende week met vakantie, iets wat ik erg leuk vind.

Wat kan in de schrijftaal vervangen worden door *hetgeen*.
- Hij is een uur bij me geweest, wat iedereen weet.
- Het heeft de laatste tijd erg veel geregend, wat (hetgeen) een probleem voor de boeren is.

476   In de schrijftaal komt *wat* in de plaats van *dat*, wanneer het antecedent ook *dat* is.
- Ik heb een boek gekocht. Dat wat ik gekocht heb, was het goedkoopst.
(Spreektaal: • Wat ik gekocht heb, was het goedkoopste.)

477   *Wat* zonder antecedent, zie 480.

E   *Welke/welk*
478   *Welke/welk* wordt soms als relatief pronomen gebruikt in de schrijftaal, niet in de spreektaal, in de plaats van *die*.
- Ik moge u wijzen op de brief welke ik van u ontvangen heb.

In heel officiële schrijftaal wordt door verwijzing naar een *het*-woord soms *hetwelk* gebruikt.
- Ik moge u wijzen op het boek, hetwelk zojuist is verschenen.

In de schrijftaal komt *welke* in de plaats van *die*, wanneer het antecedent ook *die* is.
- Ik heb de tafel gekocht. Die welke ik gekozen heb, was de goedkoopste.
(Spreektaal: Die ik gekozen heb, was de goedkoopste.)

479   *Welke/welk* moet gebruikt worden na de preposities *behalve, gedurende, jegens, krachtens, omstreeks, ondanks, niettegenstaande, sedert, sinds, rondom, tijdens, vanwege, volgens, wegens, zonder*.
- U dient een grammatica aan te schaffen, zonder welke u de taal niet kunt leren. (de grammatica)
- U dient een woordenboek aan te schaffen, zonder welk u de taal niet kunt leren. (het woordenboek)
- De gewoontes volgens welke de mens nu leeft, hebben de wereld veranderd.

F   Relatief pronomen zonder antecedent
480   *Wie* en *wat (hetgeen)* kunnen gebruikt worden zonder te verwijzen naar begrippen die al genoemd zijn.
Wie: één of meer personen die ...
Wat: iets dat ...; iets wat ...; dingen die ...
- Wie het weet, mag het zeggen.
- Wie geen aandacht voor het milieu heeft, is dom.
- Wat hij zegt, is waar.
- Je moet doen wat ik zeg.
- Je moet opzoeken wat je niet weet.
- Hetgeen hij zegt, is waar.

11

Vraagwoorden - interrogatieven

481 Er zijn twee soorten vraagwoorden: **vragende pronomina** en **vragende adverbia.**
Omdat na alle vraagwoorden altijd een directe of een indirecte (afhankelijke)
vraagzin volgt, worden de vraagwoorden in één hoofdstuk behandeld (zie verder
voor de constructie van directe vraagzinnen 807-808 en van indirecte vraagzinnen
840).

De vragende pronomina zijn:
wie, wat, welke, wat voor (een)
De vragende adverbia zijn:
*wanneer, waar, waar naartoe, waarheen, waarvandaan, vanwaar, waarom, hoe, hoeveel,
hoelang*

I Vragende pronomina

A *Wie*

482 *Wie* vraagt naar één of meer personen. *Wie* wordt zelfstandig gebruikt. Wanneer
wie het onderwerp van een zin is, kan het werkwoord van die zin in de singularis
of in de pluralis staan. Dit hangt af van het feit of er naar één of meer personen
gevraagd wordt (zie 855 voor *wiens* en *wier*).
- Wie komt er vanavond bij je?   – Jan.
- Wie komen er vanavond bij je?   – Jan, Annie en hun kinderen.
- Weet je wie het gedaan heeft?   – Piet.
- Weet je wie dat gedaan hebben?   – Piet en Jan.

Wie kan in ieder zinsdeel voorkomen.
- Van wie krijgen jullie les?   – Van Mijnheer De Vries.
- Wie geven jullie het boek?   – We geven het aan moeder.
- Wie zoek je?   – Ik zoek Piet.

B *Wat*

483 *Wat* vraagt naar één of meer zaken. *Wat* wordt zelfstandig gebruikt.
- Wat heb je gekocht?   – Een boek.
- Ik weet niet wat hij gekocht heeft.

Wanneer *wat* het onderwerp van een zin is, kan het werkwoord van die zin in de
singularis of in de pluralis staan. Dat hangt af van het feit of er naar één zaak of
naar meer zaken gevraagd wordt.
- Wat is dat?   – Dat is een appeltaartje.
- Wat zijn dat?   – Dat zijn appeltaartjes.

- Wat staat daar in die hoek?   – Daar staat een oude stoel.
- Wat staan daar in die hoek?   – Daar staan oude stoelen.
- Wat wordt dat?   – Dat wordt een jurk voor Annie.
- Wat worden dat?   – Dat worden koekjes.

484   *Wat* wordt bijna nooit gebruikt in combinatie met een prepositie. In zo'n geval moet *waar* worden gebruikt, gevolgd door de desbetreffende prepositie (zie 463). *Waar* en de desbetreffende prepositie vormen één woord, wanneer de prepositie direct volgt.
- Wij hebben gisteren lang gepraat. Waarover (= over wat) hebben jullie zo lang gepraat?

Vooral in de spreektaal, maar ook in de schrijftaal worden *waar* en de prepositie uit elkaar gehaald. In dat geval staat de prepositie zo ver mogelijk achteraan in de vraagzin, d.w.z. in een directe vraagzin met alleen een persoonsvorm als werkwoordsvorm staat de prepositie op de laatste plaats. Andere werkwoordsvormen staan achter de prepositie. (zie verder 799-800).
- *Waar* denk je *aan*?
- *Waar* hebben jullie *over* gepraat?

Een indirecte vraagzin is een bijzin (zie 840), dus alle werkwoordsvormen komen aan het eind van de bijzin.
- Weet je *waar* ze *over* praten?
- Weet jij *waar* ze *over* gepraat hebben?

485   De prepositie *met* verandert in combinatie met *waar* in *mee*.
De prepositie *tot* verandert in combinatie met *waar* in *toe*.
- Waarmee heb je de tafel schoongemaakt? (met wat)
- Waar heb je de tafel *mee* schoongemaakt?
- Waartoe dient dat apparaat? (tot wat)
- Waar dient dat apparaat *toe*?

C   *Welke/welk*
486   *Welke/welk* vraagt naar een keuze.
Welke/welk staat vóór een substantief, maar kan ook zelfstandig gebruikt worden.
Welke/welk kan in ieder zinsdeel gebruikt worden.
- Aan welke tafel zullen wij gaan zitten?
- Welk boek bedoel je?
- Welke boeken moeten jullie lezen?
- Welk huis is het grootst?
- Welke kandidaat zal de verkiezingen winnen?

- *welke*
Met uitgang -*e*:
vóór alle *de*-woorden in de singularis;
vóór alle substantieven in de pluralis.
- Welke stoel (de stoel) zullen wij kopen? – Die rode.

• Welke koekjes vind je het lekkerst?   − Die ronde.
• Welke les (de les) moeten wij leren?   − Les 10.
• Welke lessen zijn de moeilijkste?   − De laatste twee.
• Ik weet niet met welke bus (de bus) ik moet gaan.

-welk
Zonder uitgang *-e*:
voor een *het*-woord in de singularis.
      • Welk hoofdstuk (het hoofdstuk) moeten we lezen?   − Hoofdstuk 10.
      • Welk hoofdstuk is het moeilijkst?   − Het laatste.

singularis		*pluralis*
de de tafel	**het** het boek	**de** de tafels de boeken
welke welke tafel	**welk** welk boek	**welke** welke tafels welke boeken

487   Het substantief kan worden weggelaten wanneer duidelijk is wat bedoeld wordt.
Men spreekt dan van zelfstandig gebruik.
      • Ik heb veel grammofoonplaten.   − Welke wil je horen?
      • We hebben twee huizen bekeken.   − Welke vond jij het mooist?

D   *Wat voor, wat voor een*

488   *Wat voor, wat voor een* vraagt naar een eigenschap, een kenmerk of een soort.
Wat voor, wat voor een staat vóór een substantief, maar kan zelfstandig gebruikt
worden.
Voor het gebruik van *wat voor* en *wat voor een* geldt in het algemeen het volgende.

489   *Wat voor een* kan men in principe alleen maar gebruiken in combinatie met een
substantief in de singularis dat een begrip uitdrukt dat men kan tellen. Dat wil
zeggen in gevallen waar men vóór het substantief het lidwoord *een* kan zetten (zie 76).

Vergelijk
      • Wat voor een auto heb je gekocht?   − Een sportwagen.
      • Wat voor kaas vind je het lekkerst?   − Goudse kaas.
      • Wat voor boeken lees je graag?   − Biografieën.

In de spreektaal wordt vaak *wat voor een* gebruikt in gevallen waar men eigenlijk
geen lidwoord *een* voor het substantief zet, bij voorbeeld in de pluralis.
      • Wat voor een auto's zijn dat?   − Dat zijn sportwagens.

490   *Wat voor* en *wat voor een* kunnen uit elkaar gehaald worden. In dat geval staat *voor (een)* direct voor het substantief.
· *Wat* heb je gisteren *voor* examen gedaan?
· *Wat* is dat *voor een* auto?

491   In enkele gevallen is het mogelijk het substantief weg te laten wanneer duidelijk is wat bedoeld wordt. Men spreekt dan van zelfstandig gebruik. De klemtoon ligt in dat geval op *een*, zodat dat woord als *één* moet worden uitgesproken.
· Ik moet een auto kopen, maar ik weet nog niet wat voor één ik zal nemen.
· Ze zoeken daar een nieuwe medewerkster. Wat voor één? Een secretaresse.

II   Vragende adverbia

492   *wanneer*
Wanneer vraagt naar de tijd.
· Wanneer kom je?   –   Morgen.
· Hij heeft niet gezegd wanneer hij komt.

493   *waar*
Waar vraagt naar de plaats.
· Waar woon je?   –   In Amsterdam.

494   *waarheen / waar naartoe*
Waarheen en *waar naartoe* vragen naar de richting. *Waarheen* en *waar naartoe* worden meestal uit elkaar gehaald.
· Waar ga je naartoe? – Naar huis.
· Waar ga je heen?   – Naar huis.

495   *waarvandaan / vanwaar*
Waarvandaan en *vanwaar* vragen naar de plaats waar iemand of iets vandaan komt. *Waarvandaan* wordt meestal uit elkaar gehaald.
· Waar kom je vandaan?   – Van het station.
· Waar komt dit product vandaan? – Uit Spanje.

Vanwaar gebruikt men soms in de schrijftaal.
· Vanwaar komt u?   – Van het platteland.

496   *waarom*
Waarom vraagt naar de reden. Het antwoord op een vraag met *waarom* begint vaak met *omdat*.
· Waarom doe je het raam dicht? – Ik heb het koud.
· Waarom doe je het raam dicht? – Omdat ik het koud heb.
· Hij vraagt waarom ik het raam dichtdoe.

Let op
Een antwoord op een vraag met *waarom* begint nooit met *want* (zie 652).

497   *hoe*
Hoe vraagt naar de manier of naar de graad van een adjectief of een adverbium.
      • Hoe ga je naar Amsterdam?   – Met de trein.
      • Hoe oud is Jantje?   – Hij is zes jaar.
      • Hoe vaak komt hij hier?   – Iedere dag.
      • Hij legt me uit hoe ik dat moet doen.

498   *hoeveel*
Hoeveel vraagt naar een aantal of een hoeveelheid.
      • Hoeveel kinderen heeft u?   – Ik heb vier kinderen.
      • Hoeveel pruimen wilt u?   – Ik wil graag twee pond.

499   *hoelang*
Hoelang vraagt naar de tijdsduur.
      • Hoelang blijf je hier?   – Tien dagen.

12

Het telwoord - numerale

500   Telwoorden kunnen verdeeld worden in twee groepen: **hoofdtelwoorden** en **rangtelwoorden**.
Hoofdtelwoorden zijn woorden die een aantal aanduiden.
Rangtelwoorden zijn woorden die een volgorde of rangorde aanduiden.

I   Hoofdtelwoorden

Men kent **bepaalde** hoofdtelwoorden en **onbepaalde** hoofdtelwoorden. Voor onbepaalde hoofdtelwoorden (*veel, weinig,* e.d.) zie 520.

A   Bepaalde hoofdtelwoorden

501   1. Hele getallen

0	nul						
1	een	11	elf	21	eenentwintig	100	honderd
2	twee	12	twaalf	22	tweeëntwintig	101	honderdeen
3	drie	13	dertien	23	drieëntwintig	117	honderdzeventien
4	vier	14	veertien	30	dertig	121	honderdeenentwintig
5	vijf	15	vijftien	48	achtenveertig	200	tweehonderd
6	zes	16	zestien	59	negenenvijftig	1000	duizend
7	zeven	17	zeventien	60	zestig	1066	duizendzesenzestig
8	acht	18	achttien	70	zeventig	1100	elfhonderd
9	negen	19	negentien	80	tachtig	1117	elfhonderdzeventien
10	tien	20	twintig	90	negentig	1600	zestienhonderd

Let op
14 – wordt geschreven: *veertien.*

Vergelijk
        4 *vier*
      14 *veertien*
      40 *veertig*
    400 *vierhonderd*
   2000 tweeduizend
   2080 tweeduizendtachtig
   2100 éénentwintighonderd
  10000 tienduizend
  13876 dertienduizendachthonderdzesenzeventig
100000 honderdduizend
156219 honderdzesenvijftigduizendtweehonderdnegentien

    1.000.000 miljoen
    1.300.000 eenmiljoendriehonderdduizend
1.000.000.000 miljard

2. Breuken
- ⅜ drie achtste
- 4 ⁵⁄₁₉ vier vijf negentiende

Decimalen
- 4,5 vier komma vijf, vier vijf tiende
- 20,3 twintig komma drie, twintig drie tiende
- 3,68 drie komma achtenzestig, drie achtenzestig honderdste

3. *Beide*
zie 546-547

4. *Geen*
zie 530 en 741

B   Het uitspreken en de schrijfwijze van hele getallen

502 Het telwoord *één* (1) moet men niet verwarren met het onbepaalde lidwoord *een*. Let op het verschil in betekenis.
- Hij koopt één krant (niet twee of meer kranten).
- Hij koopt een krant (geen boek of tijdschrift).

Het telwoord *één* heeft in de zin een belangrijke functie en moet daarom als *één* worden uitgesproken. Het woord krijgt dan ook vaak een accent (''). Het onbepaalde lidwoord *een* krijgt geen nadruk in de zin. De nadruk valt immers op het bijbehorende substantief. De *ee* in het lidwoord *een* wordt uitgesproken als de *e* in *de* [ə].

503 In grotere getallen hoort men na de honderdtallen soms het woordje *en*.
- 101 – honderd en één. *Honderdeen* komt vaker voor.
- 710 – zevenhonderd en tien. *Zevenhonderdtien* komt vaker voor.

504 Een getal van vier cijfers, waarvan het tweede cijfer een 0 is, spreekt men uit: ... duizend...:
- 1066 – duizendzesenzestig of eenduizendzesenzestig
- 2088 – tweeduizendachtentachtig

Wanneer het tweede cijfer geen 0 is, is de uitspraak als volgt:
- 4316 – drieënveertighonderdzestien of vierduizenddriehonderdzestien

505 Hele getallen worden in het algemeen in cijfers geschreven, behalve bij zeer lage getallen.
- Dit boek heeft 256 bladzijden.
- Deze lesmethode bestaat uit vier delen.

Wanneer men grotere getallen om de een of andere reden toch in letters moet schrijven (bij voorbeeld op een cheque) zijn daarvoor de volgende richtlijnen:
– Men schrijft de getallen in principe als één woord.
– Bij heel grote getallen kan men ter verduidelijking na duizendtallen een spatie invoegen.
• 238927 – tweehonderdachtendertigduizend negenhonderdzevenentwintig

506   Bij grote getallen schrijft men vaak voor de duizendtallen een punt (.)
• 1.000.000   • 238.927   • 16.000.000.000.

Vergelijk 507.

C   Het uitspreken en de schrijfwijze van breuken en decimalen
507   Breuken en decimalen worden bijna altijd in cijfers geschreven.
• $\frac{3}{8}$ • 4 $\frac{5}{19}$ • 4,5   • 6,708

Let op
Men schrijft tussen het gehele getal en de tiendelige breuk een komma.
Vergelijk 506.

508   Voor het gebruik van *een half* gelden de regels voor het attributief gebruik van het adjectief (zie 149, 151 en 513).

Er bestaan speciale woorden voor
• $\frac{1}{2}$ – een half   • 1 $\frac{1}{2}$ – anderhalf   • $\frac{1}{4}$ – een kwart
• 1 $\frac{1}{2}$ brood – anderhalf brood   • $\frac{1}{4}$ liter room – een kwart liter room

Een kwart gebruikt men in informele taal. In de wiskunde gebruikt men *een vierde.*
• 6 $\frac{3}{4}$ – zes drie vierde

Vanaf het getal 2 wordt *een half* voorafgegaan door *en*, bij voorbeeld:
• 2 $\frac{1}{2}$ – twee en een half

Vanaf het getal 1 wordt *een kwart* voorafgegaan door *en*, bij voorbeeld:
• 1 $\frac{1}{4}$ – één en een kwart   • 6 $\frac{1}{4}$ – zes en een kwart

Drie kwart wordt normaal gesproken niet voorafgegaan door *en*, bij voorbeeld:
• 6 $\frac{3}{4}$ – zes drie kwart

D   Het gebruik van de bepaalde hoofdtelwoorden
509   Bepaalde hoofdtelwoorden duiden een aantal precies aan.
• Dit boek heeft 256 bladzijden.
• Er liggen hier twee brieven. Beide brieven zijn voor jou.

1. Rekenen
• 10 + 8 = 18 (10 *plus* 8 *is* 18 of 10 *en* 8 *is* 18)
• 7,9 – 2,3 = 5,6 (7,9 *min* 2,3 *is* 5,6)

• 2 x 3 = 6 (2 *keer* 3 *is* 6 of 2 *maal* 3 *is* 6)
• 6 : 2 = 3 (6 *gedeeld door* 2 *is* 3)

2. Het aangeven van de tijd.
Het tijdstip op de dag.

Klok kijken

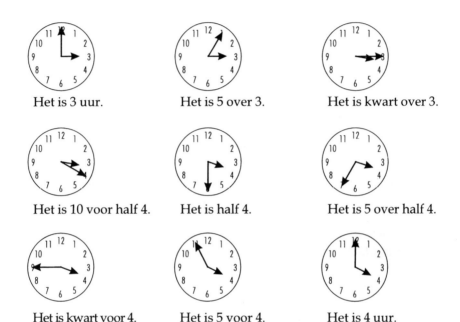

Het is 3 uur.   Het is 5 over 3.   Het is kwart over 3.

Het is 10 voor half 4.   Het is half 4.   Het is 5 over half 4.

Het is kwart voor 4.   Het is 5 voor 4.   Het is 4 uur.

De datum
De datum wordt aangeduid door een bepaald hoofdtelwoord, gevolgd door de naam van de maand en zo nodig gevolgd door het jaartal. Bij het uitspreken van het jaartal wordt het woord *honderd* meestal weggelaten.
• 5 mei 1945 – vijf mei negentienvijfenveertig.
In formeel spraakgebruik:
• negentienhonderdvijfenveertig.

3. Geld
Bedragen onder 100 gulden worden als volgt uitgesproken:
ƒ 37,80   • spreektaal   zevenendertigtachtig.
                • iets officiëler   zevenendertig gulden tachtig.
                • formeel   zevenendertig gulden en tachtig cent.

Bedragen boven 100 gulden worden als volgt uitgesproken:
ƒ 328,75   • informeel   driehonderdachtentwintig gulden
                                    vijfenzeventig.
                • formeel   driehonderdachtentwintig gulden
                                    en vijfenzeventig cent.

4. Maten
– Meters en centimeters worden als volgt uitgesproken:
    1,67 m   • spreektaal   eenzevenenzestig.
                     • iets officiëler   een meter zevenenzestig.
                     • formeel   een meter en zevenenzestig centimeter.

– Afstanden in kilometers. Hiervoor worden decimalen gebruikt:
    • 3,8 km – drie komma acht kilometer.

– Voor andere maten worden ook decimalen gebruikt:
    • 3,8 l   – drie komma acht liter.
    • 4,6 m^2 – vier komma zes vierkante meter.

5. Gewichten
– Gewichten worden in het algemeen uitgedrukt in *gram, kilo* en *ton*.
    • Dit pak weegt 30 kilo en 600 gram.
    • De huidige wereldproductie van suiker bedraagt ruim 100 miljoen ton per jaar.
In het spraakgebruik worden in winkels de termen *ons* (100 gram) en *pond* (500 gram) gebruikt. Officieel mogen winkels deze termen niet gebruiken.

6. Leeftijden
Bij het uitdrukken van leeftijd kan het woord *jaar* worden weggelaten.
Vergelijk
    • spreektaal   Hij is 20.
    • iets officiëler Hij is 20 jaar.
    • formeel   Hij is 20 jaar oud.

E   Uitgangen van hele getallen

510 Pluralis
Hele getallen kunnen een pluralisvorm hebben. De algemene regels voor het vormen van de pluralis zijn hier van toepassing (zie 101-107).
    • Miljoen is een getal met zes nullen.
    • Het kind heeft twee vijven en drie zevens op zijn rapport.
    • Je moet je tweeën en drieën duidelijker schrijven.

511 De pluralis van *honderd, duizend, tienduizend, honderdduizend, miljoen* en *miljard* duidt een hoeveelheid aan die meer is dan tenminste twee van het genoemde aantal.
    • Er waren honderden mensen. (Het aantal mensen lag tussen 200 en ongeveer 850. Zou het aantal groter zijn, dan zou men zeggen *een kleine duizend mensen*.)
    • Dit project kost miljoenen guldens (meer dan twee miljoen).

512 Verkleinwoorden
Hele getallen kunnen als verkleinwoorden worden gebruikt.
– Om een cijfertje uit te drukken.
    • Zet hier maar een nulletje.

– Voor bankbiljetten: *een tientje, een honderdje.*
- Kan iemand een honderdje wisselen?
- Ik heb een tientje nodig voor de automaat van het tankstation.

Opmerking
Een tientje kan ook als bedrag gebruikt worden.
- De reparatie kost een paar tientjes.

– In informeel taalgebruik bij zeer kleine aantallen personen in de constructie *met z'n* (zie ook 514).
- We waren met z'n tweetjes.
- Ze gingen met z'n drietjes naar de bioscoop.

513 Attributief gebruik
Eén en *half* kunnen attributief gebruikt worden. De algemene regels voor het attributieve gebruik van adjectieven zijn hier van toepassing (zie 149 en 151).
- Aan de ene kant van de bladzijde staan de vragen, aan de andere kant staan de antwoorden.
- Een halve liter room; anderhalve liter room (de room).
- Een half pakje boter; anderhalf pakje boter (het pakje).

Het woord *kwart* blijft onveranderd.
- Een kwart liter room.

514 Uitgang *-en* (geen pluralis!)
– Tijdsaanduiding vóór of na het hele uur.
- Na zessen mogen de kinderen niet meer buiten spelen.
- Ik ben even voor zevenen bij je.

Met z'n, (met ons ...) geeft een aantal mensen aan.
Bij aantallen boven honderd wordt deze constructie niet gebruikt.
- We gingen met z'n drieën (met ons drieën) wandelen.
- We zaten met z'n tienen (met ons tienen) in de kamer.
- Met z'n hoevelen waren jullie? Ik denk dat we wel met z'n dertigen waren.

Met z'n ... is meer gebruikelijk dan *met ons ...*

– Bij een verdeling.
- Wij delen de groep in tweeën.
- Zal ik de taart in zevenen of in achten snijden?

515 Uitgang *-er*
– Bij het niet nauwkeurig aangeven van de leeftijd.
- Ze is een tiener (ze is tussen ongeveer 12 en 20 jaar oud).
- Hij is een veertiger (hij is tussen 40 en 50 jaar oud).

– Bij decennia.
  • In de tachtiger jaren (1980-1990).
  • De twintiger jaren van de vorige eeuw (1820-1830).

II   Rangtelwoorden

516   Men kent **bepaalde** rangtelwoorden en **onbepaalde** rangtelwoorden.
Er zijn vier onbepaalde rangtelwoorden:
middelste, laatste, hoeveelste, zoveelste.
Bepaalde rangtelwoorden zijn bij voorbeeld:
  • *eerste, vierde, twintigste.*

A   Vormen van rangtelwoorden

517   Om bepaalde rangtelwoorden te vormen zet men *-de* of *-ste* achter een heel getal.
-de zet men achter de getallen tot en met 19.

        • twee   – tweede
        • vijf   – vijfde
        • zes   – zesde
        • zeven   – zevende
        • elf   – elfde
        • twaalf   – twaalfde
        • negentien   – negentiende

Uitzondering
        • *één*   – eerste
        • *drie*   – derde
        • *acht*   – achtste

-ste zet men achter hele getallen vanaf *twintig.*

                    20 – twintigste
                   100 – honderdste
                   141 – honderdeenenveertigste
                 1.000 – duizendste
             1.000.000 – miljoenste
         1.000.000.000 – miljardste

B   Het gebruik van rangtelwoorden

518   1. Een bepaalde volgorde.
           • Dit is het 12de hoofdstuk uit de grammatica.
           • U kunt nu kijken naar de 250ste aflevering van deze televisieserie.

       2. De noemer van breuken.
           • 1 ⅗ = één drie vijfde   • 2 ⅝ = twee vijf achtste

       3. Data
       In plaats van *vijf mei* zegt men ook wel *de vijfde mei.*

Een maand kan in gesproken Nederlands eveneens met een rangtelwoord worden aangeduid.

  • De negende van de zevende 1983: 9 juli 1983.

Een veel voorkomende manier in de spreektaal om de datum aan te geven is een rangtelwoord te gebruiken en de naam van de maand weg te laten, wanneer bekend is welke maand men bedoelt.

  • De hoeveelste is het vandaag? Het is de veertiende.

  • Ik ga de zeventiende weg en ik kom de dertigste weer terug.

4. Leeftijd

  • Op zijn dertigste is hij getrouwd.

Ook officiëler:

  • Op dertigjarige leeftijd.

5. Een opsomming na het woord *ten: ten eerste, ten vierde.*

  • Ten eerste: zorg dat alle deuren goed gesloten zijn.

  • Ten tweede: laat nooit een sleutel in het slot van de deur zitten.

6. Namen van vorsten.

Om onderscheid te maken tussen vorsten met dezelfde voornaam, die na elkaar over hetzelfde land geregeerd hebben.

  • Koningin Elisabeth II – Koningin Elisabeth de Tweede

13

— Onbepaalde woorden - indefinita

519 Onbepaalde telwoorden en onbepaalde pronomina worden hier als één groep **onbepaalde woorden** behandeld, omdat ze wat betreft betekenis, gebruik en vormen op elkaar lijken.

520 **Onbepaalde telwoorden** worden gebruikt om een niet precies aantal of een hoeveelheid aan te duiden. Tot deze categorie behoren: *veel, weinig, genoeg, wat, menig, enkel, enig, sommige, verscheidene, verschillende, een paar, luttele, ettelijke.*

521 **Onbepaalde pronomina** duiden een persoon of een zaak aan, zonder nadere bijzonderheden daarvan te geven. Tot deze categorie behoren: *men, iemand/één, niemand/geen, iets, niets, wat, het, elk, ieder, alle, zeker, deze en gene, deze of gene, ander, een en ander, een of ander, iedereen, menigeen, wie dan ook, wie ook maar.*

I   Vormen van onbepaalde woorden

A   Zonder verandering van vorm

522 De volgende woorden veranderen niet van vorm: *genoeg, een paar, men, iemand, niemand, geen, niets, iets, wat, het, deze en gene, deze of gene, een en ander, iedereen, menigeen, wie dan ook, wie ook maar.*

• genoeg	Ik heb genoeg tijd.
	Er zijn genoeg mensen.
• een paar	Ik neem een paar boeken mee
	(niet te verwarren met *een paar schoenen*).
	Hij heeft een paar kinderen.
• men	Men kan daar boeken kopen.
• iemand	Iemand moet het doen.
• niemand	Niemand kan het doen.
• geen (schrijftaal)	Geen wist te vertellen hoe het ongeluk gebeurd was.
• iets	Hij weet wel iets van die zaak.
• niets	Dat kost niets. (in spreektaal vaak: niks)
• wat	Heb je wat geld voor me?
• het	Het regent.
• deze en gene	Deze en gene kwam voorbij wandelen.
• deze of gene	Ik zal het deze of gene weleens vragen.
• een en ander	Van die zaak zal ik je eens een en ander vertellen.
• iedereen	Iedereen wil graag in een goed huis wonen.
• menigeen	Menigeen zal het niet geloven.
• wie dan ook	Je kunt het aan wie dan ook vragen: je krijgt overal hetzelfde antwoord.
• wie ook maar	Wie ook maar wil, kan met ons meedoen.

B   Soms verandering van vorm

523 De woorden *veel* en *weinig* blijven meestal onveranderd.

Veel en *weinig* kunnen gebruikt worden in combinatie met een substantief in de singularis of in de pluralis.

- Ik heb veel tijd.
- Ik heb weinig geld.

- Er zijn veel mensen.
- Hij heeft weinig boeken.

Veel en *weinig* krijgen de uitgang *-e*.

1. Na *de* of *het*, een demonstratief pronomen of een possessief pronomen.
    - De vele drukfouten in het boek zijn verbeterd.
    - Dit vele werk blijft liggen.
    - Mijn weinige vrije tijd gebruik ik goed.
    - Onze weinige ogenblikken samen zijn kostbaar.

2. In officiële of literaire stijl wordt soms een *-e* toegevoegd.
    - Vele jaren geleden ...
    - Slechts weinige mensen kunnen begrijpen dat ...

524 De volgende woorden krijgen in bepaalde gevallen de uitgang *-e*: *enig, menig, enkel, ander, een of ander, ieder, elk, zeker*.

Vergelijk hier de regels voor het attributief gebruik van het adjectief na woorden als *een, geen* (zie 149).

Vergelijk

	de **de** kamer	**het** **het** huis
• menig	– menige kamer	– menig huis
• enig	– enige opmerkingen	– enig idee
• enkel	– een enkele keer	– een enkel keertje
• ander	– een andere keer	– een ander keertje
• een of andere	– een of andere student	– een of ander meisje
• ieder	– iedere les	– ieder boek
• elk	– elke les	– elk boek
• zeker	– een zekere dag	– een zeker moment

525 *Opmerking*

Een ander betekent *iemand anders, een andere persoon*.
- Vraag het maar aan een ander (aan iemand anders).

C   Altijd uitgang *-e*

526 De volgende woorden krijgen altijd de uitgang *-e* (soms bij zelfstandig gebruik voor de pluralis *-en*): *sommige, verscheidene, verschillende, ettelijke, luttele*.

Deze woorden krijgen de uitgang *-e*, omdat ze altijd gevolgd worden door een substantief in de pluralis.

- sommige
- verscheidene
- verschillende

– Sommige mensen houden niet van boter.
– Ik heb hem verscheidene keren opgebeld.
– Ik had verschillende fouten in mijn werk.

- ettelijke   – Ze heeft het hem ettelijke keren gezegd.
- luttele   – In luttele ogenblikken was de brand geblust.

II   Enige bijzonderheden over gebruik en betekenis van onbepaalde woorden

A   De woorden: *men, het, één, geen, wat, een ieder*

527   *Men* (zie 393 personale pronomina).
- Men leest slecht.

528   *Het* (zie 377 personale pronomina).
- Het regent.

529   *Eén* kan worden gebruikt in de betekenis van *iemand*.
- Eén moet het doen.
- Iemand moet het doen.

530   *Geen* kan in de schrijftaal worden gebruikt in de betekenis van *niemand*.
- Geen wist te vertellen hoe het ongeluk gebeurd was.
- Niemand wist ervan.

531   *Wat* (onbepaald telwoord) wordt gebruikt in de betekenis van *een beetje*.
- Mag ik wat melk?
- Heb je wat geld voor me?
- Kun je wat harder spreken?

532   *Wat* (onbepaald pronomen) wordt in de spreektaal heel vaak gebruikt in de betekenis van *iets*. *Wat* kan in deze betekenis niet aan het begin van een zin staan.
- Zei je wat?
- Heb je wat moois gekocht?

533   *Een ieder* kan in de schrijftaal gebruikt worden in de betekenis van *iedereen*.
Vergelijk
- Een ieder dient voorzichtig te zijn.
- Iedereen moet voorzichtig zijn.

B   Het aanduiden van totaliteit

534   Voor het aanduiden van totaliteit kunnen de volgende woorden worden gebruikt:
heel / hele, geheel, al, alle, alles, allemaal, iedereen, helemaal.

535   *Heel /hele* volgt de regels van het adjectief.
Vergelijk
- Ik ben de hele vakantie in het buitenland geweest.
- Ik heb het hele jaar een cursus gevolgd.
- Ik heb een hele fles (de fles) melk opgedronken.

- Ik heb een heel uur (het uur) gewacht.
- Jan werkt hier hele dagen en Piet halve dagen.
- In heel Nederland sneeuwt het vandaag.

In de schrijftaal kan hier *geheel / gehele* gebruikt worden in plaats van *heel / hele*.
- Hij heeft de gehele vakantie in het buitenland doorgebracht.
- Dit rijexamen neemt een geheel uur in beslag.

Heel kan ook gebruikt worden in de betekenis van *niet gebroken, niet kapot*.
- De glazen zijn gevallen, maar de meeste zijn heel gebleven.
- De hele glazen en de gebroken glazen.
- Er staat geen enkel heel glas meer in de kast, ze zijn allemaal een beetje beschadigd .

Heel kan gebruikt worden om aan een substantief meer versterking te geven.
- Hij eet hele borden vol aardappels.
- Ik ben een hele tijd in het buitenland geweest.

Heel wordt vaak gebruikt als adverbium ter versterking van een adjectief of een ander adverbium in de betekenis van *zeer, erg*.
- Een heel warme dag.
- Hij schrijft heel mooi.
- Deze taart is heel lekker.

In de spreektaal gebruikt men bijna altijd de verbogen vorm *hele* wanneer een adjectief met de uitgang *-e* volgt.
- Een hele warme dag.
- Zij heeft een hele mooie uitspraak en een heel mooi handschrift.
- Dat is hele lekkere taart!

536 *Al* staat vóór het bepaalde lidwoord, een demonstratief pronomen of een possessief pronomen.
- Al het brood is op.
- Al de melk is op.
- Zijn al die boeken van jou?
- Hij heeft al zijn geld uitgegeven.
- Al dat gepraat is nutteloos.

537 *Alle* staat altijd direct vóór een substantief in de pluralis, of direct voor een *de*-woord in de singularis.
- Ik heb alle oefeningen gemaakt.
- Alle melk is op (de melk).

538 *Alles* wordt alleen zelfstandig gebruikt in de betekenis *alle zaken*. *Alles* staat dus nooit voor een substantief!
- Ik heb alles gedaan wat ik moest doen.
- Doe alles maar in de tas.

Alles kan voorafgegaan worden door *dit* en *dat* (demonstratief pronomen).
> • Ik zal dit alles nooit vergeten.

539 *Allen* wordt alleen zelfstandig gebruikt in de betekenis *alle mensen. Allen* staat dus nooit voor een substantief!
> • Wij willen geen van allen graag ziek worden.
> • Zij gaan met z'n allen naar het feest.
> • Allen die zich voor de cursus hebben aangemeld, zijn toegelaten.(schrijftaal)

540 *Allemaal* wordt alleen gebruikt in de spreektaal, altijd in combinatie met een personaal pronomen, een demonstratief pronomen of een substantief.
> • Wij gaan allemaal naar de bioscoop.
> • Ik heb jullie allemaal uitgenodigd.
> • Heb je dit allemaal gedaan?
> • Ik heb de boeken allemaal gelezen.
> • De studenten zitten allemaal bij elkaar.

541 *Helemaal* is een adverbium.
> • Mijn jas is helemaal vuil.
> • Hij heeft helemaal geen geld.
> • Hij is helemaal alleen.
> • Zij komt helemaal uit Maastricht.
> • Dat vindt mijn moeder helemaal niet leuk!

542 *Iedereen* betekent: *ieder mens.*
Let op
Als *iedereen* het subject van de zin is, staat het werkwoord in de singularis.
> • Iedereen mag iets zeggen.
> • Iedereen heeft het koud.
> • Er is voor iedereen een stuk taart.

C   De woorden *iets, niets* en *alles* in combinatie met een prepositie
543 Wanneer *iets, niets* en *alles* wordt gebruikt om een niet duidelijk omschreven begrip aan te duiden, krijgt men in combinatie met een prepositie de volgende veranderingen:
prepositie + *iets* → *ergens* + prepositie
prepositie + *niets* → *nergens* + prepositie
prepositie + *alles* → overal + prepositie
Ergens, nergens en *overal* worden met de prepositie nooit aan elkaar (in één woord) geschreven.
> • Ze praten ergens over (over iets), maar ik weet niet waarover.
> • Niemand heeft me verteld van het feest. Ik weet nergens van (van niets).
> • De telefonistes krijgen overal vragen over (over alles).

544 *Met* verandert in zo'n geval in *mee, tot* verandert in *toe.*
> • Ik heb het zo druk, ik kom nergens toe (tot niets).
> • Hij bemoeit zich overal mee (met alles).

545   *Iets, niets* en *alles* staan wel na een prepositie, bij voorbeeld wanneer ze gevolgd worden door een relatieve bijzin.
- Hij praat over iets dat mij erg interesseert.
- Kun je me wat geld lenen? Ik ben met niets van huis gegaan.
- Hij helpt me met alles wat ik moet doen.

D   Zelfstandig gebruik van de pluralis

546   Dit onderwerp wordt hier behandeld, omdat de pluralisvorm op *-n* vooral bij onbepaalde telwoorden voorkomt.

Bij adjectieven, bij veel onbepaalde hoofdtelwoorden, en bij het woord *ander* wordt een substantief vaak weggelaten wanneer duidelijk is wat er bedoeld wordt (zie 169-172).

Bij weglating van een substantief in de pluralis dat **personen** uitdrukt, eindigt de pluralis van bovengenoemde woorden op *-n*. Bij weglating van een substantief in de pluralis dat **zaken** uitdrukt, eindigt de pluralis van bovengenoemde woorden op *-e*.
Vergelijk
- Hier zijn twee brieven. Beid*e* zijn sollicitatiebrieven.
- De ene brief is van een man, de andere brief is van een vrouw. Beid*en* zijn werkloos.

- **Mensen** geven hun mening: Sommig*en* zeggen dat de economische toestand zal verbeteren, ander*en* zeggen dat de toestand slechter zal worden.
- **Kranten** geven hun mening: Sommig*e* zeggen dat de economische toestand zal verbeteren, ander*e* zeggen dat de toestand slechter zal worden.

- Wij moeten voor het examen 100 boeken lezen. De meeste heb ik al gelezen.
- Er waren voor het examen 100 kandidaten. De meesten zijn voor het examen geslaagd.

- Er zijn veel mensen ziek. De zieken herstellen langzaam.
- Voor jongeren is het gemakkelijker te studeren dan voor ouderen.
- Voor werkzoekenden is het een moeilijke tijd.
- Ik ken velen die geen werk hebben.
- Bij het plan van de gemeente zijn veel mensen betrokken. Alle betrokkenen moeten een brief krijgen.

547   Wanneer woorden zoals hierboven bedoeld, niet zelfstandig gebruikt worden, dus wel gevolgd worden door een substantief in de pluralis, krijgen ze volgens de regels voor het attributief gebruik van het adjectief de uitgang *-e* (zie 149).
- Sommige mensen zeggen dat de economische toestand zal verbeteren.
- De meeste kandidaten zijn voor het examen geslaagd.
- Voor jongere mensen is het gemakkelijker te studeren dan voor oudere (mensen).

548   De pluralis van *degene* en *diegene* eindigt altijd op *-n*, omdat die woorden altijd betrekking hebben op personen, en altijd zelfstandig gebruikt worden (zie 430).
- Willen degenen met een kaartje naar binnen gaan?
- Willen diegenen zonder kaartje even wachten?

14

Het adverbium - bijwoord

549 Een adverbium is een woord dat iets zegt over een werkwoord, een adjectief of een ander adverbium.

550 **Adverbia blijven altijd onveranderd!**

551 Alleen in de spreektaal krijgen *heel* en *erg* vaak een *-e*. Zo hoort men vaak:
- een hele warme dag
- een erge warme dag

maar men schrijft:
- een heel warme dag
- een erg warme dag

Het Nederlands kent erg veel adverbia. Om duidelijk te maken wat de functie en de betekenis van adverbia is, worden de volgende voorbeelden gegeven.

552 Adverbia van plaats: *hier, daar, linksaf, rechtsaf, ergens, naartoe, vandaan, heen.*
- Ik ben hier.
- U moet daar naartoe.
- U moet rechtsaf.

553 Adverbia van tijd: *gisteren, vandaag, dan, soms, dikwijls, daarna.*
- Ik was gisteren niet thuis.
- Soms eet ik in een restaurant.
- Daarna ga ik naar de bioscoop.

554 Vragende adverbia: *waar, wanneer.*
- Waar woon je?
- Wanneer kom je?

555 Verbindende adverbia: *daarom, daardoor, toen.*
- Ik moet werken, daarom ga ik niet mee.
- De trein had vertraging, daardoor kwam ik te laat.

556 Veel adverbia zijn zo verschillend in betekenis, dat ze niet tot één categorie behoren: *ook, eens, niet, echter, eigenlijk, inderdaad, al, bijna, graag, heel, erg, zeer, te.*
- Ik ben heel erg moe.
- Hij is zeer vermoeid.
- Eigenlijk moet ik mijn werk wel eerst afmaken.
- De koffer is te zwaar, ik kan hem niet dragen.

557 Er zijn woorden die als adverbium gebruikt worden, maar die in dezelfde betekenis ook als andere woordsoort voorkomen.

1. Adjectieven.
    - Hij schrijft duidelijk.
    - Jij moet duidelijker schrijven.
    - Lenie en Jan zijn vroeg van huis gegaan.

2. Sommige preposities, zoals: *achter, beneden, boven, binnen, buiten, onder, voor* (preposities van plaats zie 730).

• als adverbium	Ik ga naar boven.
• als prepositie	Ik woon boven de winkel.
• als adverbium	Vóór schijnt de zon.
• als prepositie	Voor het huis staat een auto.

3. Drie conjuncties: *nu, toen, zolang.*

• als adverbium	Nu heb ik vakantie.
• als conjunctie	Nu ik vakantie heb, kan ik veel lezen.
• als adverbium	Het jaar 1970 herinner ik me goed. Toen woonde ik in Utrecht.
• als conjunctie	Toen ik in Utrecht woonde, werkte ik bij de ...
• als adverbium	Je mag zolang wel op mijn kamer zitten.
• als conjunctie	Je mag op mijn kamer zitten zolang jouw kamer nog niet schoongemaakt is.

558   Een veel voorkomend adverbium is *er*. Zie hiervoor hoofdstuk 15.

559   Een veel voorkomend adverbium is *te* vóór een infinitief. Zie hiervoor 209-220.

560   Een veel voorkomend adverbium is *niet*. Zie hiervoor hoofdstuk 18.

15

Het adverbium *er*

561 Het adverbium *er* wordt apart behandeld, omdat het in vijf verschillende functies voorkomt.
Er krijgt in een zin nooit nadruk.

Overzicht van *er*

I	Voorlopig subject	Er loopt een kat in de tuin.
		Er is iemand aan de deur.
II	Aanduiding van plaats	De bus staat er al.
		Ken je Amsterdam?
		Ik heb er gewoond.
III	Gecombineerd met een prepositie	Ik heb er weleens van gehoord.
		Zoek je je zakdoek?
		Je zit erop.
IV	Gecombineerd met telwoord	Ik heb er vier.
		Ik zie er veel.
V	Subject van passieve zin	Er wordt gebeld.

I   *Er* als voorlopig subject

562 Dit *er* wordt gebruikt wanneer het echte subject in de zin onbepaald is. Dit echte subject staat dan verderop in de zin, behalve bij vraagzinnen met een vraagwoord.

A   Het gebruik van *er* als voorlopig subject
Het onbepaalde subject kan zijn:
1. een substantief in generaliserende betekenis gebruikt. Bij voorbeeld:
– een substantief zonder lidwoord
  • Er zitten mensen op de bank.
  • Er ligt brood in de kast.

– een substantief voorafgegaan door *een* of *geen*
  • Er loopt een kat in de tuin.
  • Er zit geen suiker in de koffie.

– een substantief voorafgegaan door een telwoord
  • Er staan drie bomen in de tuin.
  • Er worden veel bezoekers verwacht.

– een substantief voorafgegaan door *welke*
  • Welke bomen staan er in de tuin?

- een substantief voorafgegaan door *wat voor (een)*
  - Wat voor een auto staat er voor de deur?

Een substantief in generaliserende betekenis kan voorafgegaan worden door een adjectief, eventueel versterkt door een adverbium.
  - Er staan drie heel hoge bomen in de tuin.
2. een onbepaald telwoord of een zelfstandig gebruikt adjectief (zie 169 en 520).
  - Er is veel gebeurd.
  - Hoe laat begint het spreekuur? Er zitten al verschillende mensen te wachten.
  - Zoekt u een stoel? Er staat een mooie in de etalage.

3. de woorden *iemand, niemand, iets, wat, niets, het een en ander.*
  - Er heeft iemand een brief voor je gebracht.
  - Er woont niemand in deze kamer.
  - Er zit iets/wat aan je schoen.
  - Er ligt niets op tafel.
  - Er moet het een en ander gebeuren.

4. de vragende pronomina *wie* en *wat.*
  - Wie stond er naast je?
  - Wie gaan er mee?
  - Wat ligt er op tafel?
  - Weet je wat er op de tafel ligt?
  - Ik weet niet wie er geslaagd zijn.

563   *Er* als voorlopig subject komt erg veel voor in combinatie met het werkwoord *zijn*.
  - Er is iemand aan de deur.
  - Er zijn veel kinderen aan het zwemmen.
  - Er waren veel mensen in de bioscoop.
  - Er zal niet genoeg brood zijn.

564   In hoofdzinnen die met *er* beginnen, staat de persoonsvorm altijd direct na *er*.
In geval van inversie staat *er* direct na de persoonsvorm.
  - Er zaten veel mensen op de bank.
  - Zaten er mensen op de bank?
  - Gisteren zaten er geen mensen op de bank.
  - Er worden iedere week veel ruiten ingegooid.
  - Iedere week worden er veel ruiten ingegooid.

565   In bijzinnen staat *er* zo ver mogelijk vooraan.
  - Weet je of er veel mensen op de bank zaten?
  - Weet je wie er gisteren op de bank zaten?
  - Weet je dat er veel ruiten ingegooid worden?

B   Het weglaten van *er* als voorlopig subject

566   1. *Er* als voorlopig subject wordt altijd weggelaten in algemene beweringen.

Vergelijk
  • Een vis zwemt in het water (dat is een karakteristieke eigenschap van
    vissen).
  • Kijk, er zwemt een vis in het water (ik zie een vis in het water zwemmen).

2. Bij het gebruik van *iemand* en *niemand* in gespecificeerde betekenis
  • Iemand moet het doen.
  • Niemand mag het weten.

567   ***Er* kan nooit gebruikt worden als het subject gespecificeerd is!**
  • Mijnheer Jansen heeft een brief voor je gebracht.
  • Er heeft een mijnheer een brief voor je gebracht.

568   3. Het is nooit fout *er* te gebruiken in zinnen met een onbepaald subject (behalve
in het geval van 566), maar vooral in geschreven taal laat men *er* als voorlopig
subject soms weg omdat de stijl dan mooier is. Dit weglaten van *er* komt vooral
vaak voor in zinnen die met een plaatsaanduiding beginnen.
  • Geschreven taal   – In Nederland wonen veel mensen.
  • Gesproken taal   – In Nederland wonen er veel mensen.

De zin kan ook met het echte subject beginnen.
  • Geschreven taal   – Een vriend van mijn zoon komt vandaag eten.
  • Gesproken taal   – Er komt vandaag een vriend van mijn zoon eten.

II   *Er* als aanduiding van plaats

569   *Er* duidt een bekend veronderstelde plaats aan.
  • Ken je Amsterdam? Ja, ik heb er gewoond (er = in Amsterdam).
  • Moet je nog naar het postkantoor? Nee, ik ben er net geweest (er = op het
    postkantoor).
  • Ik heb tien jaar op dit kantoor gewerkt. Ik heb er veel vrienden gemaakt
    (er = op dit kantoor).
  • De bus staat er al (er = bij de halte waar ik moet instappen).
  • Piet is er nog niet (er = op de plaats waar Piet verwacht wordt).

570   *Er* krijgt nooit nadruk. Wanneer de aanduiding van de bekend veronderstelde
plaats wel nadruk krijgt, wordt *hier* of *daar* gebruikt.
  • Piet is niet hier, maar hij is misschien wel in een andere klas.
  • Ben je weleens in Amsterdam geweest? Nee, daar ben ik nog nooit geweest,
    wel in Rotterdam.

Omdat *er* nooit nadruk heeft, begint een zin nooit met *er* als plaatsbepaling.

III *Er* gecombineerd met een prepositie

571   Wanneer de personale pronomina *hem, het* en *ze* naar zaken verwijzen, kunnen ze
niet met een prepositie gecombineerd worden. Ze moeten in dat geval vervangen
worden door *er*.

si riferiscono a cose/oggetti

Vergelijk

- Heb je de trompet gehoord?
  de trompet / hem
  Ja, ik heb *hem* gehoord.

- Heb je het geluid gehoord?
  het geluid / het
  Ja, ik heb *het* gehoord.

- Heb je de geluiden gehoord?
  de geluiden / ze
  Ja, ik heb *ze* gehoord.

- Heb je de trompetten gehoord?
  de trompetten / ze
  Ja, ik heb *ze* gehoord.

- Heb je van de ramp gehoord?
  van de ramp / van hem → ervan
  Ja, ik heb *ervan* gehoord.

- Heb je van het ongeluk gehoord?
  van het ongeluk / van het → ervan
  Ja, ik heb *ervan* gehoord.

- Heb je van de ongelukken gehoord?
  van de ongelukken / van ze → ervan
  Ja, ik heb *ervan* gehoord.

572   *Er* en de desbetreffende prepositie vormen samen één woord, wanneer de
prepositie direct achter *er* staat. Dit is het geval in heel korte zinnen.
- Ik heb ervan gehoord.
- Hij vertelt erover.

573   In langere zinnen worden *er* en de prepositie vooral in de spreektaal, maar ook in
de schrijftaal bijna altijd uit elkaar gehaald. In dat geval staat de prepositie zo ver
mogelijk achteraan in de zin. In een hoofdzin met alleen een persoonsvorm staat de
prepositie op de laatste plaats.
- Weet je al van het ongeluk? Nee, ik weet *er* helemaal niets *van*.

Andere werkwoordsvormen staan achter de prepositie.
- Heb je van het ongeluk gehoord? Ja, ik heb *er* gisteren al iets *van* gehoord.
- Ken je dit boek? Je kunt *er* veel nuttige dingen *uit* leren.
- De reis was interessant. Hij kan *er* de hele avond *over* vertellen.

In een bijzin staan alle werkwoordsvormen na de prepositie.
- De reis was interessant. Hij zegt dat hij er de hele avond over kan praten.
Zie verder 799 en 800.

574   De prepositie *met* verandert in combinatie met *er* in *mee*.
De prepositie *tot* verandert in combinatie met *er* in *toe*.
- Hier staan kapotte schoenen. Wat wil je ermee doen?
- Ik zal er morgen mee naar de schoenmaker gaan.
- Ik moet mijn fiets schoonmaken, maar ik kom er steeds niet toe.

575   In een zin als 'Je kunt er veel nuttige dingen uit leren' (zie 573) betekent *er* 'het boek' ('Ken je het boek?')
Bij werkwoorden met een vaste prepositie (zie 734) moet *er* + die vaste prepositie gebruikt worden als het begrip dat door *er* vervangen wordt, verderop in de zin staat, in een bijzin of in een infinitiefconstructie.
- Denk erom je boeken mee te nemen (er = het meenemen van de boeken).
- Ben je het ermee eens dat Jan voor het feest wordt uitgenodigd? (er = het uitnodigen van Jan).
- Hij heeft er vaak aan getwijfeld of zijn beslissing goed was (er = het goed zijn van zijn beslissing).
- Ik ben er zeker van dat Jan morgen komt (er = het komen van Jan morgen).

576   *Er* gecombineerd met een prepositie krijgt nooit nadruk, een zin begint daarom nooit met dit *er*. *Hier* en *daar* kunnen wel nadruk krijgen.
Vergelijk
- Ik heb een pen. Ik kan er goed mee schrijven.
- Kijk, deze pen. Hier kan ik goed mee schrijven!
- Neem die pen dan! Daar kun je nog beter mee schrijven!

577   *Er* kan ook gecombineerd worden met adverbia als *af, heen, naartoe, vandaan*.
- Hier staat een schaal met koekjes. Neem er maar een koekje af.
- Ga je naar het station? Nee, ik kom er net vandaan, maar Jan gaat ernaartoe/erheen.

578   *Er* kan niet gebruikt worden in combinatie met de volgende preposities:

• behalve	• gedurende	• jegens	• tijdens
• sinds	• sedert	• vanwege	• volgens
• wegens	• zonder		

In zulke gevallen wordt het bekend veronderstelde begrip herhaald.
- Het is vandaag slecht weer. De voetbalwedstrijd gaat wegens het slechte weer niet door.

579 *Er* in combinatie met een prepositie wordt niet gebruikt, wanneer het personen betreft. Dan wordt de prepositie gevolgd door *hem, haar, hen* of *ze*.
Vergelijk
- Mijn kat is ziek. Ik moet ermee naar de dokter.
- Mijn zoontje is ziek. Ik moet met hem naar de dokter.
- Annie is jarig. Ik ga bij haar op bezoek.
- Ik ken Jan en Annie niet, maar ik heb veel over hen gehoord.

In de spreektaal gebruikt men in combinatie met personen wel vaak *er*.

Een participium staat in principe achteraan in een hoofdzin, dus ook na de prepositie die in combinatie met *er* gebruikt wordt.
- Ik heb er weleens van gehoord.
- Ik luister er niet naar, ik heb er nooit naar geluisterd.

IV   *Er* gecombineerd met een telwoord [NE]

580 *Er* wordt gebruikt in plaats van een substantief, wanneer met een telwoord een hoeveelheid wordt aangeduid, en duidelijk is wat er met het substantief bedoeld wordt. *Er* staat in dat geval vóór het telwoord.
- Hoeveel kinderen heeft u? Ik heb er vier (er vier = vier kinderen).
- Hebben jullie veel boeken? Ja, wij hebben er veel (er veel = veel boeken).
- Jan heeft een fiets en ik heb er ook één (er één = een fiets).
- Heb je een auto? Nee, ik heb er geen (er geen = geen auto).

Opmerking
Er gecombineerd met een telwoord wordt alleen in een complete zin gebruikt. Wanneer het telwoord alleen gebruikt wordt, wordt *er* weggelaten.
Vergelijk
- Hoeveel woordenboeken heb je? Zes. Ik heb er zes.

581 *Uitzondering*
Er kan niet gecombineerd worden met een breuk (een gebroken getal) of met de woorden *de helft* of *een kwart*.
- Wil je een appel? Ik wil alleen de helft. Ik wil er wel twee!

V   *Er* als subject van een passieve zin

582 *Er* als subject van een passieve zin wordt gebruikt wanneer de zin geen echt subject heeft.
- Er wordt gebeld.
- Er is geschoten.
- Er werd tot laat in de nacht gedanst.
- Er mag hier niet gerookt worden.

particolarità

Enige bijzonderheden over *er*

583   Wanneer *er I (er* als voorlopig subject) aan het begin van een zin staat, kan het
samen met *er IV (er* + telwoord) in één hoofdzin of één bijzin voorkomen.

> • Zijn er nog koekjes? Ja, er zijn er nog zes.

Wanneer *er I* niet aan het begin van een zin staat, vallen *er I* en *er IV* samen.

> • Zijn er nog koekjes? Ja, er zijn er nog zes. Gisteren waren er nog tien (er
> waren er gisteren nog tien).

584   *Er III (er* + prepositie) komt niet met een ander *er* in één hoofdzin of één bijzin voor. *Er III*
valt in zo'n geval weg.

> • Ik heb een tuin; er staan hoge bomen in.
> • Hoeveel koekjes heb je op de schaal gelegd? Ik heb er 10 op gelegd.
> • Wordt er over dat probleem gepraat? Ja, er wordt veel over gepraat.

585   Wanneer *er II* (aanduiding van plaats) en *er IV (er* + telwoord) samen in één hoofdzin of één
bijzin voorkomen, vallen ze samen.

> • Hoeveel boeken heb je in Amsterdam gekocht? Ik heb er vier gekocht.

586   Wanneer *er II* (aanduiding van plaats) in één hoofdzin of in één bijzin samen met *er I (er* als
voorlopig subject) of *er V (er* als subject in passieve zin) voorkomt, zet men *daar* in plaats
van *er II*.

mai

> • Ben je weleens in Utrecht geweest? Er is daar een hoge kerktoren.
> • In dit dorp is brand geweest. Er wordt daar over niets anders gepraat.

Omdat *daar* en *er* in de spreektaal beide als *d'r* worden uitgesproken, is het ook voor
Nederlanders heel moeilijk te weten welk van beide bedoeld wordt.

16

Verbindingswoorden - conjuncties en sommige adverbia

587 Conjuncties (voegwoorden) en sommige adverbia (bijwoorden), zoals bij voorbeeld *daarom, daardoor, dan, toen (= op dat moment)* worden hier als één groep 'verbindingswoorden' behandeld, omdat ze wat betreft de betekenis en de functie dicht bij elkaar liggen.
Soms hebben zinnen een nauwe relatie tot elkaar. Bij voorbeeld:
- De trein had vertraging.
- Ik kwam te laat.

Met conjuncties en verbindende adverbia kan deze relatie duidelijker worden gemaakt.
Conjuncties leggen een relatie binnen één zin.
- Ik kwam te laat want de trein had vertraging.
- Ik kwam te laat doordat de trein vertraging had.
- Doordat de trein vertraging had, kwam ik te laat.

Verbindende adverbia leggen een relatie tussen twee zinnen, terwijl deze zinnen meestal als aparte zinnen blijven bestaan. Soms worden deze zinnen door een puntkomma (;) of door een komma (,) toch tot één zin verbonden. De zinnen die door verbindende adverbia worden verbonden, blijven echter hoofdzinnen (zie 669).
- De trein had vertraging. Daardoor kwam ik te laat.
- De trein had vertraging; daardoor kwam ik te laat.

I   Conjuncties

588 Er zijn:
nevenschikkende (coördinerende) conjuncties;
onderschikkende (subordinerende) conjuncties;
conjuncties die gevolgd worden door te + infinitief.

Nevenschikkende conjuncties verbinden twee gelijke gedeelten van een zin, dus bij voorbeeld twee woorden, of twee hoofdzinnen of twee bijzinnen.

Onderschikkende conjuncties verbinden twee ongelijke gedeelten van een zin, dat wil zeggen een hoofdzin met een bijzin.
Dat wil zeggen: onderschikkende conjuncties worden altijd gevolgd door een bijzin.

A   Nevenschikkende conjuncties

589

• en	• of	• hetzij ... hetzij	• dus
• alsmede	• ofwel	• maar	
• zowel ... als	• oftewel	• doch	
• noch ... noch	• dan wel	• want	

590   **Er komt geen inversie meteen na deze conjuncties!**

591   *en*

• Marie en Jan gaan samen eten.
• Marie dekt de tafel en Jan kookt het eten.

592   *Alsmede* betekent *en*, en is zeer officieel.
Alsmede verbindt alleen woorden, geen zinnen.

• U dient deze oproep alsmede uw paspoort te tonen.

593   *Zowel ... als* betekent *en ... en ook ...*
Zowel ... als verbindt alleen woorden, geen zinnen.

• Zowel Jan als Piet komt op het feest.

594   *Noch* ontkent twee gelijkwaardige personen of zaken in één zin. Vaak wordt het woord *noch* herhaald, maar dat is niet nodig (zie ook 756).

• Ik ben noch in Spanje noch in Italië geweest.
• Ik ben in Spanje noch in Italië geweest.

595   *of*

• Wil je thee of koffie?
• Zullen we naar het strand gaan of zullen we naar een museum gaan?

596   *Ofwel* betekent *of*. *Ofwel* wordt bijna alleen in de schrijftaal gebruikt.

• U kunt contant betalen, ofwel u dient het bedrag binnen een week op onze rekening over te maken.

597   *Oftewel* betekent *of met andere woorden, anders gezegd*.

• Het is vandaag 1 september; u moet binnen een maand betalen, oftewel u moet betalen voor 1 oktober.

598   *Dan wel* betekent *of* en wordt in de schrijftaal gebruikt, meestal in een afhankelijke vraag.

• Hij vraagt of het examen mondeling dan wel schriftelijk is.

599   *Hetzij ... hetzij* wordt gebruikt in plaats van *of ... of* (zie 607) en is tamelijk officieel.

• U komt binnenkort in aanmerking voor woonruimte, hetzij voor een flat, hetzij voor een heel huis.

600   *maar*

• Ik kan wel bij je komen, maar ik kan niet lang blijven.

601 *Doch* betekent *maar*, en wordt alleen in de schrijftaal gebruikt.
- De gemeente is voornemens deze oude huizen te laten afbreken, doch dit stuit op weerstand bij de bevolking.

602 *want*
- Ik heb geen geld, want ik heb net een huis gekocht.
Zie 652 voor het verschil tussen *want* en *omdat*.

603 *dus*
- De televisie is kapot, dus wij kunnen vanavond niet naar die film kijken.
Zie verder voor *dus* 657.

604 Nevenschikkende conjuncties verbinden gelijke gedeelten van een zin, ze verbinden dus ook bijzinnen.
- Mijn oom, die al twintig jaar in Amerika woont en die nooit iets van zich heeft laten horen, komt plotseling naar Nederland.
- Als je 's avonds na tien uur thuis komt, of (als je 's avonds) na tien uur weggaat, moet je de voordeur op het nachtslot doen.

605 **Als een nevenschikkende conjunctie twee hoofdzinnen of twee bijzinnen verbindt, verandert de woordvolgorde in die hoofdzinnen of bijzinnen niet.**

606 Wanneer de hoofdzin die na de conjunctie volgt, niet met het subject begint, krijgt die hoofdzin natuurlijk inversie.
- Zullen we naar het strand gaan? Zullen we naar de stad gaan?
- Zullen we naar het strand gaan of zullen we naar de stad gaan?
- Ik moet weg. Anders kom ik te laat.
- Ik moet weg want anders kom ik te laat.

607 *Let op*
Een zin begint nooit met *want*, en ook nooit met *doch*.

Wel begint een zin soms met *en, of, maar* en *dus*.
En in constructies met *en ... en*.
- En Jan en Piet kwamen kijken.
En in uitroepen, zoals:
- En het regende toch!

Of in constructies met *of ... of*.
- Of we gaan naar het strand, of we gaan naar een museum.

Maar komt in het algemeen niet voor aan het begin van een zin. In gesproken taal echter wordt *maar* wel aan het begin van een zin gebruikt, als reactie op iets dat iemand anders heeft gezegd.
- 'Ik ga een auto kopen!'
- 'Maar je zei toch dat je geen geld had!'
- 'Maar dat kan toch niet!'

Dus komt in het algemeen niet voor aan het begin van een zin. In gesproken taal echter wordt *dus* wel aan het begin van een zin gebruikt als reactie op iets dat iemand anders heeft gezegd.
- 'Ik ga een auto kopen!'
- 'Dus je hebt toch wel geld!'
- 'Dus je doet het toch!'

608   Wanneer bekend is wat bedoeld wordt, wordt in een gedeelte van een zin na een nevenschikkende conjunctie, vooral in de spreektaal, de persoonsvorm van het werkwoord vaak weggelaten.
- Piet komt niet, en ik ook niet.
- Piet komt niet, maar ik wel.
- Ik kom niet, maar Jan en Piet wel.

B Onderschikkende conjuncties

609

als/wanneer	voor(dat)	dat	naargelang
toen	alvorens	of	naarmate
als/nadat	eer	omdat	voorzover
toen/nadat	eer(dat)	aangezien	zoals
als/telkens als	terwijl	daar	naar
als/indien	zodra	doordat	dan
in geval	zolang	hoewel	even ... als
zo	tot(dat)	alhoewel	evenals
mits	nu	ofschoon	(als)of
tenzij	sinds	zodat	hoe ... hoe
	sedert	opdat	hoe ... des te

610   **De onderschikkende conjuncties worden gevolgd door een bijzin.**

Volgorde in het algemeen

conjunctie	subject	rest	werkwoord(en) (zie zinsbouw)
Als	het	vijf uur	is, (gaat iedereen naar huis).
Toen	Mohamed	klein	was, (woonde hij in Egypte).

Soms begint een zin met een hoofdzin, gevolgd door een conjunctie + bijzin.

hoofdzin	conjunctie	bijzin
Iedereen gaat naar huis	als	het vijf uur is.

Soms begint de zin met een conjunctie + bijzin, gevolgd door een hoofdzin. De hoofdzin krijgt in dat geval in principe inversie.

conjunctie	bijzin	hoofdzin
Als	het vijf uur is,	gaat iedereen naar huis.

611   *als / wanneer* + presens
- Als het vijf uur is, gaat iedereen naar huis.
- Wanneer het vijf uur is, gaat iedereen naar huis.

612   *toen* + imperfectum: een eenmalige handeling in het verleden, of een beschrijving
van een periode in het verleden.
- Toen het vijf uur was, ging iedereen naar huis.
- Toen Mohamed klein was, woonde hij in Egypte.

Soms mag de hoofdzin die betrekking heeft op de bijzin met *toen* ook in het
perfectum staan.
- Toen ik twaalf jaar was, ben ik voor het eerst met vakantie naar Frankrijk
  geweest.

613   *toen/nadat* + plusquamperfectum: een handeling in de hoofdzin volgt op een
handeling in de bijzin.
- Toen ik de afwas gedaan had, ging ik nog even lezen.
- Nadat ik de afwas gedaan had, ging ik nog even lezen.

614   *als/wanneer/nadat* + perfectum
- Als ik de afwas gedaan heb, ga ik nog even lezen.
- Wanneer ik de afwas gedaan heb, ga ik nog even lezen.
- Nadat ik de afwas gedaan hcb, ga ik nog even lezen.

615   *als/wanneer/telkens als/telkens wanneer* (+ alle tijden)
- Als het regent, worden de straten nat.
- Wanneer het regent, worden de straten nat.
- Als we vakantie hadden, gingen we (vroeger) altijd naar zee.
- Wanneer we vakantie hadden, gingen we (vroeger) altijd naar zee.
- Als het geregend heeft, staan er plassen op straat.
- Wanneer het geregend heeft, staan er plassen op straat.
- Als het geregend had, was er genoeg gras voor de koeien.
- Wanneer het geregend had, was er genoeg gras voor de koeien.

616   *als, wanneer, indien* (een voorwaarde)
- U kunt bij me komen als u iets nodig hebt.
- U kunt bij me komen wanneer u iets nodig hebt.
- U kunt bij me komen indien u iets nodig hebt.

Als in deze betekenis wordt vaak gebruikt met het imperfectum,
plusquamperfectum, de conditionalis of met de conditionalis van het perfectum
(zie 341 en 348 en 814).
- Als ik veel geld had, zou ik een huis kopen.
- Als ik jou was, zou ik dat niet doen.

Indien wordt alleen in de schrijftaal gebruikt.
- Indien u dat wenst, kan er voor logies en ontbijt gezorgd worden.
- Indien u aan de conferentie wilt deelnemen, moet u zich binnen twee
  weken inschrijven.

617   *Let op het verschil*
         • Toen ik gisteravond thuis kwam, stond de koffie al klaar.
         • Als ik 's avonds thuis kwam, stond de koffie al klaar.
         • (Gisteravond) toen we gegeten hadden, gingen we even wandelen.
         • (Altijd) als we gegeten hadden, gingen we nog even wandelen.
       Zie 662 voor *toen* als adverbium, in de betekenis *op dat moment*.

618   *In geval* betekent *als / indien.*
         • In geval u ziek bent, moet u de dokter bellen.

619   *Zo* betekent *als / indien* en wordt alleen in officiële schrijftaal gebruikt.
         • U dient de dokter te bellen, zo u ziek mocht worden.

620   *Mits* betekent *(alleen) als / indien.*
       Een zin begint nooit met *mits.*
         • U krijgt korting mits u contant aan de kassa betaalt.
         • U krijgt korting alleen als u contant aan de kassa betaalt.

       Mits wordt vaker in de schrijftaal gebruikt dan in de spreektaal.

621   *Tenzij* betekent *behalve als, als niet.*
       Een zin begint nooit met *tenzij.*
         • U krijgt geen korting, tenzij u contant aan de kassa betaalt.
         • U krijgt geen korting, behalve als u contant betaalt (dan krijgt u wel korting).

622   *voor(dat)*
         • Ik doe boodschappen voordat ik naar mijn werk ga.
         • Voor ik naar mijn werk ga, doe ik boodschappen.
         • Voordat wij naar de bioscoop gingen, hebben wij in de stad gegeten.
         • Voor wij naar de bioscoop gingen, hebben wij in de stad gegeten.
         • Ze moeten Nederlands leren voordat ze met de studie beginnen.
         • Voor ze met de studie beginnen, moeten ze Nederlands leren.
       Zie 726 voor *voor* als prepositie.

623   *Alvorens* betekent *voordat* en wordt alleen in de schrijftaal gebruikt (zie 214 *te* + infinitief).
         • Alvorens u tot de cursus kunt worden toegelaten, dient u een test af te leggen.

624   *Eer(dat)* betekent hetzelfde als *voordat*, maar wordt veel minder vaak gebruikt.
         • Er moet veel gebeuren, eer(dat) ik nog eens zulk vervelend werk doe!

625   *terwijl* (gelijktijdig)
         • Marie dekt de tafel terwijl Jan het eten kookt.

       terwijl (tegenstelling)
         • Mijn man houdt tegenwoordig van klassieke muziek, terwijl hij vroeger meer van
           jazz hield.

626   zodra

· Wil je mij opbellen zodra je het resultaat weet?

· Zodra ik thuis was, vertelden ze mij het goede nieuws.

627   zolang

· Zolang je nog geen kamer hebt, mag je blijven.

· Je mag blijven zolang je dat nodig vindt.

· Hij heeft in Amsterdam gewoond zolang hij daar studeerde.

628   tot(dat)

· U moet wachten tot de dokter klaar is.

· U moet wachten totdat de dokter klaar is.

Zie 717 voor *tot* als prepositie.

629   nu

· Nu ik zelf telefoon heb, hoef ik niet meer naar een telefooncel.

· Ik heb, nu jij blijft eten, nog een stukje vlees nodig.

Zie 557 voor *nu* als adverbium.

630   sinds

· Sinds ik onder behandeling van dokter De Wit ben, voel ik me veel beter.

· Ze is altijd verkouden sinds ze in Nederland is.

Zie 711 voor *sinds* als prepositie.

631   *Sedert* betekent *sinds* en wordt alleen in de schrijftaal gebruikt.

· Sedert dit bedrijf hier gevestigd is, breidt de stad zich uit.

Zie 710 voor *sedert* als prepositie.

632   *dat*

· Ik heb gehoord dat Piet voor zijn examen geslaagd is.

· Hij heeft mij beloofd dat hij mij morgen zal opbellen.

· Ik denk dat hij het huis koopt.

· Dat ik zoiets kan vergeten is onbegrijpelijk!

· Ik ben blij dat je kunt komen.

Dat komt vaak voor in combinaties zoals *behalve dat, zonder dat, in geval dat, gesteld dat, zo ... dat.* ·

· Je kunt niet voor het examen slagen zonder dat je deze boeken gelezen hebt.

· Gesteld dat het morgen regent, dan gaan we niet naar het strand.

· Hij is zo ziek, dat hij zelf niet naar de dokter kan gaan.

633   *of*

(zie 650 voor het verschil tussen *of* en *dat*, zie 651 voor het verschil tussen *of* en *als*)

· Ik heb niet gehoord of Piet voor zijn examen geslaagd is.

· Ik vraag me af of hij me vanavond zal opbellen.

· Ik ben benieuwd of hij het huis koopt.

· Of het waar is, weet ik niet.

Of volgt vaak na het werkwoord *vragen*.
> • Hij vroeg mij of ik vanavond wilde komen eten.

634   *omdat*
(zie 652 voor het verschil tussen *want* en *omdat*, zie 653 voor het verschil tussen *omdat* en *doordat*)
> • Ik ga naar bed omdat ik moe ben.
> • Omdat ik morgen met vakantie ga, moet ik vandaag geld van de bank halen.

Omdat wordt vaak gebruikt als antwoord op de vraag 'Waarom ... ?'
> • Waarom ga je naar de stad? Omdat ik boodschappen moet doen.
> • Waarom ben je gisteren niet gekomen? Omdat ik ziek was.

635   *Aangezien* betekent *omdat* en wordt in de schrijftaal gebruikt.
> • Aangezien er bezuinigd moet worden, is de subsidie ingetrokken.

636   *Daar* betekent *omdat* en wordt in de schrijftaal gebruikt.
> • Daar er bezuinigd moet worden, is de subsidie ingetrokken.

637   *doordat*
> • Ik kwam te laat doordat de trein vertraging had.

Zie 653 voor het verschil tussen *omdat* en *doordat*.

638   *hoewel*
> • Ik ga even wandelen, hoewel ik eigenlijk geen tijd heb.

In de hoofdzin wordt hier vaak *toch* gebruikt.
> • Hoewel hij ziek was, is hij toch gekomen.

639   *Alhoewel* betekent *hoewel*, en wordt vooral in de schrijftaal gebruikt, maar ook wel in de spreektaal.
> • De gemeente heeft de oude huizen laten afbreken, alhoewel dit op weerstand van de bevolking stuitte.

640   *Ofschoon* betekent *hoewel* en wordt vooral in de schrijftaal gebruikt, maar ook wel in de spreektaal.
> • De gemeente heeft de oude huizen laten afbreken, ofschoon dat op weerstand van de bevolking stuitte.

641   *zodat*
Een zin begint nooit met *zodat*.
> • Ik wil nu gaan sparen, zodat ik straks genoeg geld heb om met vakantie te gaan.
> • Ik ben ziek, zodat ik niet kan werken.

Zie 654 voor het verschil tussen *zodat* en *opdat*.

642   *Opdat* wordt bijna altijd in de schrijftaal gebruikt. In de spreektaal gebruikt men vaak *zodat* in plaats van *opdat* (zie 654).
- De studenten moeten hard werken, opdat zij voor hun examen zullen slagen.

643   *naargelang*
- Naargelang ik verder met mijn studie kom, vind ik het vak interessanter.

644   *naarmate*
- Naarmate de dagen korter worden, wordt het ook kouder.

645   *voorzover*
- Voorzover u nog niet op uw plaats zit, wilt u dan nu plaats nemen.

646   *zoals*
- Zoals u misschien van de heer Jansen gehoord hebt, bent u tot de cursus toegelaten.

647   *Naar* betekent *zoals* en wordt alleen in de schrijftaal gebruikt.
- Naar u wellicht van de heer Jansen vernomen hebt, bent u tot de cursus toegelaten.

648   Zie 826, 845-846, 849-850 voor de conjuncties van vergelijking *dan, zoals, evenals, even ... als, (als)of, hoe ... hoe, hoe ... des te.*

649   *Opmerking*
Soms kunnen in een bijzin subject en persoonsvorm worden weggelaten.
- U kunt, indien nodig, de dokter bellen.

650   Het verschil tussen *dat* en *of* (zie 632 en 633).
Dat duidt in principe iets aan dat zeker is, of zeer waarschijnlijk.
Of duidt twijfel of onzekerheid aan.

Vergelijk
- Weet je dat Jan komt eten? (Jan komt zeker eten).
- Weet je of Jan komt eten? (Jan komt misschien eten).
- Ik heb niet gehoord dat Piet voor zijn examen is geslaagd. (Piet is geslaagd, maar ik heb het niet gehoord.)
- Ik heb niet gehoord of Piet voor zijn examen is geslaagd. (Is Piet geslaagd? Ik weet het niet.)

651   Het verschil tussen *als* en *of* (zie 616 en 633).
Als duidt een voorwaarde aan.
Of duidt twijfel of onzekerheid aan.

Vergelijk
- Ik kom niet als Jan ook komt eten.
- Ik weet niet of Jan ook komt eten.

652   Het verschil tussen *want* en *omdat* (zie 602 en 634).
       Er is weinig betekenisverschil tussen *want* (gevolgd door een hoofdzin) en *omdat* (gevolgd
       door een bijzin).
       In principe geldt:
       omdat duidt een reden aan.
                • Ik ga naar bed omdat ik moe ben.

       Want duidt ook een reden aan, maar verbindt ook oorzaak en gevolg (zie 637 *doordat*). Dat
       wil zeggen: in een zin met *want* moeten oorzaak en gevolg beide genoemd worden.
                • Ik ga naar bed want ik ben moe.
                • Mag ik een glaasje bier, want ik heb dorst.
                • Ik drink een glaasje bier, want ik heb dorst (omdat ik dorst heb).
                • Zullen wij gaan eten, want ik heb honger.
                • Ik eet, want ik heb honger (omdat ik honger heb).

       Daarom kan op een vraag met *waarom* (vraag naar reden) alleen met *omdat* geantwoord
       worden en nooit met *want*!
                • Waarom ga je naar de stad? Omdat ik boodschappen moet doen.
       Daarom kan ook een zin wel met *omdat* beginnen, en nooit met *want*!
                • Ik ga naar de stad want ik moet boodschappen doen.

653   Het verschil tussen *omdat* en *doordat* (zie 634 en 637).
       In principe geldt:
       omdat duidt een reden aan;
       doordat duidt oorzaak en gevolg aan, en geen reden zoals *want*!
       Vergelijk
                • Ik ben zo laat omdat ik geen zin had eerder te komen.
                • Ik ben zo laat doordat de trein vertraging had.
       In beide gevallen kan hier *want* gebruikt worden.
                • Ik ben zo laat want ik had geen zin eerder te komen.
                • Ik ben zo laat want de trein had vertraging.
       In de spreektaal wordt *omdat* meestal gebruikt in plaats van *doordat*.

654   Het verschil tussen *opdat* en *zodat* (zie 641 en 642).
       In principe geldt:
       zodat duidt een gevolg aan, *opdat* duidt een wens of een doel aan.
       Vergelijk
                • Ik heb geld gespaard, zodat ik nu met vakantie kan gaan.
                • Ik spaar geld, opdat ik volgend jaar met vakantie kan gaan.
       In de spreektaal wordt bijna altijd *zodat* gebruikt in plaats van *opdat*.

       ## C   Conjuncties met een afwijkende zinsconstructie
655   *of*
       Dit *of* wordt gebruikt na een zin die een beperking aanduidt.
       Dit *of* wordt gevolgd door een hoofdzinconstructie. Er komt geen inversie meteen na dit *of*.
                • Nauwelijks waren we thuis of het begon hard te regenen.
                • Het scheelde niet veel of hij was tegen een boom gereden.

656 al / ook al

Al / ook al betekent *hoewel* en wordt gevolgd door een hoofdzinconstructie met inversie. Wanneer het zinsdeel met *(ook) al* voorop in de zin staat, geeft dat geen inversie in het andere gedeelte van de zin (zie ook 818).

- Je mag mijn kamer gebruiken, (ook) al ben ik er zelf niet.
- (Ook) al heb ik weinig tijd, ik ga toch maar even wandelen.
- (Ook) al ben ik moe, ik ga toch door met mijn werk.

De inversie in de volgende voorbeelden wordt veroorzaakt door *toch*.

- (Ook) al heb ik weinig tijd, toch ga ik maar even wandelen.
- (Ook) al ben ik moe, toch ga ik door met mijn werk.

657 dus

Dus wordt gebruikt als nevenschikkende conjunctie.

- De televisie is kapot dus we kunnen vanavond niet kijken.

Dus kan ook gebruikt worden als verbindend adverbium. In dat geval wordt *dus* gevolgd door een hoofdzinconstructie met inversie.

- De televisie is kapot, dus kunnen we vanavond niet kijken.

Dus als verbindend adverbium kan ook verderop in de zin staan.

- De televisie is kapot. We kunnen dus vanavond niet kijken.
- De televisie is kapot. We kunnen vanavond dus niet kijken.

D   Conjuncties gevolgd door *te* + infinitief

658 De conjuncties die gevolgd worden door *te* + infinitief zijn: *om, teneinde, alvorens, na, in plaats van, door* en *zonder*. Zie 214, voor *om*, ook 215.

- Ik ga naar de stad om boodschappen te doen.
- Een stoel wordt gebruikt om op te zitten.
- Zonder uit te kijken stak hij de straat over.
- Alvorens tot de cursus te kunnen worden toegelaten, dient u een test af te leggen.

Alvorens komt ook voor als onderschikkende conjunctie (zie 623).
Alvorens en *teneinde* komen alleen in de schrijftaal voor.

II   Verbindende adverbia

659 Verbindende adverbia leggen een relatie tussen twee zinnen, terwijl deze zinnen meestal als aparte zinnen blijven bestaan. Soms worden ze door een puntkomma (;) of door een komma (,) toch tot één zin verbonden. De zinnen die door verbindende adverbia worden verbonden, blijven echter hoofdzinnen! (zie 669). Het verbindende adverbium staat in het algemeen vóór de tweede hoofdzin, en wordt gevolgd door inversie. Een verbindend adverbium kan echter ook midden in een zin staan.

daardoor

- De trein had vertraging; daardoor kwam ik te laat.
- De trein had vertraging. Ik kwam daardoor te laat.

660   Andere verbindende adverbia zijn bij voorbeeld:
       daarna
              • We gaan nu eten, daarna gaan we naar de bioscoop.

661   *dan* betekent *daarna*
              • We gaan nu eten, dan gaan we naar de bioscoop en daarna gaan we op een
                terrasje een kopje koffie drinken.

       Dan betekent ook: *op dat moment, in die tijd*.
              • Ik kan maandag niet bij je komen, want dan heb ik altijd les.

       Dan in de betekenis van *op dat moment, in die tijd* komt ook voor in combinatie met
       het imperfectum, wanneer sprake is van een handeling in het verleden die
       herhaaldelijk plaats vond.
              • Als we vakantie hadden, gingen we (vroeger) altijd naar zee. Dan huurden
                we een huisje vlak bij het strand.
              • Als het geregend had, was er genoeg gras voor de koeien. Dan hoefden ze
                geen extra voer te hebben.
              • Eerst gingen we altijd zwemmen, en dan gingen we naar de sauna.

662   *toen*
       Toen + imperfectum betekent *op dat moment, in die tijd*.
              • Wij hadden vroeger les van mijnheer De Vries. Jij was toen nog niet in
                Nederland.
              • Wij hadden vroeger les van mijnheer De Vries. Toen was jij nog niet in
                Nederland.

       Toen + imperfectum kan ook betekenen *daarna*.
              • Wij hadden eerst les van mijnheer De Vries en toen (daarna) van mijnheer
                De Boer.
              • Ze begonnen in het Nederlands en toen (daarna) spraken ze in hun eigen
                taal.

       Toen + perfectum betekent *daarna*.
              • Eerst heb ik televisie gekeken en toen ben ik naar bed gegaan.
              • Ik heb eerst televisie gekeken en ik ben toen naar bed gegaan.
              • We hebben eerst gewandeld en toen zijn we gaan zwemmen.

       Let op
       Toen kan niet gebruikt worden in een zin in het presens of het futurum. Wanneer
       een zin in één van die tijden staat, wordt *dan* gebruikt in plaats van *toen*.
              • We gingen eerst eten, **toen** gingen we naar de bioscoop en daarna gingen
                we op een terrasje nog een kopje koffie drinken.
              • We gaan eerst eten, **dan** gaan we naar de bioscoop en daarna gaan we op
                een terrasje nog een kopje koffie drinken.

663   *daarvoor*
- Hij heeft in een Amerikaans ziekenhuis gewerkt (in 1992). Daarvoor had hij al in een Nederlands ziekenhuis gewerkt (in 1991).

664   *daarom*
- Ik moet hard werken; daarom kan ik niet met je mee naar de bioscoop.
- Hij wil contact met de mensen hebben, daarom leert hij de taal van dat land.

665   *anders*
- We moeten nu weg, anders missen we de trein.

666   *toch*
- Het regent hard. Toch moet ik naar buiten.
- Ze is erg moe, maar toch moet ze nog even doorwerken.

667   *desondanks*
- Er is hier veel lawaai. Desondanks moet ik proberen mij te concentreren.

668   *Echter* en *evenwel* zijn te vergelijken met *maar*. *Echter* en *evenwel* staan vaak niet aan het begin van een hoofdzin; als ze wel aan het begin van een hoofdzin staan, staat er vaak een komma achter en worden ze niet gevolgd door inversie.

Echter en *evenwel* worden bijna alleen in de schrijftaal gebruikt.
- Het Rijksmuseum is een groot museum. Er is echter weinig moderne kunst te zien.
- De bevolking wil niet dat de oude huizen worden afgebroken. Echter, de burgemeester is van oordeel dat het noodzakelijk is.
- Ik moet Nederlands leren. Ik ben mij er evenwel van bewust dat Nederlands een moeilijke taal is.
- Ik moet Nederlands leren. Evenwel, ik ben mij ervan bewust dat Nederlands een moeilijke taal is.

669   Het verschil tussen een onderschikkende conjunctie en een verbindend adverbium is geen betekenisverschil, maar een verschil in constructie!

Vergelijk

onderschikkende conjunctie	verbindend adverbium
omdat	*daarom*
• Ik ga niet mee, omdat ik moet werken	• Ik moet werken, daarom ga ik niet mee.
doordat	*daardoor*
• Ik kwam te laat doordat de trein vertraging had	• De trein had vertraging. Daardoor kwam ik te laat.
voordat	*daarvoor*
• Ik dek de tafel (18.45 uur), voordat we gaan eten (19.00 uur).	• We gaan eten (19.00 uur); daarvoor dek ik de tafel (18.45 uur).
nadat	*daarna*
• Ik heb werk gevonden (1996), nadat ik Nederlands had geleerd (1995).	• Ik heb Nederlands geleerd (1995); daarna heb ik werk gevonden (1996).

17

Preposities - voorzetsels

670 Preposities zijn woorden zoals *aan, bij, in, op* enzovoort.
Een prepositie kan niet alléén staan, het hoort altijd bij één of meer andere woorden. Het woord of de woorden waar de prepositie bij hoort, moeten direct achter deze prepositie staan, of ze moeten vervangen worden door *er* (576), *hier* (446), *daar* (446), *waar* (463 en 484), *ergens* (543), *nergens* (543) of *overal* (543). Zie ook 799-801.

- Hij zit in de auto.
- Hij zit in die heel mooie auto.
- Daar zit hij in.

- Hij zit in zijn auto.
- Hij zit erin.
- De auto waar hij in zit.

I   Het gebruik van preposities

671 Het aanduiden van een plaats.

• in de auto	• voor de auto	• achter de auto	• naast de auto
• bij de auto	• onder de auto	• boven de auto	• aan de auto vast

672 Het aangeven van een richting.
- Ik loop naar de auto.
- Ik loop langs de auto.

De richting wordt vaak aangeduid door een prepositie achter het woord of de woorden te zetten, waarop het betrekking heeft: de preposities zijn dan eigenlijk adverbia (zie ook 730).
- Ik stap de auto in.
- Ik loop de trap op.

Vergelijk
- Ik loop de trap op. (richting)
- Ik loop op de trap. (plaats)

673 Het aanduiden van een reden, een oorzaak of een doel.
- Om zijn schilderijen is hij beroemd.
- Dank zij jou is het gelukt.

674 Het aanduiden van een middel.
- Ik ga met de auto.
- De patiënt is door de dokter geopereerd.

675 De betekenis en het gebruik van preposities zijn soms moeilijk te begrijpen.
Daarom volgt hieronder een lijst van preposities met verschillende voorbeelden in

algemeen taalgebruik, waaruit de betekenis van de prepositie zo goed mogelijk blijkt.

Eerst worden genummerde voorbeelden gegeven van de basisbetekenis(sen) van een prepositie, daarna volgt een aantal voorbeelden van het gebruik, waar de betekenis niet of nauwelijks te begrijpen is.

Zie ook de algemene opmerkingen 730-733

De nummers in de tekening corresponderen met de nummers van de onderstaande zinnen.

1. De man en het meisje zitten **in** de auto.
2. De man zit **voorin** de auto.
3. Het meisje zit **achterin** de auto.
4. Zij heeft de vlag **in** de hand.
5. Ze steekt de arm **door/uit** het raam.
6. De gordel zit **tussen** de deur.
7. Het vogeltje zit **op** de auto.
8. De ballon zweeft **boven** de auto.
9. De vogel vliegt **over** de auto.
10. De jongen fietst **langs** de auto.
11. De jongen staat gebukt **voor** de auto. Hij kijkt **onder** de auto.

12. De bal ligt **onder** de auto.
13. Hij staat **naast** de auto.
14. Zij staat **achter** de auto.
11.
13. } Ze staan **bij** de auto.
14.
15. Zij zet de koffer **in** de auto, of
16. zij haalt de koffer **uit** de auto.
17. De wielen zitten **aan** de auto.
18. De lamp zit **aan** of **op** de auto.
19. Hij heeft een riem **om** zijn middel.
20. Hij zwaait **naar** iemand **met** zijn arm.

Natuurlijk kunnen niet alle mogelijkheden in voorbeelden aangeduid worden. Als er een voorbeeld staat als

　　• Ik geef dit boek aan jou

betekent dit dat andere voorbeelden ook mogelijk zijn.
  • Hij stuurt de brief aan Piet, of
  • Wij schrijven een brief aan de gemeente.
Een ander voorbeeld. Als er staat
  • Hij studeert aan de universiteit
is ook mogelijk
  • Hij studeert aan de landbouwhogeschool.
  • Hij studeert aan de kunstacademie.

II   Alfabetische lijst van preposities

676   *à*

  1. Dit artikel wordt verkocht à vijf gulden het kilo.

  2. Er waren 80 à 90 mensen in de zaal.

677   *aan*

  1. Ik geef dit boek aan jou.
     Ik vraag iets aan mijn vader.

  2. De knoop zit aan de jas.
     Het schilderij hangt aan de muur.

     Wij zitten aan tafel.
     Het huis staat aan de linkerkant van de straat.
     Ik sta aan de telefoon.
     Hij studeert aan de universiteit.
     Nederlanders eten brood met kaas aan het ontbijt.
     Ik ben aan de beurt.
     Aan het begin van de les leveren wij ons werk in.
     Ik heb pijn aan mijn hand.
     Ik betaal duizend gulden aan stookkosten.
     Hij is aan het werk.
     Er is een film aan de gang.

678   *achter*

  1. Achter het huis is een tuin.
     Een uitgang staat achter een woord.

  2. Het parlement staat achter de regering.
     Ik kan niet achter dat voorstel staan.
     Ik kan niet achter de waarheid komen.

Opmerking
Zie ook 730.

679   *af*
Zie 312 en 732.

680   *behalve*

Behalve ik was er niemand in de kamer.
Hij had behalve mij ook Annie uitgenodigd.
Ik heb alles in huis, behalve brood.

Opmerking
Behalve is de enige prepositie die voor een subject kan staan.

681   *beneden*

Een gedeelte van Nederland ligt beneden de zeespiegel.
Bij een temperatuur beneden nul bevriest het water.
Kinderen beneden tien jaar hebben gratis toegang.

682   *bij*

1. Ik woon bij het station.
    Bij de volgende halte moet je uitstappen.

2. Bij toeval heb ik dit boek gevonden.
    Raadpleeg bij twijfel een woordenboek.

Ik kom zo meteen bij u.
Hij woont bij zijn ouders.
Bij deze slager kun je goed vlees kopen.
Ik werk bij de firma Roose, De Vries en Co.
Ik heb een tas bij me.
Deze ketting past goed bij deze jurk.
Het is bij half acht.
Bij het eten drinken we een glas wijn.
Ik koop de wijn bij 12 flessen tegelijk.
De kamer is vier bij vijf meter.
Ik kan niet bij de bovenste plank van de kast.
Hij blijft bij zijn mening.
Bij die temperatuur kan ik niet werken.

683   *binnen*

U moet binnen de grenzen van uw woonplaats blijven.
Binnen een uur ben ik weer terug.

684   *boven*

Ik woon boven het postkantoor.
Een gedeelte van Nederland ligt boven de zeespiegel.
De temperatuur is twee graden boven nul.
Hij is boven de veertig (jaar).

685   *buiten*

Ik woon buiten de stad.
De zieke is buiten gevaar.
Dit is gebeurd buiten mijn verantwoordelijkheid.
Hij kan niet buiten sigaretten.

686   *dank zij*

Dank zij jou is het plan gelukt.
Dank zij het mooie weer hadden we een leuke vakantie.

687   *door*

1. De kinderen gooiden een bal door het raam.
   Ik steek mijn vinger door het gat.

2. De patiënt wordt door de dokter geroepen.
   Dit project is door de gemeente betaald.
   Door hard te studeren is hij geslaagd.

Hij kijkt door het raam.
Ik ben door de stoel gezakt.
Ik loop door de kamer.
Door mijn broer heb ik Annie leren kennen.
Ik ben door mijn examen.

Opmerking 1
Door kan gebruikt worden in combinatie met *heen*.
Door staat dan vóór het woord waarop het betrekking heeft, *heen* staat achter dit woord.
- Ik ben door de stoel (heen) gezakt.
- Ik ben helemaal door mijn voorraad papier heen.
- Door de jaren heen heb ik veel ervaring opgedaan.

Opmerking 2
Door kan achter het woord staan waarop het betrekking heeft, wanneer het een richting aanduidt.
- U moet deze straat door.

688a   *gedurende*

Gedurende de oorlog woonde ik hier.

Opmerking
Gedurende wordt vooral in de schrijftaal gebruikt.

688b   *gezien*

Gezien de ernstige toestand van mijn vader heb ik besloten niet met vakantie te gaan.

Opmerking
Gezien wordt vooral in de schrijftaal gebruikt.

689   *in*

1. Hij zit in zijn auto.
   Hij woont in Nederland.

2. In het weekend ga ik naar Amsterdam.
   In de oorlog woonde ik hier.

Ik snijd me in mijn vinger.
Ik snijd de taart in stukken.
Je gaat in de goede richting.
Ik ben in gesprek met iemand.
Hoe zeg ik het in het Nederlands?
In het algemeen kijk ik zaterdags niet naar de televisie.
Ik heb een vlek in mijn jas.
Het nieuws staat in de krant.
Hij is in dienst bij de firma M.L.A.
In de eerste plaats heb ik geen geld, en in de tweede plaats heb ik geen zin.
Hij reist in gezelschap van zijn vrouw.
In de verte staat een kerktoren.
Ga maar in de rij staan.
In dit opzicht heb je gelijk.
Dit stuk land is in zijn bezit.

Opmerking
In kan achter het woord staan waarop het betrekking heeft, wanneer het een richting aanduidt.
   • U moet deze straat in.

690   *jegens*

Er is een belofte jegens u gedaan.

Opmerking
Jegens wordt vooral in de schrijftaal gebruikt.

691   *krachtens*

Krachtens de wet is het verboden.

Opmerking
Krachtens wordt vooral in officiële schrijftaal gebruikt.

692   *langs*

1. Ik loop iedere dag langs je huis.

2. Er staan bomen langs de weg.

Ik moet nog even langs de slager.

Opmerking

Langs kan achter het woord staan waarop het betrekking heeft.

- Hij gaat de huizen langs om geld op te halen.

693   *met*

1. Hij komt met zijn vriend.
   Ik werk met hem samen.

2. Ik schrijf met een pen.
   Ik kom met de auto.

Hier staat een asbak met as erin.
Met die jurk aan zie je er leuk uit.
Ik help je met plezier even.
Met Pasen ga ik naar Amsterdam.
De kinderen gaan met 4 jaar naar school.
Ik ga morgen met vakantie.
Hoe gaat het met jou?
De lonen worden met 5% verhoogd.

Opmerking

Met in combinatie met *hier, daar, er, waar, ergens, nergens, overal* en als prefix bij scheidbare werkwoorden wordt *mee*.

- Deze pen is niet goed, want je kunt er niet mee schrijven.
- Ga je mee?

694   *na*

Na het eten ga ik pianospelen.
Na deel 1 volgt deel 2.

695   *naar*

Ik ga naar Amsterdam.
Hij gooit de bal naar de andere speler.
Het ruikt hier naar verf.
Naar mijn mening is het juist.
Hij werd naar zijn vader genoemd.
U kunt de verwarming regelen naar behoefte.
Naar aanleiding van uw brief.

Opmerking

Naar in combinatie met *hier, daar, er, waar, ergens, nergens, overal* wordt *naartoe* als het een richting aanduidt.

- Daar ga ik niet naartoe.
- Waar wilt u naartoe?
- Het water spatte overal naartoe.

Toe kan in zeer informele spreektaal toegevoegd worden aan *naar* ook als de woorden die bij de prepositie horen erbij staan.
- Ik ga naar huis toe.

Zie ook 717 *tot.*

696   *naast*

Hij zit naast mij.
In die moeilijke tijd stonden al mijn collega's naast mij.
Naast haar werk doet zij het huishouden.

697   *niettegenstaande*

Niettegenstaande het slechte weer gingen wij uit.

698   *om*

1. Wij zitten om de tafel.
   De winkel is net om de hoek.

2. Om het slechte weer blijf ik niet thuis.
   Hij is beroemd om zijn schilderijen.

Wij mogen om de beurt iets zeggen.
De bijeenkomsten zijn om de veertien dagen.
Ik kom om 8 uur hier.

Opmerking 1
Om kan in combinatie met *heen* gebruikt worden.
- De moeder heeft al haar kinderen om zich heen.
- Ik loop om de tafel heen.

Opmerking 2
Om kan achter het woord staan waarop het betrekking heeft.
- Je moet de hoek om.

699   *omstreeks*

Hij komt omstreeks het middaguur.

700   *omtrent*

Ik kan u omtrent dit geval niets meedelen.

Opmerking
Omtrent komt alleen in de schrijftaal voor.

701   *ondanks*

Ondanks zijn ziekte is hij toch geslaagd.

702   *onder*

1. De tas staat onder de tafel.
   Het bureau zit onder het stof.

2. De temperatuur is twee graden onder nul.
   Kinderen onder 12 jaar betalen half geld.

Onder deze omstandigheden kunnen we niet naar het feest gaan.
Onder het eten kun je me bellen.
Onder het afwassen luister ik naar de radio.
Je moet meer onder de mensen komen.
Die gewoonte bestaat alleen onder studenten.
Het orkest speelt onder leiding van de dirigent.
Hij heeft onder het pseudoniem 'Multatuli' geschreven.

Opmerking
Zie ook 730.

703   *ongeacht*

Hij wordt ongeacht zijn slechte uitspraak geaccepteerd.

704   *op*

1. Het boek ligt op de tafel.
   Er zit een nieuw dak op het huis.

2. Wij ontmoeten elkaar op het station.
   Op school heb ik Frans geleerd.

Ik kom op tijd.
Op 20-jarige leeftijd ging hij studeren.
Ik zit op mijn kamer.
Hij loopt op straat.
Ik kom op bezoek.
Uw naam staat op de lijst.
Op verzoek van de heer X. stuur ik u een folder.
Op die manier kun je dat niet doen.
De nacht van zaterdag op zondag.
Ik kan op zijn vroegst om 10 uur hier zijn. (zie 201)
Ik heb duizend gulden op de bank staan.

Opmerking
Op kan ook achter het woord staan waarop het betrekking heeft, als het een richting aanduidt.
    • Hij loopt de trap op.

705a   *over*

1. Je moet over het touw stappen.
   Ik leg een kleed over de tafel.

2. Wij praten over geschiedenis.
   Het boek gaat over Amsterdam.

   Het is kwart over zeven.
   Over veertien dagen begint de cursus.
   Hij is over de veertig (jaar).
   Hoe lang doe je over die reis?
   Hij ging van Rotterdam over Den Haag naar Amsterdam.

Opmerking 1
Over kan gebruikt worden in combinatie met *heen*.
   • Stap eens over het touw heen!

Opmerking 2
Over kan achter het woord staan waarop het betrekking heeft, als het een richting aanduidt.
   • Je moet de brug over.

705b *Overeenkomstig*

Overeenkomstig de afspraak heeft hij zijn werk afgemaakt.

706 *per*

   Ik verdien twintig gulden per uur.
   De aardappels worden per kilo verkocht.
   Wij gaan per auto naar Amsterdam.
   Ik heb per ongeluk een glas laten vallen.

707 *qua*

   Hij is qua docent goed.

708 *rond*

   Wij zitten rond de tafel.
   Rond het jaar 1970 werd deze filmster bekend.

Opmerking
Rond kan achter het woord staan waarop het betrekking heeft, als het een beweging aanduidt.
   • Hij liep de kamer rond.

709 *rondom*

   Rondom de stad ligt een gracht.

710 *sedert*

   Sedert 1980 worden er geen subsidies meer verstrekt.

Opmerking
Sedert wordt vooral in de schrijftaal gebruikt.

711   *sinds*

           Sinds 1980 woont hij in Nederland.
           Sinds kort heeft hij een auto.

           Opmerking
           Sinds wordt in de spreektaal en in de schrijftaal gebruikt.

712   *te*

           Hij werd te Amsterdam geboren.

           Opmerking 1
           Te wordt vooral in de schrijftaal gebruikt.

           Opmerking 2
           Zie ook 857, 860 voor *te, ten* en *ter*.

713   *tegen*

           1. Ajax speelt tegen Feyenoord.
               Ik krijg pillen tegen de koorts.

           2. De fiets staat tegen de muur.
               Pas op, loop niet tegen het tafeltje!

           3. Ik zeg iets tegen jou.
               Ze is vriendelijk tegen iedereen.

           4. Ik ben tegen het voorstel.
               Uw gedrag is tegen de wet.

           Het voorstel is met drie tegen twee stemmen aangenomen.
           Ik kom tegen acht uur.
           Ik wissel een gulden tegen 10 dubbeltjes.

714   *tegenover*

           Ik woon tegenover de school.
           Er zijn dit jaar tien mensen geslaagd tegenover vijf vorig jaar.
           Dat kun je tegenover hem niet doen.
           Ik sta positief tegenover dat idee.

715   *tijdens*

           Tijdens de oorlog woonde ik in Rotterdam.

           Opmerking
           Tijdens wordt vooral in de schrijftaal gebruikt.

716　　*toe*
Zie *tot* 717.

717　　*tot*

Deze trein gaat alleen tot Zwolle.
De les duurt tot vijf uur.
Tot mijn spijt kan ik niet komen.
Hij sprak tot de menigte.
Tot besluit wens ik u welterusten.

Opmerking 1
Tot in combinatie met *er, hier, daar, waar, ergens, nergens, overal* wordt *toe*.
　　　• Ik moet brieven schrijven, maar ik kom er niet toe.
　　　• Waar heb je hem toe aangemoedigd?
　　　• Dat gepraat dient nergens toe (tot niets).

Opmerking 2
Tot kan ook samen met *toe* gebruikt worden. *Tot* staat dan vóór het woord waarop het betrekking heeft, *toe* staat achter dit woord.
　　　• Tot nu toe heb ik gewerkt.
　　　• Hij was tot tranen toe bewogen.

718　　*tussen*

Tussen de tafel en de kast staat een stoel.
Ik kom tussen negen en tien uur hier.
Je moet tussen deze twee dingen kiezen.
Wat ik je nu vertel moet tussen ons blijven.

719　　*uit*

Hij komt uit Nederland.
Hij stapt uit de auto.
Haal dat eens uit de koelkast.
Een leerling uit onze klas is hier geweest.
Ken je liedjes uit de oorlog?
Hij vraagt het uit nieuwsgierigheid.
Hij drinkt uit een glas.
Dit boek is uit het Nederlands vertaald.
Uit de verte lijkt het wel of er brand is.

Opmerking
Uit kan achter het woord staan waarop het betrekking heeft als het een richting aanduidt.
　　　• Hij loopt de kamer uit.

720　　*van*

1.　Het dak van het huis lekt.
　　Dit boek is van mij.

2. Het kind valt van de stoel.
   Het kind neemt een koekje van de schaal.

3. Van negen tot twaalf uur hebben we les.
   Ik ken hem nog van vroeger.

Negen van de tien mensen weten dat niet.
Ik ga om acht uur van huis.
Heb je nog bericht van Jan gehad?
Dat is aardig van u.
Ik ben moe van het werk.
Het kind schreeuwt van angst.
De tafel is van hout.
Ben je van de week nog bij oma geweest?
Iemand van tachtig loopt niet meer zo hard.
Ik ga met de trein van zeven uur.
Wat vindt u van dat boek?

721   *vanaf*

Vanaf morgen werk ik een uur korter.
Vanaf het station kun je de bus nemen.

Opmerking
Van en *af* kunnen uit elkaar worden gehaald. *Van* staat dan vóór het woord waarop het betrekking heeft, *af* staat achter dit woord.
- Van morgen af werk ik een uur korter.
- Van het station af kun je de bus nemen.

722   *vanuit*

Ik bel je vanuit het hotel op.
Vanuit mijn raam kan ik mijn buurman zien.

Opmerking
Van en *uit* kunnen uit elkaar worden gehaald. *Van* staat dan vóór het woord waarop het betrekking heeft, *uit* staat achter dit woord.
- Ik bel je van het hotel uit op.
- Van mijn raam uit kan ik mijn buurman zien.

723   *vanwege*

Vanwege het slechte weer gaat de wedstrijd niet door.

724   *via*

De trein gaat van Rotterdam via Den Haag naar Amsterdam.
Via mijn broer heb ik mijn man leren kennen.

725   *volgens*

Volgens mij slaagt hij wel voor zijn examen.
De voorbereidingen gaan volgens plan.
De tandarts behandelt zijn patiënten alleen volgens afspraak.

726   *voor*

1.   Er staat een boom voor het huis.
     Ik heb de tekst van les 10 voor me.

2.   Hier is een kopje koffie voor je.
     Dat is leuk voor hem.

3.   Voor het eten was ik mijn handen.
     Het is 10 voor 7.

Ik doe dit voor het eerst.
Ik heb voor vanavond genoeg eten in huis.
Je kunt hier voor weinig geld eten.
Mijn vader fietst voor z'n plezier iedere dag 15 km.
Voor het laatst ging hij naar school.

Opmerking
Zie ook 730.

727   *voorbij*

Ik woon net voorbij de kerk.

Opmerking
Voorbij kan achter het woord staan waarop het betrekking heeft, als het een richting aanduidt.
     • Hij loopt de kerk voorbij.

728   *wegens*

Wegens het slechte weer gaat de wedstrijd niet door.

729   *zonder*

Zonder een woord te zeggen liep hij weg.

Opmerking
Zonder komt vaak zonder lidwoord voor.
     • Je kunt niet zonder jas naar buiten.

730   *Algemene opmerkingen*

1. De preposities *achter, beneden, binnen, boven, buiten, voor* en *voorbij* komen ook als adverbium voor (zie 557 adverbium).

- prepositie   – Ik woon boven het postkantoor.
- adverbium   – Ik ga naar boven.
- prepositie   – Ik woon net voorbij de kerk.
- adverbium   – De storm is voorbij.

Voor, achter en *onder* hebben als adverbium na de preposities *van* en *naar* de vorm *voren, achteren, onderen*.

- Kun je iets naar voren gaan.
- De schoenen zien er van achteren lelijk uit.
- De auto is van onderen kapot.

731   2. *Sinds* en *sedert* komen ook als conjunctie voor (zie 630-631).

- prepositie   – Sinds/sedert 1980 woont hij in Nederland.
- conjunctie   – Sinds/sedert ik onder behandeling van dokter De Wit ben, voel ik me veel beter.

732   3. Het woord *af* is een adverbium, maar het is in combinatie met de woorden *er, hier, daar, waar, ergens, nergens* en *overal* te vergelijken met een prepositie.
Af staat altijd achter het woord waarop het betrekking heeft.

- Hij loopt de trap af.
- Hier staat een schaal met koekjes. Neem er maar een af.

733   4. Soms kunnen twee preposities betrekking hebben op hetzelfde woord,
bij voorbeeld *tot aan, tot over, tot voor, tot na*.

- U moet doorlopen tot aan het stoplicht.
- Hij blijft hier tot na (voor) de vakantie.
- Tot over veertien dagen!

Vergelijk

- De bal ligt onder de boekenkast.
- Alle boeken staan in de boekenkast.
- De encyclopedie staat onderin de boekenkast.

Soms staat de ene prepositie vóór het woord waarop het betrekking heeft, en het andere achter dit woord: *achter langs, buiten om, onder door, onder langs, tegen in, tegen op, tussen door, tussen in*.

- Ik loop tussen de stoelen door naar de tafel.
- Ik loop tussen Jan en Piet in.
- Hij reed tegen de lantaarnpaal op.
- Tegen alle verwachting in slaagde hij voor zijn examen.
- De kinderen lopen voor het muziekkorps uit.
- Mag ik even voor u langs?

III   Combinaties met een vaste prepositie

734   Er zijn woorden die in combinatie met een vaste prepositie voorkomen, dat wil
zeggen ze komen altijd in combinatie met dezelfde prepositie voor. In het
algemeen zou men hier het gebruik van de betreffende prepositie niet verwachten.
Daarom wordt hier een alfabetische lijst van dergelijke combinaties gegeven.

A

aandacht vestigen op iemand/iets
aandeel hebben aan iets
éénmaal:
    Ik heb aandeel aan het schrijven van
    dit boek.
aandeel hebben in iets
langere duur of herhaling:
    Hij wilde aandeel hebben in de ellende
    van zijn volk.
aandringen bij iemand
aandringen op iets
aanleiding geven tot iets
aanmerken op iemand/iets
in aanmerking komen voor iets
aanmerking maken op iemand/iets
aanmoedigen tot iets
zich aanpassen aan iemand/iets
aansporen tot iets
aanspraak maken op iets
aansprakelijk voor iemand/iets
een aanval op iemand/iets
aanvangen met iemand/iets
een aanvulling op iemand/iets
aanvuren tot iets
een aanzet geven tot iets
aanzetten tot iets
aarden naar iemand

(zich) abonneren op iets
acht geven op iemand/iets
afbrengen van iets
afgaan op iemand/iets
afgeven op iemand/iets
afhangen van iemand/iets
afhankelijk van iemand/iets
afhelpen van iets
afhouden van iemand/iets
een afkeer van iemand/iets
afkerig van iemand/iets
afkomen op iemand/iets
afleiden uit iets
afrekenen met iemand
afstammen van iemand/iets
afstand doen/nemen van iemand/iets
afstappen van iets
(zich) afzetten tegen iemand/iets
afzien van iets
akkoord gaan met iemand/iets
alert op iets
allergisch voor iets
analoog aan iets
antwoord(en) op iets
arm aan iets
attent op iets
azen op iets

B

bang zijn voor iemand/iets
baseren op iets
beantwoorden aan iets
bedacht zijn op iets
zich bedienen van iets

beducht zijn voor iemand/iets
begerig naar iets
beginnen aan iets
    We beginnen aan les tien maar we
    krijgen hem niet af.

beginnen met iets

    Wij beginnen met les tien, en dan
herhalen wij les negen

behagen scheppen in iemand/iets

behept zijn met iets

behoefte hebben aan iemand/iets

behoren aan iemand

    Dit boek behoort aan mij.

behoren bij iemand/iets

    Deze vragen behoren bij les zes.

behoren tot iets

    Hij behoort tot een minderheidsgroep.

bekend met iets

bekeren tot iets

zich bekommeren om iets

bekronen met iets

belang hebben bij iets

belangstellen in iemand/iets

belangstelling voor iemand/iets

belast(en) met iets

belust op iets

zich bemoeien met iemand/iets

benieuwd naar iemand/iets

benoemen tot (b.v. burgemeester)

bereid zijn tot iets

zich beroemen op iets

een beroep doen op iemand/iets

berusten bij iemand

    De verantwoordelijkheid berust bij
ons.

berusten in iets

    Ik berust in deze slechte situatie.

berusten op iets

    Uw mening berust op verkeerde
informatie.

beschikken over iemand/iets

beschuldigen van iets

beslag leggen op iemand/iets

besluiten tot iets

bestaan uit iets

bestand zijn tegen iets

bestemd voor iemand/iets

betichten van iets

betrappen op iets

betrekken bij/in iets

betrekking hebben op iemand/iets

bevallen van (een kind)

beveiligen tegen iemand/iets

bevreesd voor iemand/iets

bevriend met iemand

bevrijden van iemand/iets

bewegen tot iets

bewust van iets

bezeten van iemand/iets

bezig met iemand/iets

bijdrage(n) tot iets

in het bezit van iets

bezorgd zijn om iemand

    Ik ben bezorgd om mijn dochter.

bezorgd zijn over iets

    Ik ben bezorgd over haar gezondheid.

bezuinigen op iets

bezwijken aan iets

    Hij bezwijkt aan die ziekte.

bezwijken onder iets

    Hij bezwijkt onder de zware last.

bezwijken voor iemand/iets

    Hij bezwijkt voor de argumenten.

bidden om iets

blij met iemand/iets

    Ik ben blij met mijn nieuwe jas.

blij om iemand/iets

    Ik ben blij om jouw geluk.

bogen op iets

boos over/om iets

    Ik ben boos om/over die behandeling.

boos op iemand

    Ik ben boos op Jan.

breken met iemand

C

commentaar op iemand/iets

concluderen uit iets

condoleren met iets

D

deelachtig zijn aan iets
deelnemen aan iets
delen in iets
denken aan iemand/iets
    Ik denk aan mijn vaderland.
denken om iets
    Pas op! Denk om de natte verf!
denken over iemand/iets
    Ik denk over het probleem.
dienen met iets
    Kan ik je dienen met koffie?

dienen tot iets
    Die opmerking dient tot niets.
dingen naar iets
doelen op iemand/iets
dol op iemand/iets
doordringen van iets
doorkneed in iets
dromen van/over iemand/iets
duiden op iemand/iets
dwepen met iemand/iets
dwingen tot iets

E

het eens zijn met iemand/iets
    Ik ben het met je voorstel eens.
het eens zijn over iets
    Wij zijn het (met elkaar) over het
    voorstel eens.
eindigen met iets
    De bijeenkomst eindigt met ruzie.
eindigen op iets
    Dit woord eindigt op een n.

zich ergeren aan iemand
    Ik erger me aan de bureaucratie.
geërgerd zijn over iets
    Ik ben geërgerd over zijn late reactie.
ervaren zijn in iets
ervaring hebben met iemand/iets

F

feliciteren met iets

forceren tot iets

G

gebeten zijn op iemand
gebrand zijn op iets
gebrek hebben aan iets
gebruik maken van iemand/iets
gebukt gaan onder iets
gediend zijn van iets (alleen ontkennend)
    Ik ben niet gediend van jouw brutaliteit.
gedoemd zijn tot iets
gek op iemand/iets
gekant zijn tegen iemand/iets
gelijk hebben aan/in iets
gelijk met iemand/iets

gelijken op iemand/iets
geloven aan iemand/iets
    Het kind gelooft aan Sinterklaas.
geloven in iemand/iets
    Ik geloof in zijn onschuld.
gelukkig zijn met iemand/iets
gelukwensen met iets
gemeen met iemand/iets
gemunt op iemand/iets
genade hebben met iemand
genieten van iemand/iets
geschikt zijn voor iets

gespeend zijn van iets
gespitst zijn op iets
gesteld zijn op iemand/iets
geven om iemand/iets
gewag maken van iemand/iets
gewagen van iemand/iets
gewennen aan iemand/iets
gewoon zijn aan iets

gissen naar iets
gluren naar iemand/iets
goed in iets
gokken op iemand/iets
zich gooien op iets
grenzen aan iets
gronden op iets

H

haken naar iets
handig zijn in iets
   Zij is handig in naaien.
handig zijn met iets
   Zij is handig met naald en draad.
haperen aan iets (alleen *het* als subject)
   Het hapert aan geld.
happig zijn op iets
zich hechten aan iemand/iets

een hekel aan iemand/iets
herinneren aan iemand/iets
zich hoeden voor iemand/iets
op de hoogte van iets
hopen op iemand/iets
houden van iemand/iets
zich houden aan iets
huilen om iets
hunkeren naar iets

I

immuun voor iets
   Ik ben immuun voor je opmerkingen.
immuun tegen/voor iets
   Ik ben immuun voor/tegen die ziekte.
informeren naar iemand/iets
geïnformeerd zijn over iemand/iets
ingaan op iets
ingenomen zijn met iemand/iets

zich inlaten met iemand/iets
instaan voor iemand/iets
zich instellen op iemand/iets
intekenen op iets
interesse hebben voor iemand/iets
zich interesseren voor iemand/iets
geïnteresseerd zijn in iemand/iets
invloed op iemand/iets

K

kampen met iemand/iets
   Hij kampt met een probleem.
kampen tegen iemand/iets
   Hij kampt tegen de koorts.
te kampen hebben met iets
   Ik heb te kampen met geheugenverlies.
kans op iets
kennismaken met iemand/iets
kijken naar iemand/iets
kijk hebben op iemand/iets

krioelen van iets (subject alleen 3de persoon)
   Het krioelt van de vliegen.
kritiek op iemand/iets
kwaad om/over iets
   Ik ben kwaad om/over de behandeling.
kwaad op iemand
   Ik ben kwaad op Jan.
zich kwijten van (taak)

L

lachen om iemand/iets

zich lenen tot iets

Ik leen mij niet tot zo'n handelwijze.

zich lenen voor iets

Dit boek leent zich goed voor verfilming.

lijden aan iets

Hij lijdt aan een ziekte.

lijden onder iets

Hij lijdt onder de warmte.

lijken op iemand/iets

los van iemand/iets

losbarsten in iets

luisteren naar iemand/iets

lust in iets

M

mank gaan aan iets

mankeren aan iets (alleen *het* als subject)

Het mankeert aan geld.

meedingen naar iets

meedoen aan/met iets

Ik doe mee aan/met de wedstrijd.

meedoen met iemand/iets

Ik doe mee met jullie.

medelijden met iemand

medeplichtig aan iets

mikken op iemand/iets

N

naijverig op iemand

neerkomen op iemand/iets

zich neerleggen bij iets

neigen tot iets

nieuwsgierig naar iemand/iets

nijdig om/over iets

Ik ben nijdig om/over die behandeling.

nijdig op iemand

Ik ben nijdig op Jan.

noodzaken tot iets

nopen tot iets

O

onderdoen voor iemand/iets

onderhevig aan iets

onderwerpen aan iemand/iets

ongerust over iemand/iets

onkundig van iets

zich onledig houden met iets

ontbloot van iets

ontbreken aan iets (alleen *het* als subject)

zich ontfermen over iemand/iets

ontgroeien aan iets

ontheffen van iets

zich onthouden van iets

ontkomen aan iemand/iets

ontlenen aan iemand/iets

ontslaan van iets

ontsnappen aan iemand/iets

ontstaan uit iets

zich onttrekken aan iets

onverschillig voor iemand/iets

zich opdringen aan iemand

opgaan in iemand/iets

opgewassen zijn tegen iemand/iets

ophouden met iets

opkomen voor iemand/iets

opmaken uit iets
opwegen tegen iets
opwekken tot iets
opzien tegen iemand/iets

overgaan tot iets
overhalen tot iets
overtuigen van iets
een overwinning behalen op iemand

P

passen op iemand/iets
    Hij past op de kinderen.
passen bij iemand/iets
    Die kleuren passen bij elkaar.
plezier hebben in/om/van iemand/iets

pochen op iemand/iets
een poging tot iets
prat gaan op iets
profiteren van iemand/iets

R

raden naar iets
reageren op iemand/iets
recht op iets
redden uit iets
    Hij redt hem uit het water.
redden van iets
    Hij redt hem van de dood.
refereren aan iemand/iets
rekenen op iemand/iets

rekening houden met iemand/iets
zich rekenschap geven van iets
(zich) richten tot iemand/iets
    Ik richt het woord tot u.
zich richten naar iemand/iets
    Ik richt mij naar jouw wensen.
rijk aan iets
ruiken naar iets

S

zich schamen over iets
    Ik schaam me over mijn slechte resultaten.
zich schamen voor iemand/iets
    Ik schaam me voor mijn vader.
scheiden van iemand/iets
schelden op iemand/iets
schelen aan iets
    Wat scheelt eraan? Je ziet er slecht uit (idioom).
schelen in iets
    Het scheelt me in tijd als jij me bij het werk helpt.
schelen met iemand in/van iets
    Ik scheel met jou in/van leeftijd.
schieten op iemand/iets

zich schikken in iets
    Ik schik me in de situatie.
zich schikken naar iemand/iets
    Ik schik me naar jouw wensen.
in (zijn) schik zijn met iemand/iets
schorten aan iets (alleen *het* als subject)
    Het schort mij aan tijd, ik kom niet klaar.
schrikken van iemand/iets
slaan op iemand/iets
slagen in iets
    Hij is geslaagd in het vinden van werk.
slagen met iets
    Hij is geslaagd met het vinden van werk.
slagen voor (examen)
    Hij is geslaagd voor het examen.
slecht in iets

smachten naar iets

smaken naar iets

smeken om iets

snakken naar iemand/iets

solliciteren naar

zich specialiseren in iets

spijt van iets

zich spitsen op iets

spotten met iets

staan op iets

staat maken op iemand/iets

in staat zijn tot iets

staren naar iemand/iets

stemmen op iemand/iets

    Ik stem op die politieke partij.

stemmen tot iets

    Die opmerking stemt tot nadenken.

sterven aan iets

steunen op iemand/iets

stikken in iets

    Ze is gestikt in een visgraatje.

stikken van iets

    Die vertaling stikt van de fouten.

stoelen op iets

stoppen met iets

zich storten op iets

strekken tot iets

streven naar iets

strijden met iets

    Wij strijden met onze persoonlijke problemen.

strijden tegen iemand/iets

    Wij strijden tegen de honger.

in strijd met iets

    Je gedrag is in strijd met de wet.

strijdig met iets

    Je gedrag is strijdig met je woorden.

T

tegengesteld aan iemand/iets

teleurgesteld in iemand/iets

terugkomen op iets

    Ik kom terug op mijn besluit, ik wil er nog eens over praten.

terugkomen van iets

    Ik kom terug van mijn besluit, ik wil het veranderen.

tevreden met iemand/iets

    Ik.ben tevreden met mijn werk, het is leuk om te doen.

tevreden over iemand/iets

    Ik ben tevreden over mijn werk, het is goed gedaan.

toelaten tot iemand/iets

zich toeleggen op iets

toevoegen aan iets

toezien op iets

tornen aan iets

trakteren op iets

trek in iets

treuren om iets

trots op iemand/iets

trouw aan iemand/iets

trouwen met iemand

tuk op iets

twijfelen aan iemand/iets

in twijfel zijn over iemand/iets

U

uitbarsten in iets

uitgaan van iets

zich uitgeven voor iemand

uitkijken naar iemand/iets

    Wij kijken uit naar de vakantie.

uitkijken op iets

    Dit raam kijkt uit op het park.

uitkijken voor iemand/iets

    Kijk uit voor die auto!

uitkomen op iets

uitlopen op iets   een uitzondering op iets
uitzien naar iets

V

vatbaar voor iets   verlossen van iemand/iets
vechten met iemand/iets   zich verlustigen in iets
    De jongens vechten met elkaar.   veroordelen tot iets
vechten tegen iets   verontrust zijn over iemand/iets
    Ik vecht tegen de slaap.   verschillen met iemand in/van iets
verantwoordelijk voor iemand/iets   Ik verschil met jou in/van leeftijd.
verdacht zijn op iets   verschillen van iemand in iets
    Je moet verdacht zijn op tocht.   Ik verschil van jou in leeftijd.
verdenken van iets   verschoond van iets
    Hij wordt verdacht van moord   verslaafd aan iets
zich verdiepen in iets   zich verslingeren aan iemand
verdriet om iemand/iets   verstand van iets
zich vergapen aan iets   versteld van iemand/iets
vergelijken met iemand/iets   verstoken van iemand/iets
zich vergenoegen met iets   verstomd van iets
zich vergewissen van iets   vertrouwen op iemand/iets
vergezeld van iemand   vertrouwen stellen in iemand/iets
zich vergissen in iemand/iets   vervaardigen uit/van iets
zich verheugen in iets   vervreemden van iemand/iets
    Hij verheugt zich in een goede   vervuld van iemand/iets
    gezondheid.   verwant met iemand/iets
zich verheugen op iets   verwijzen naar iemand/iets
    Ik verheug me op het feest van   verwittigen van iets
    volgende week.   zich verzadigen aan iets
zich verheugen over iemand/iets   verzoeken om iets
    Ik verheug me over uw goede   verzoenen met iemand/iets
    resultaten   verzot op iets
zich verhouden tot iets   vluchten voor iemand/iets
zich verkijken op iets   voelen voor iemand/iets
verkikkerd op iemand   vol met iemand/iets
verlangen naar iemand/iets   De trein zat vol (met) mensen.
zich verlaten op iemand/iets   vol (vervuld) van iemand/iets
verlegen om iets   Ik was vol van het nieuws, ik sprak over
    Ik ben verlegen om suiker, ik heb geen   niets anders.
    suiker meer.   voldoen aan iemand/iets
verlegen met iets   volharden in iets
    Ik ben verlegen met al dat eten, ik heb   volstaan met iemand/iets
    veel te veel.   voorafgaan aan iemand/iets
verleiden tot iets   zich voorbereiden op iets
verliefd op iemand/iets   voorkeur geven aan iemand/iets
verliezen van iemand   voorkeur hebben voor iets

voorsprong hebben op iemand/iets

voortgaan met iets

voortkomen uit iets

voortvloeien uit iets

vooruitlopen op iets

voorzien in iets

    Deze grammatica voorziet in een behoefte.

voorzien van iets

    An voorziet ons van koffie.

vragen naar iemand/iets

    Ik vraag naar zijn gezondheid.

vragen om iemand/iets

    Ik vraag om een glas water.

vragen over iemand/iets

    Ik vraag over de grammatica.

vrijspreken van iets

vrijstellen van iets

W

waarschuwen voor iemand/iets

    Ik waarschuw je voor die man, hij is gevaarlijk.

waarschuwen tegen iets

    Ik waarschuw je voor/tegen te veel roken.

wachten op iemand/iets

zich wachten voor iemand/iets

zich wagen aan iets

waken over iemand

    De politie waakt over onze huizen.

waken voor iemand/iets

    De politie waakt voor inbraak.

walgen van iemand/iets

wanhopen aan iets

wars zijn van iets

wedden om iets met iemand

wedijveren met iemand

wemelen van (subject alleen 3de persoon)

    De oefening wemelt van de fouten.

(zich) wenden naar (richting)

    Het schip wendt de steven naar het zuiden.

zich wenden tot iemand/iets

    Ik wend mij tot de gemeente.

wennen aan iemand/iets

zich werpen op iets

zich wijden aan iemand/iets

wijken voor iemand/iets

wijten aan iemand/iets

wijzen naar iemand/iets

    De richtingaanwijzer wijst naar rechts.

wijzen op iemand/iets

    Ik wijs u op de mogelijkheden.

winnen aan iets

    Door goede belichting wint het schilderij aan schoonheid.

winnen van iemand/iets

    De bokser wint van zijn tegenstander.

worstelen met/tegen iemand/iets

Z

zegevieren over iemand

zeker van iemand/iets

zin in iets

zinnen op iets

zinspelen op iemand/iets

zoeken (naar) iemand/iets*

    Ik zoek mijn boek, het zal wel op tafel liggen.

    Ik zoek al wekenlang naar mijn boek; ik word er gek van!

zorgen voor iemand/iets

zich zorgen maken over iemand/iets

zuiveren van iets

zwemen naar iets

zweren bij iets

zwichten voor iemand/iets

---

*   *zoeken* komt meestal voor zonder *naar*, dus met een direct object.
    zoeken naar geeft een intensivering van het zoeken, een 'alles overhoophalen' om iets te vinden.

18

De negatie - ontkenning

I   Algemeen gebruik van de negatie

735   Het Nederlands kent twee woorden voor de negatie in algemene zin: *geen* en *niet*.

A   *Geen*

736   *Geen* wordt alleen gebruikt voor de negatie van een substantief dat in
generaliserende betekenis gebruikt wordt.
Generaliserende betekenis wil zeggen dat er in een zin zonder negatie óf het
onbepaalde lidwoord *een* óf geen lidwoord voor het substantief staat (zie 76).

- Heeft hij een huis?   – Nee, hij heeft geen huis.
- Leest hij boeken?   – Nee, hij leest geen boeken.
- Neemt hij suiker in zijn koffie?   – Nee, hij neemt geen suiker
                             in zijn koffie.

- Spreekt hij Nederlands?   – Nee, hij spreekt geen Nederlands.
- Is hij Nederlander?   – Nee, hij is geen Nederlander.

737   Tussen *geen* en het substantief dat ontkend wordt, kan staan:
– een adjectief;
– een adjectief versterkt door een adverbium;
– een bepaald telwoord.

- Willen jullie gele vla?   – Dank je, wij willen geen gele vla.
- Heeft hij een goed woordenboek? – Nee, hij heeft geen goed woordenboek.
- Heeft hij bruine schoenen   – Nee, hij heeft geen bruine schoenen
  gekocht?   gekocht.
- Is dit een goed gebouwd huis?   – Nee, dit is geen goed gebouwd huis.
- Zijn hier twintig mensen?   – Nee, hier zijn geen twintig mensen.

738   Soms wordt *geen* versterkt door *enkel(e)*.

- Heb je geen postzegel?   – Nee, ik heb geen enkele postzegel.
- Heb je een kwartje voor me?   – Nee, ik heb geen enkel kwartje.

739   *Geen* kan zelfstandig gebruikt worden na *er* (zie 580, *er* + telwoord).

- Heb je een auto?   – Nee, ik heb er geen.
- Zitten er nog koekjes in de trommel? – Nee, er zitten er geen meer in de trommel.
- Staan er flessen in de koelkast?   – Nee, er staan er geen in de koelkast.

740   *Geen* kan nooit voorkomen samen met het onbepaalde lidwoord *een* (zie 76), maar wel
soms voor het telwoord *één*, vooral in gesproken taal.

- In de vakantie hebben wij geen één dag regen gehad.

In geschreven taal vindt men
> • In de vakantie hebben wij niet één dag regen gehad.

741   *Geen* komt in de schrijftaal voor in de betekenis van *niemand*.
> • Geen wist van het ongeluk.

B   *Niet*

742   *Niet* ontkent alle woorden, behalve een substantief in een generaliserende betekenis (zie 736, geen).
Het is moeilijk vaste regels te geven voor de plaats van *niet* in de zin.
Hieronder worden alleen enkele richtlijnen gegeven.

743   *Niet* staat in principe vóór het woord dat ontkend wordt, behalve wanneer dit woord de persoonsvorm van een werkwoord is.

744   1. Negatie van de persoonsvorm van een werkwoord in een hoofdzin.
Niet staat in een hoofdzin nooit vóór de persoonsvorm van het werkwoord dat ontkend wordt.
Niet staat in het algemeen zo ver mogelijk achteraan in de zin.
Tussen de persoonsvorm en *niet* staan dikwijls andere woorden, zoals een adverbium, een personaal pronomen, of een substantief in specificerende betekenis (zie 77).
> • Komt hij?   – Nee, hij komt niet.
> • Komt hij morgen?   – Nee, hij komt morgen niet.
> • Kent hij haar?   – Nee, hij kent haar niet.
> • Weet hij de weg in Amsterdam?   – Nee, hij weet de weg in Amsterdam niet.
>
> • Is de heer De Vries onze leraar?   – Nee, de heer De Vries is onze leraar niet.
> • Is dat zijn moeder?   – Nee, dat is zijn moeder niet.

745   Een infinitief, een participium of een prefix van een scheidbaar werkwoord staan in principe helemaal achteraan in een hoofdzin, ze staan dus ook na *niet*!
> • Komt hij vanavond eten?   – Nee, hij komt vanavond niet eten.
> • Heeft Jan haar gezien?   – Nee, Jan heeft haar niet gezien.
> • Belt hij de heer De Vries op?   – Nee, hij belt de heer De Vries niet op.

746   2. Negatie van andere woorden.
In alle andere gevallen staat *niet* in principe vóór het woord dat ontkend wordt.

Adjectief
> • Zijn deze schoenen nieuw? ·   – Nee, deze schoenen zijn niet nieuw.

Adverbium
> • Heeft hij het goed gedaan?   – Nee, hij heeft het niet goed gedaan.

Prepositiegroep
> • Gaat hij naar het station?   – Nee, hij gaat niet naar het station.
> • Is hij bij mijnheer De Vries geweest?   – Nee, hij is niet bij mijnheer De Vries geweest.

Onbepaald hoofdtelwoord
> • Heeft hij veel postzegels?   – Nee, hij heeft niet veel postzegels.

747   3. Negatie in een bijzin.
In een bijzin staan de werkwoordsvormen in principe aan het eind, dus in
een bijzin staan die werkwoordsvormen ook na *niet*.
> • Hij zegt dat hij vanavond niet komt eten.
> • Hij zegt dat hij de weg in Amsterdam niet weet.
> • Ik weet waarom hij morgen niet komt.
> • De mensen die de huur niet betaald hebben, worden uit het huis gezet.

C   Samenvatting

748   *Geen* ontkent een substantief in een generaliserende betekenis.
Niet ontkent in alle andere gevallen.

Vergelijk
> • Ik heb geen postzegels. Het woord *postzegels* wordt ontkend: ik heb niet één
>   postzegel, geen enkele postzegel.
> • Ik heb niet veel postzegels. Het woord *veel* wordt ontkend: ik heb wel
>   postzegels, maar niet veel.
> • De burgemeester heeft beloofd geen huizen te zullen laten bouwen. Het
>   woord *huizen* wordt ontkend: er worden geen huizen gebouwd, heeft de
>   burgemeester beloofd, maar misschien wel een school.
> • De burgemeester heeft niet beloofd huizen te zullen laten bouwen. Het
>   woord *beloofd* wordt ontkend: men wil huizen laten bouwen, maar de
>   burgemeester heeft niet beloofd dat die huizen gebouwd mogen worden.

749   Soms maakt het in betekenis bijna geen verschil welk woord in de zin ontkend wordt. Er is
bijna geen verschil tussen:
> • Hij heeft niet een hond, maar (hij heeft) (wel) een kat.
> • Hij heeft geen hond, maar (hij heeft) (wel) een kat.
> • Hij heeft geen postzegels, maar hij kan ze wel gaan kopen (*postzegels* wordt
>   ontkend).
> • Postzegels heeft hij niet, maar hij kan ze wel gaan kopen (*heeft* wordt ontkend).
Het substantief (hier *postzegels*) moet in dit laatste geval aan het begin van de zin staan.

750   *Niet* ontkent het woord dat erop volgt (behalve in het geval van de persoonsvorm
van een werkwoord).
Vergelijk het verschil in betekenis.
> • Niet iedereen was tevreden. Het woord *iedereen* wordt ontkend, sommige
>   mensen waren wel tevreden.
> • Iedereen was niet tevreden. Het woord *tevreden* wordt ontkend, iedereen
>   was ontevreden, dat wil zeggen niemand was tevreden.

751   Soms is er bijna geen verschil in betekenis bij verschillende plaatsen van *niet*. Het gaat hier
om zinnen waarbij het niet zo belangrijk is welk woord ontkend wordt.

Vergelijk
- Hij komt morgen niet, maar overmorgen wel.
- Hij komt niet morgen, maar wel overmorgen.

II   Bijzonder gebruik van de negatie

Behalve *geen* en *niet* zijn er enkele andere woorden die ook een zin ontkennend kunnen maken en die gebruikt worden om een bepaalde betekenis aan de negatie te geven.

A   Woorden in plaats van *geen* en *niet*

752   *nooit*

Nooit kan alle woorden ontkennen.
- Zij neemt nooit suiker in haar koffie.
- Hij komt nooit op tijd.

Nooit kan, waar nodig, gevolgd worden door het lidwoord *een*.
- Hij heeft nooit een auto gehad.

De plaats van *nooit* in de zin is dezelfde als de plaats van *niet*.
- Hij komt nooit.
- Hij is nooit bij mijnheer De Vries geweest.
- Hij doet het nooit goed.
- Hij doet het nooit.
- Hij belt zijn oom nooit op.
- Hij zegt dat hij zijn oom nooit heeft gezien.

753   *niemand* (zie *iemand* 521, 522)
- Niemand wist van het ongeluk.

754   *niets* (zie *iets* 521, 522, 543-545)
- Hij heeft niets gezegd.

755   *nergens* (zie *ergens* 543, 544, 799-801, 810)
- Ik kan het boek nergens vinden.

Nergens wordt in sommige gevallen gebruikt in plaats van *niets* in combinatie met een prepositie (zie 543).
- Hij zegt nergens van te weten (nergens van = *van niets*).

756   *noch* (zie ook 594)

Noch ontkent twee gelijkwaardige personen of zaken in één zin. Vaak wordt het woord *noch* herhaald, maar dat is niet nodig.
Vergelijk
- Ik ben noch in Spanje, noch in Italië geweest.
- Ik ben in Spanje noch in Italië geweest.

Beide zinnen betekenen:

- Ik ben niet in Spanje en ook niet in Italië geweest.

- Ik heb noch thee noch koffie in huis.
- Ik heb thee noch koffie in huis.

Beide zinnen betekenen:

- Ik heb geen koffie en ook geen thee in huis.

- Noch Jan noch Piet zijn hier geweest.
- Jan noch Piet zijn hier geweest.

Beide zinnen betekenen:

- Jan is niet hier geweest en Piet ook niet.

B   Woorden naast *geen* of *niet*

Soms is het gebruik van alleen *geen* of *niet* niet voldoende om de betekenis van de ontkennende zin goed aan te duiden. Ook andere woorden in de zin zonder negatie moeten dan bij het ontkennend maken veranderd worden.

758   *al ... nog niet, nog geen*

- Ben je al klaar? Nee, ik ben nog niet klaar.
- Heb je al een huis? Nee, ik heb nog geen huis.

759   *nog ... niet meer, geen meer*

- Is Piet er nog? Nee, hij is er niet meer.
- Is er nog thee? Nee, er is geen thee meer.

760   *moeten ... hoeven niet, hoeven geen*

- Moet je morgen werken? Nee, ik hoef morgen niet te werken.
- Moet je een woordenboek meenemen? Nee, ik hoef geen woordenboek mee te nemen.

Let op
Bij *hoeven* is het gebruik van *te* vóór de infinitief verplicht!

761   Soms kunnen *al* met *nog geen*, *al* met *nog niet*, *nog* met *geen meer* en *nog* met *niet meer* samen met *moeten* en *hoeven* in één zin voorkomen.

- Hij denkt dat hij al een taxi moet bestellen, maar hij hoeft nog geen taxi te bestellen.
- Hij denkt dat hij al weg moet, maar hij hoeft nog niet weg.
- Ik vind dat hij nog les moet hebben, maar hij vindt zelf dat hij geen les meer hoeft te hebben.
- Hij dacht dat hij nog op toestemming van de gemeente moest wachten, maar hij hoeft niet meer te wachten.

C Twee negaties in één zin

762   Wanneer er twee negaties in één zin staan, maakt dit dat de zin niet meer ontkennend is!
- Ik kon niet niets zeggen (dat wil zeggen: ik moest wel iets zeggen).
- Niemand heeft de vragen niet beantwoord (dat wil zeggen: iedereen heeft de vragen beantwoord).

D Ontkennende vraag met ontkennend antwoord

763   Wanneer een vraag ontkennend gesteld wordt, en het antwoord een bevestiging van de ontkennende vraag is, begint het antwoord met *nee*, gevolgd door een ontkennende zin.
- Is Piet er niet? Nee, Piet is er niet.
- Komt hij vandaag ook niet? Nee, hij komt vandaag ook niet.
- Piet heeft geen auto, maar heeft hij ook geen fiets? Nee, hij heeft ook geen fiets.

E *Geen* en *niet* als aansporing

764   Bij een aansporing kunnen *geen* en *niet* gebruikt worden zonder dat er van een negatie sprake is.
- Je moet zo veel reizen. Zou je geen auto kopen?
- Je hebt toch nog tijd, wil je niet nog een kopje thee?
- Je bent ziek. Zou je niet naar de dokter gaan?

Vaak wordt als aansporing gebruikt *waarom ... geen, waarom ... niet.*
- Je schoenen zijn versleten. Waarom koop je geen nieuwe schoenen? (Koop toch nieuwe schoenen!)
- Het is zulk mooi weer. Waarom gaan we niet wandelen? (Laten we gaan wandelen!)

III Het gebruik van *wel*

765   Het woord *wel* wordt gebruikt om de nadruk te leggen op de tegenstelling tot de negatie.

766   *geen - wel*
- Hij heeft geen huis, maar wel een kamer.
- Hij leest geen boeken, maar wel kranten.
- Hij neemt geen suiker in zijn koffie, maar wel melk.
- Hij spreekt geen Nederlands, maar wel Engels.
- Hij heeft geen goed woordenboek, maar wel een goede grammatica.

767   *niet - wel*
De plaats van *wel* in de zin komt overeen met de plaats van *niet*.
- Hij kent haar niet, maar hij kent mij wel.
- Hij komt morgen niet, maar overmorgen wel.
- Hij weet de weg in Amsterdam niet, maar (hij weet de weg) in Rotterdam wel.
- Hij komt vanavond niet eten, maar hij komt morgenavond wel eten.
- Dit is niet goed, maar dat is wel goed.

• Hij gaat niet naar het station, maar wel naar het postkantoor.
• Ik ben niet bij mijnheer De Vries geweest, maar wel bij mijnheer De Jong.

768   *nooit - wel eens*

• Ik ben nooit in Rotterdam geweest, maar wel eens in Amsterdam.

769   *niemand - wel iemand*

• Er is niemand beneden maar er is wel iemand boven.

770   *niets - wel iets*

• Ik heb niets te eten, maar ik heb wel iets te drinken.

771   *nergens - wel ergens*

• Ik kan nergens paarse schoenen vinden. Heb jij ze wel ergens gezien?

19

— **Zinsbouw - syntaxis**

772 Een volledige zin bestaat in ieder geval uit één of meer **hoofdzinnen** met soms één of meer **bijzinnen**. Het verschil in hoofdzinnen en bijzinnen kan men zien aan de woordvolgorde.
Er zijn niet altijd vaste regels te geven voor de volgorde van woorden in een zin. Toch worden er in dit hoofdstuk enkele principes uitgelegd, die kunnen helpen bij het maken van zinnen.

I   Hoofdzinnen

Voor de duidelijkheid wordt hier onderscheid gemaakt tussen:
hoofdzinnen zonder inversie (beginnen met een subject)
hoofdzinnen met inversie (beginnen met een ander zinsdeel)

A   Hoofdzinnen zonder inversie
773 Deze zinnen hebben in principe de volgende constructie:
1. **subject**
2. **persoonsvorm**
3. **overige zinsdelen**
4. **vormen van andere werkwoorden**

Hierna kunnen nog staan:
– een vergelijking (zie 826)
– een *te* + infinitiefconstructie (zie 821)
– (op gevoel) een gedeelte van een zin (zie 783)

774 1. Subject
Hoofdzinnen zonder inversie beginnen met het subject.
  • Ik ben gisteren in Amsterdam geweest.
In gesproken taal komen zinnen voor die alleen uit een subject bestaan.
  • Wie is daar? Ik.
  • Wie zegt dat? Iedereen.

775 2. Persoonsvorm
De persoonsvorm is de werkwoordsvorm die verandert als het onderwerp verandert.
  • Ik *heb* een brief geschreven, wij *hebben* een brief geschreven (*heb/hebben* is de persoonsvorm).
  • De auto *staat* te wachten, de auto's *staan* te wachten (*staat/staan* is de persoonsvorm).

776　　De persoonsvorm staat in zinnen zonder inversie altijd direct na het subject.
- Ik *kom*.
- Jan *schrijft*.
- De leerlingen uit de klas van mijnheer De Vries *schrijven*.

777　　**Er staan in principe nooit woorden tussen de persoonsvorm en het subject.**

Opmerking
In de schrijftaal staan woorden als *echter, evenwel* soms tussen subject en persoonsvorm.

778　　Een zin in de imperatief (gebiedende wijs) begint met de persoonsvorm.
- Lees eens!
- Schrijf die brief maar.
- Gaat u zitten.

779　　3.　Overige zinsdelen
De overige zinsdelen staan in zinnen zonder inversie na de persoonsvorm. De volgorde van deze zinsdelen wordt uitvoeriger behandeld in 784-803.

780　　4.　Vormen van andere werkwoorden
Het is altijd correct vormen van andere werkwoorden aan het eind van een hoofdzin te zetten, behalve bij infinitief-constructies (zie 821) en vergelijkingen (zie 826).
- Ik heb hem vorige week een brief *geschreven*.
- Ik ga hem een brief *schrijven*.
- Ik kon gisteren de brief niet aan vader *laten lezen*.

Wanneer na de persoonsvorm twee of meer vormen van andere werkwoorden staan, gelden de volgende regels.

781　　– Het participium en de hulpwerkwoorden *hebben, zijn* en *worden* kunnen van plaats wisselen.
- Ik zou hem de brief hebben geschreven.
- Ik zou hem de brief geschreven hebben.
- De brief zal wel door hem zijn geschreven.
- De brief zal wel door hem geschreven zijn.
- De brief zal morgen door het meisje worden geschreven.
- De brief zal morgen door het meisje geschreven worden.

782　　– Bij twee of meer infinitieven staat in het algemeen het werkwoord dat het meest relevant, het meest belangrijk is, achteraan.

- Piet eet.	- Jan loopt.
- Piet blijft eten.	- Je ziet Jan lopen.
- Piet wil blijven eten.	- Je had Jan moeten zien lopen!
- Piet zou willen blijven eten.	- Je zou Jan hebben moeten zien lopen!

783   Soms staan wel eens andere zinsdelen, vooral prepositiegroepen achter de vorm of
de vormen van andere werkwoorden (zie 773).
- Regen kan nadelig zijn voor de boeren, in plaats van:
  Regen kan voor de boeren nadelig zijn.
- Dit bericht is door de minister bevestigd in de Tweede Kamer.
  Dit bericht is door de minister in de Tweede Kamer bevestigd.

Omdat het moeilijk is aan te voelen wanneer zinsdelen wel of niet achter deze
werkwoordsvormen kunnen staan, wordt geadviseerd de werkwoordsvormen
altijd aan het eind van de hoofdzin te zetten.

Volgorde overige zinsdelen (vervolg 3) (zie ook 773, 779)
784   *Opmerking vooraf*
Bij alles wat onder dit nummer wordt uitgelegd, wordt ervan uitgegaan dat er
vormen van andere werkwoorden aan het eind van een hoofdzin kunnen staan
(zie 773, 780, 781, 782).

785   a.   De plaats van het direct object in relatie tot andere zinsdelen.
Om duidelijk te maken wat een direct object is, is in de volgende voorbeelden het
direct object *cursief* gedrukt.
- Ik schrijf *een brief*, Jan heeft in deze vakantie al *veel brieven* geschreven.
- Waar is het boek? Jan leest *het*.
- Hoeveel boeken heeft hij gelezen? Hij heeft er *twee* gelezen.

786   Een direct object (lijdend voorwerp) staat na een indirect object (meewerkend
voorwerp).
- Jan heeft vader *een brief* gestuurd.
- Wij sturen vader *alle brieven*.
- Ik stuur je *een brief*.
- Ik stuur je *dat*.

787   *Uitzondering*
De volgorde is meestal andersom als het direct object *hem, het* of *ze* is, en een zaak
aanduidt.
- Ik stuur je *een brief*.
- Ik stuur *hem* je.
- Ze verkopen ons *het boek* niet.
- Ze verkopen *het* ons niet.
- Ze willen hun *de boeken* niet verkopen.
- Ze willen *ze* hun niet verkopen.
- Ik geef Piet *het boek*.
- Ik geef *het* Piet.

In informeel spraakgebruik kan de volgorde variëren.

788   Bij een reflexief werkwoord staat het reflexief pronomen direct na de
       persoonsvorm, dus ook vóór een direct object.
           • Ik herinner me *die man*.
           • Ik herinner me *hem*.

789   Het personaal pronomen *het* als direct object kan vóór het reflexief pronomen staan.
           • Ik heb me *het feest* herinnerd.
           • Ik heb *het* me herinnerd.
           • Ik heb me *het* herinnerd.

790   Een personaal pronomen of zelfstandig gebruikt demonstratief pronomen als
       direct object staat vóór andere zinsdelen (tijd, plaats, manier, prepositiegroepen en
       dergelijke).
           • Ik zal hem vanavond na het eten schrijven.
           • Piet zal dat erg leuk vinden.

791   Wanneer het direct object onbepaald is, staan in het algemeen woorden als *eens,
       maar, even, al, toch, nog* vóór het direct object.
       Met *onbepaald* wordt bedoeld:
       – *een* + substantief;
       – substantief zonder lidwoord;
       – een onbepaald woord.

       Wanneer het direct object bepaald (gespecificeerd) is, staan deze woorden in het
       algemeen achter het direct object.
       Met *bepaald* wordt bedoeld:
       – *de/het* + substantief;
       – demonstratief pronomen + substantief;
       – possessief pronomen + substantief;
       – zelfstandig gebruikt demonstratief pronomen;
       – eigennaam;
       – *alle, alles, iedereen*.

       Vergelijk
           • Je moet eens *een* boek kopen.   Je moet *het leerboek* eens kopen.
           • Ik heb nog *geen brief* gelezen.   Ik heb *de brief van vader* nog niet gelezen.
           • Heb je al *erwtensoep* geproefd?   Heb je *mijn erwtensoep* al geproefd?
           • Ik zal je even *een pen* geven.   Ik zal *die rode pen* even geven.
           • Ik zie al *iemand* staan.   Ik zie *alle mensen* al staan.

       In informeel spraakgebruik kan de volgorde variëren.

792   b.   De onderlinge plaats van *eens, maar, even, al, toch, nog, wel.*
       Eens staat vóór *even.*
           • Jij moet die brief eens even lezen.
       Maar staat vóór *eens.*
           • Jij moet die brief maar eens lezen.   • Jij moet die brief maar eens even lezen.

Nog, toch, wel en *al* staan vóór *eens*.

- Je moet die brief nog eens lezen.
- Je moet die brief toch eens lezen.
- Je moet die brief toch maar eens lezen.
- Je moet die brief toch nog maar eens lezen.
- Je moet die brief toch nog maar eens even lezen.
- Je moet die brief wel eens even lezen.
- Je moet die brief al (vast) maar eens even lezen.
- Ik heb die brief al eens even bekeken.

Samenvatting

793   Direct object en andere zinsdelen.
– Direct object (personaal pronomen of zelfstandig gebruikt demonstratief pronomen): zo dicht mogelijk na de persoonsvorm.
- Ik heb *hem* (= Jan) gisteren op het postkantoor gezien.
- Ik heb *ze* (= die brieven) gisteren naar het postkantoor gebracht.
- Ik heb *dat* vorige week nog gezegd.
– Direct object (substantief in specificerende betekenis): óf dicht na de persoonsvorm, óf midden in de zin
- Ik heb *mijnheer De Jong* gisteren nog gezien.
- Ik heb gisteren *mijnheer De Jong* nog gezien.
– Direct object (onbepaald): meer achteraan in de zin.
- Ik heb gisteren op het postkantoor *een klein kind* gezien.

c. Tijd, plaats, manier.

794   Tijd
Woorden als *gisteren, vandaag, nu, op het ogenblik, om acht uur, woensdag* staan meestal dicht bij de persoonsvorm.
- Ik ga straks een brief schrijven.
- Ik ga om acht uur naar de bioscoop.

795   Plaats
In het algemeen staat een prepositiegroep, vooral een prepositiegroep die een plaats aanduidt, tamelijk ver van de persoonsvorm vandaan. Dit geldt ook voor prepositiegroepen als *aan vader, met Piet*. De volgorde kan eventueel variëren wanneer de nadruk op een ander woord komt.
- Ik ga straks een brief aan vader schrijven.
- Ik ben gisteren in Amsterdam geweest.
- Ik heb hem gisteren in Amsterdam gezien.
- Hij heeft op het feest veel gedronken.
- Ik woon al lang in Nederland.

Algemene regel: tijd komt vóór plaats!
- Ik ga morgen naar Amsterdam.
- Ik woon al lang in Nederland.

Uitzondering
Er, en soms *hier* en *daar* als plaatsbepaling.
- Ik woon al lang in Nederland.   – Ik woon er al lang.
- Ik woon al lang hier, of   – Ik woon hier al lang.

796   Manier
Algemene regel: tijd komt vóór manier!
- Ik heb vannacht slecht geslapen.
- Ik ben gisteren met de trein gegaan.
- Je hebt de brief goed geschreven.
- Hij kon altijd goed brieven schrijven.
- Ik ben gisteren goed in Amsterdam aangekomen.

Voor de volgorde manier-plaats zijn geen vaste regels te geven.

797   d.   Prefixen en preposities aan het eind van de zin.
–   Prefixen van scheidbare werkwoorden (zie 290).
Het is altijd correct bij het uit elkaar halen van werkwoord en prefix het prefix
helemaal aan het eind van de zin te zetten.
- Ik nodig je voor het feest uit.
- De brief kwam precies op tijd aan.

Uitzondering
Wanneer bij *mee* richting of doel wordt aangegeven, staan deze bepalingen na *mee*.
- Ik ga mee naar het station.
- Hij ging altijd met ons mee naar huis.
- Hij gaat mee op kamp.
- Ze ging altijd met ons mee appels plukken.

Soms staan er andere zinsdelen, vooral zinsdelen met preposities, achter een prefix
van een scheidbaar werkwoord (zie ook 296).
- Ik nodig je *uit* voor het feest.
- Ze belde me *op* vanaf het station.

Omdat het moeilijk is aan te voelen wanneer zinsdelen wel of niet achter deze
prefixen kunnen staan, wordt geadviseerd het prefix en vergelijkbare woorden
altijd aan het eind van de hoofdzin te zetten.

798   Met scheidbare werkwoorden zijn te vergelijken werkwoorden die vaak in vaste
combinatie met andere woorden voorkomen, zoals: *nodig hebben, te weten komen, te
binnen schieten, op de hoogte stellen*.
- Ik heb brood van de bakker nodig.
- Zijn naam schiet mij niet te binnen.
- Wij stellen Piet van het nieuws op de hoogte.

799   –   Preposities in combinatie met *er, hier, daar, waar, ergens, nergens, overal* (zie 670).
Het is altijd correct de prepositie in combinatie met *er, hier, daar, waar, ergens* of

overal zo ver mogelijk van de persoonsvorm vandaan te zetten, wanneer de combinatie uit elkaar gehaald wordt.
- De brief is klaar, ik plak *er* vlug een postzegel *op*.
- Hij is zo knap, hij heeft *overal* verstand *van*.

Uitzondering
Wanneer bij *mee* richting of doel wordt aangegeven, staan deze bepalingen na *mee*.
- De brief, ik moet *er* morgen *mee* naar het postkantoor.

800   *Let op*
Prefixen van scheidbare werkwoorden staan achter deze preposities!
- Hij geeft een groot feest en hij nodigt *er* al zijn vrienden *voor* uit. (uitnodigen voor ...)
- Ik heb veel werk, maar ik houd *er* nu *mee* op. (ophouden met ...)

801   *Er* staat in een hoofdzin vlak na de persoonsvorm. Alleen de personale pronomina *hem, het* en *ze* die naar zaken verwijzen, staan tussen de persoonsvorm en *er*.
- Heb je de brief op mijn bureau gelegd? Ja, ik heb hem er gisteren al op gelegd.
- Wil je melk in de thee? Ik heb het er nog niet in gedaan.
- Heb je de aardappels uit de koelkast gehaald? Nee, ik heb ze er nog niet uit gehaald.

Wanneer een personaal pronomen een persoon aanduidt, zijn er twee mogelijkheden:
- Dat probleem? Ik heb er vader een brief over geschreven.
  Dat probleem? Ik heb hem er een brief over geschreven. Of:
  Ik heb er hem een brief over geschreven.
- Heb je Jan en Annie van het ongeluk verteld?
  Ik heb ze er nog niet van verteld. Of:
  Ik heb er ze nog niet van verteld.

Hetzelfde geldt voor een reflexief pronomen.
- Henk is vandaag jarig. Annie heeft zich er erg op verheugd. Of:
  Annie heeft er zich erg op verheugd.

Hier, daar, ergens, nergens en *overal* kunnen in een hoofdzin ook vlak na de persoonsvorm staan.
- Weet u niets van dit gekke geval? Ik heb hier een brief over geschreven.
- Weet u niets van dat geval? Ik heb daar een brief over geschreven.

Een personaal pronomen en een reflexief pronomen staan tussen de persoonsvorm en *hier, daar, ergens, nergens* en *overal* in.
- Dat gekke geval wou vader weten. Ik heb hem daar een brief over geschreven.
- Jan wil dat wij alles weten. Hij schrijft ons overal brieven over.

• Ik vergis me nog wel eens, maar ik vergis me nooit in de datum. Ik vergis me daar nooit in.

• Hij doet alles wat hij wil. Hij stoort zich nergens aan.

802   e. De plaats van *ook* in de zin.

De plaats van *ook* is te vergelijken met de plaats van *niet* (zie hoofdstuk 18). Het is moeilijk hiervoor vaste regels te geven.

Ook staat altijd na de persoonsvorm van een werkwoord.

• Ik kom ook.

Tussen de persoonsvorm en *ook* kunnen andere woorden staan.

• Ik kom morgen ook.

• Ik kom morgen misschien ook.

Ook staat:

– vóór een adjectief	• Hij is ook ziek.
– vóór een adverbium	• Hij heeft het ook goed gedaan.
	• Ik ken die man ook niet.
– vóór een prepositiegroep	• Hij gaat ook naar het station.
– vóór een onbepaald direct object	• Ik heb ook een boek gelezen.
	• Ik ken ook niemand in Willemstad.
– na een bepaald direct object	• Ik ken die man ook.

Vergelijk

• Ik hoor de vogel ook.

• Ik hoor ook een vogel.

Soms staat *ook* vóór een subject.

• Ook ik maak vaak fouten.

Soms maakt het niet veel verschil in betekenis op welke plaats *ook* in de zin staat.

• Hij kan ook de les niet begrijpen.	• Ook hij kan de les niet begrijpen.
• Hij kan de les ook niet begrijpen.	

Wel kan in gesproken taal het accent op *ook* verschil in betekenis aanduiden.

• Annie komt óók woensdag (ik kom woensdag en Annie komt ook).

• Annie komt ook wóénsdag (ze komt maandag en ook woensdag).

Opmerking

Ook in combinatie met *maar* en *nog* staat helemaal achteraan in de zin.

• Dat is nog waar ook!	• Dat is maar goed ook!

803   f. De plaats van *niet* in de zin.

Voor de plaats van *niet* in de zin, zie 742-747, 750, 751.

B   Hoofdzinnen met inversie

804   Inversie betekent dat de persoonsvorm vóór het subject staat.

... kom je ...

... schrijft Jan ...

... schrijven de kinderen uit de klas van mijnheer De Vries.

805   De richtlijnen die gegeven zijn in 779-803 zijn ook van toepassing in zinnen met inversie.

Inversie wordt gebruikt in de volgende acht gevallen.

806   1. Vraagzinnen zonder vraagwoord die met de persoonsvorm beginnen.
- Komt Jan?
- Ben je gisteren met vader naar Amsterdam geweest?
- Gaat moeder een nieuwe auto kopen?

807   2. De meeste vraagzinnen die met een vraagwoord beginnen.
- Waar woon je?
- Waarom doen jullie je werk zo slecht?
- Welke brief heb je gelezen?
- Van wie heb je een brief gekregen?

808   *Opmerking*
Wanneer het subject een vraagwoord bevat en aan het begin van de zin staat, is er natuurlijk geen inversie.
- Wie vertelt dat verhaal?
- Wat ligt daar?
- Welke mensen komen er vanavond op het feest?

809   3. De imperatief (gebiedende wijs) in combinatie met een personaal pronomen (zie 277, 278, 280).
- Neemt u een koekje!
- Ga je weg!
- Schieten jullie op!
- Laten wij naar huis gaan!

810   4. Zinnen die geen vraagzinnen zijn en niet met het subject beginnen.
De hoofdzin begint met een ander zinsdeel (dit gebeurt bij voorbeeld om aan dat zinsdeel nadruk te geven).
– Woorden die tijd aanduiden, bij voorbeeld: *gisteren, vandaag, morgen, soms, meestal, om acht uur, zaterdag.*
- Gisteren ben ik in Amsterdam geweest.
- Soms komt Corrie bij ons eten.
- Om acht uur begint de film.

– Woorden die een plaats aanduiden, bij voorbeeld: *hier, daar, in Amsterdam, bij de familie De Vries thuis.*
- Hier ligt je boek.
- In Amsterdam wonen veel mensen.

– Woorden die een manier aanduiden, bij voorbeeld: *zo, met de trein, misschien, op die manier.*
- Zo moet je het niet doen.
- Met de trein kun je gemakkelijk in Gouda komen.

- Een direct object.
  - Jan? Die ken ik niet.
  - Dat weet ik niet.
  - Die brief heb ik nooit gekregen.

- Een indirect object.
  - Hem heb ik het nooit verteld.
  - Jou geeft hij geen bloemen.

- *Hier, daar, nergens, overal* in combinaties met een prepositie.
  - Een ongeluk? Daar heb ik niets van gehoord.
  - Overal heeft hij verstand van.

- Een verbindend adverbium (zie 659), bij voorbeeld: *daardoor, daarom, dan, toen, (op dat moment), anders, toch.*
  - De trein had vertraging; daardoor kwam ik te laat.
  - We moeten weg, anders missen we de trein.

811   In het algemeen zet men niet meer dan één zinsdeel aan het begin van de zin, voor de persoonsvorm. Zo'n zinsdeel kan één woord zijn, of een groep woorden die bij elkaar horen, of zelfs een hele bijzin.
  - Morgen ga ik misschien even naar Amsterdam.
  - Misschien ga ik morgen even naar Amsterdam.
  - Hier is het altijd erg gezellig.
  - In de kamer is het altijd erg gezellig.
  - Bij de familie De Vries thuis is het altijd erg gezellig.
  - Altijd is het bij de familie De Vries thuis erg gezellig.
  - Om vijf uur gaat iedereen meestal naar huis.
  - Als het vijf uur is, gaat iedereen meestal naar huis.
  - Meestal gaat iedereen om vijf uur naar huis.
  - Meestal gaat iedereen als het vijf uur is, naar huis.
  - Vroeger woonde hij in Egypte.
  - Toen Mohamed klein was, woonde hij in Egypte.

812   5. Na een directe rede, dat wil zeggen wanneer na het citeren van iemands woorden de persoon genoemd wordt die de woorden zegt of heeft gezegd.
  - 'Ik ben net terug van vakantie', zei hij.
  - 'Wat is het hier een rommel', denkt ze.
  - 'Komen jullie koffie drinken?', vroeg moeder.

813   6. Na *ook al / al*
  - Ik ga door met mijn werk, (ook) al ben ik moe.

Zie ook 656 en 818.

814   7. Bij een voorwaarde, waarbij geen *als* wordt gebruikt.
  - Regent het, dan gaan we niet naar het strand.

Deze constructie wordt vaak gebruikt met *mocht/mochten.*]
- Mocht het regenen, dan gaan we niet naar het strand.
- Mocht je zin hebben te komen, dan ben je welkom.
- Mochten er nog vragen zijn, dan kunt u die nu stellen.

815   8. Na *als* (in de betekenis van *alsof*) in de schrijftaal, in zinnen van onwerkelijkheid.
- Hij deed als had hij nog nooit in zijn leven een dokter gezien.

816   **Geen inversie in hoofdzinnen waar men dat misschien wel zou verwachten.**
- Na nevenschikkende conjuncties als *en, of maar, want, doch, zowel, ofwel, oftewel.*
- **Hij spreekt Chinees en hij spreekt ook Japans.**
- **Ik kan wel bij je komen, maar ik kan niet lang blijven.**
- **Hij heeft geen geld, want hij heeft net een huis gekocht.**
- **We gaan op de fiets of we nemen de bus.**

817   Een komma geeft soms aan dat er een nieuwe hoofdzin begint.

Vergelijk
- Nu moet ik weg.   – Nu, ik moet weg.
- Natuurlijk staat het bericht in de krant. – Natuurlijk, het bericht staat in de krant.

818   – Wanneer een zinsdeel met *(ook) al* voorop staat in de zin, geeft dat geen inversie in het andere gedeelte van de zin.
De tweede hoofdzin begint vaak met *toch*; dan krijgt men daardoor natuurlijk wel inversie!
- Ook al ben ik moe, ik ga toch door met mijn werk.
- Ook al ben ik moe, toch ga ik door met mijn werk.
- Ook al lijkt ze aardig, je moet haar toch niet geloven.
- Ook al lijkt ze aardig, toch moet je haar niet geloven.

819   – Soms komen vraagwoorden voor in combinatie met *ook (maar)*, bij voorbeeld: *wie ook (maar), wat ook (maar), welke ook (maar), waar ook (maar)*. Deze vraagwoorden worden gevolgd door een bijzin (zie 848).
De hoofdzin die op deze bijzin volgt, krijgt geen inversie!
- Wie je ook hoort, *iedereen is* enthousiast.
- Wat je ook tegen hem zegt, *hij gelooft* je toch niet.
- Welk middel ik ook geprobeerd heb, *het heeft* niet geholpen.
- Waar je ook naar toe gaat, *ik zal* altijd aan je denken.

C   De *te* + infinitief constructie
820   Deze combinatie behoort eigenlijk tot de bijzinnen, maar heeft een wat afwijkende constructie.
De constructie *te* + infinitief heeft meestal een aanvulling.
- Ik ga naar de stad om *kaartjes voor de film* te kopen.
- Ik koop zeep om *mijn kleren mee* te wassen.
- Ik vond het moeilijk *met hem* te praten.
- Hij belooft mij *geen brief aan vader* te schrijven.

821   *Te* + infinitief, wel of niet voorafgegaan door een aanvulling, staat helemaal aan het
       eind van een hoofdzin of van een bijzin, dus na alle andere werkwoordsvormen in
       de hoofdzin of bijzin.
       • Ik wilde naar de stad gaan *om kaartjes voor de film te halen.*
       • Ik heb het nooit moeilijk gevonden *met hem over zijn vader te praten.*
       • Hij heeft mij beloofd *geen brief aan vader te schrijven.*

822   Vergelijk de zinnen *a* met *beloven* en *b* met *hoeven.*

a	Hij belooft	geen brief	te schrijven.
b	Hij hoeft	geen brief	te schrijven.
a	Hij zal beloven	geen brief	te schrijven.
b	Hij zal	geen brief hoeven	te schrijven.
a	Hij zegt dat hij belooft	geen brief	te schrijven.
b	Hij zegt dat hij	geen brief hoeft	te schrijven.

       Het werkwoord *beloven* kan niet gebruikt worden in een constructie zoals met
       hoeven. Andersom kan *hoeven* niet gebruikt worden zoals *beloven.*

823   Werkwoorden zoals *beloven* zijn ook:

• achten	• dreigen	• leren (zie 218)	• verzinnen
• beogen	• eisen	• pogen	• vinden (zie 220)
• besluiten	• gebieden	• verbieden	• vragen
• bevelen	• gelasten	• vergeten	• wagen
• beweren	• geloven	• verklaren	• weigeren
• denken	• hebben (zie 219)	• verlangen	• zeggen

824   Werkwoorden zoals *hoeven* zijn ook:

• beginnen	• komen (zie 220)	• staan (zie 213)	• zitten (zie 213)
• behoren	• liggen (zie 213)	• vallen	
• blijken	• lijken	• wensen	
• dienen	• lopen (zie 213)	• weten	
• durven	• plegen	• zien (zie 220)	
• hangen (zie 213)	• schijnen	• zijn	

       Nog een paar voorbeelden:
       • Jan weigert een boodschap te doen. (a)
       • Jan schijnt een boodschap te doen. (b)
       • Moeder zegt dat Jan weigert een boodschap te doen. (a)
       • Moeder zegt dat Jan een boodschap schijnt te doen. (b)

825   De volgende werkwoorden kunnen in beide constructies gebruikt worden: *hopen, menen,*
       proberen, trachten.
       • Jan probeert een vis te vangen.
       • Ik zal proberen een vis te vangen. (a)
       • Ik zal een vis proberen te vangen. (b)
       • Hij zegt dat hij probeert een vis te vangen. (a)
       • Hij zegt dat hij een vis probeert te vangen. (b)

D   Vergelijkingen

826   Vergelijkingen volgen na: *alsof, dan, zo ... als, zoals, even ... als, net ... als, evenals, hoe ... hoe, hoe ... des te.*

De vergelijking staat in het algemeen aan het eind van de hoofdzin.
- Hij kan beter schrijven dan ik.
- Zij heeft net zo hard gewerkt als ik.
- Hij staat veel later op dan Jan.
- Wij hebben meer verstand van auto's dan de mensen van die garage.
- Ik heb net zo veel slaap als jij.

Als de vergelijking kort is, kan hij soms ook binnen de hoofdzin staan.
- Hij heeft meer dan ik gegeten.
- Wij hadden met dit werk eerder dan 1 december klaar willen zijn.

Omdat het moeilijk is aan te voelen wanneer een dergelijke constructie wel of niet mogelijk is, wordt geadviseerd de vergelijking altijd aan het eind van de zin te zetten.

827   De combinatie *meer dan genoeg* wordt alleen binnen een hoofdzin gebruikt.
- Ik heb meer dan genoeg gewerkt.
- U zult meer dan genoeg tijd voor huiswerk hebben.

828   Vaak bestaat een vergelijking uit een niet complete zin, zoals in bovenstaande voorbeelden. Wanneer de vergelijking wel in een complete zin wordt gebruikt, is deze zin een bijzin (zie 845-846).

II   Bijzinnen

829   De bijzinnen die hier worden behandeld, bestaan in het algemeen uit een woord dat maakt dat er een bijzinconstructie moet volgen (zie 839, 840, 841 en 845), gevolgd door:
1. subject
2. overige zinsdelen
3. persoonsvorm en vorm(en) van andere werkwoorden.

De informatie in een bijzin hoeft niet minder belangrijk te zijn dan die in een hoofdzin, zeker niet als een zin met een bijzin begint.
Een bijzin komt in principe niet zonder hoofdzin voor.

A   De woordvolgorde in bijzinnen

830   1. De plaats van het subject.
Het is altijd correct het subject helemaal vooraan in de bijzin te zetten.
- Ik was gisteren niet in de les omdat *ik* gisteren in Amsterdam was.
- Hij zegt dat *de mensen* in het algemeen te veel eten.

Soms begint een bijzin weleens niet met het subject.
- Hij zegt dat in het algemeen *de mensen* te veel eten.

Omdat het moeilijk is aan te voelen wanneer een dergelijke constructie wel of niet mogelijk is, wordt geadviseerd een bijzin altijd met het subject te beginnen.

In indirecte vraagzinnen (zie 840) en relatieve bijzinnen (841) kan het woord dat maakt dat er een bijzin moet volgen, tegelijkertijd het subject van de bijzin zijn.
- Ik weet niet wie dat tegen hem heeft gezegd.
- Dit is het huis dat al jaren leeg staat.

831   2. Overige zinsdelen.
De volgorde is dezelfde als die in hoofdzinnen (zie 784-803).

hoofdzin		Jan heeft	vader een brief gestuurd.
bijzin	Ik weet dat	Jan	vader een brief gestuurd heeft.
		Jan	vader een brief heeft gestuurd.

hoofdzin		Ik heb	het boek van Jan nog niet gelezen.
bijzin	Ik zeg dat	ik	het boek van Jan nog niet gelezen heb.
		ik	het boek van Jan nog niet heb gelezen.

hoofdzin		Ik heb	net op straat iets leuks gezien.
bijzin	Weet je dat	ik	net op straat iets leuks gezien heb?
		ik	net op straat iets leuks heb gezien?

| *hoofdzin* | | Hij ging | altijd met ons mee naar huis. |
| *bijzin* | Je weet dat | hij | altijd met ons mee naar huis ging. |

| *hoofdzin* | | Zijn | naam schiet me niet te binnen. |
| *bijzin* | Wat gek dat | zijn | naam me niet te binnen schiet. |

| *hoofdzin* | | Je moet | dat boek toch maar eens even lezen. |
| *bijzin* | Ik vind dat | je | dat boek toch maar eens even moet lezen. |

832   3. De persoonsvorm en vormen van andere werkwoorden.
Het is (behalve de drie uitzonderingen zie 836-838) altijd correct de persoonsvorm en vormen van andere werkwoorden aan het eind van de bijzin te zetten.
- Ik hoef hem niet op te bellen omdat ik hem een brief ga schrijven.
- U weet dat ik hem vorige week een brief heb geschreven.
- Ze belt op als ze in het ziekenhuis is geweest.

833   De persoonsvormen van de hulpwerkwoorden *hebben, zijn* en *worden* en het participium kunnen van plaats wisselen.
- Je kunt de brief meenemen zodra ik hem geschreven heb.
- Je kunt de brief meenemen zodra ik hem heb geschreven.
- Ik weet dat de brief gisteren geschreven is.
- Ik weet dat de brief gisteren is geschreven.
- Ik beloof je dat de brief morgen geschreven wordt.
- Ik beloof je dat de brief morgen wordt geschreven.

834 Bij de persoonsvorm van de werkwoorden *willen, mogen, moeten, kunnen, zullen* en *gaan* komt meestal eerst de persoonsvorm van deze werkwoorden, en daarna de daaropvolgende infinitief en eventuele participia.
- Hij zegt dat hij vanavond niet kan komen.
- Ik eet een appel voordat ik ga slapen.
- Hij zegt dat Piet de brief zou hebben geschreven.

Maar ook is mogelijk:
- Hij zegt dat hij vanavond niet komen kan.
- Ik eet een appel voordat ik slapen ga.
- Hij zegt dat Piet de brief geschreven zou hebben.

835 De persoonsvorm van de werkwoorden *komen, blijven, laten, doen, horen, zien, helpen* en *leren* staan altijd voorop, en daarna staat de infinitief of de infinitieven van andere werkwoorden.
Bij twee of meer infinitieven staat de persoonsvorm voorop, en staan de infinitieven in dezelfde volgorde als in de hoofdzin (zie 782).
- Ze heeft beloofd dat ze in de klas komt kijken.
- Ze zei dat ze in de klas zou willen komen kijken.
- Hij zegt dat hij vanavond bij ons blijft eten.
- Het is nodig dat je je haar laat knippen.
- Hij zegt dat hij zijn haar heeft laten knippen.
- Hij doet net alsof hij mij niet ziet staan.
- Ik dacht dat Piet graag zou willen blijven eten.
- Vader zei dat je Jan zou hebben moeten zien lopen.

836 4. Een *te* + infinitief constructie staat altijd helemaal aan het eind (zie 820-825).
- Hij zei dat hij zou proberen *te komen*.
- Hij zegt dat hij van plan is *morgen te komen*.
- Ik zeg dat ik naar de stad ga *om kaartjes voor de film van vanavond te halen*.
- Ik ben niet naar hem toegegaan omdat ik het moeilijk vond *met hem over zijn vader te spreken*.

837 5. Een vergelijking staat in het algemeen helemaal aan het eind van een bijzin (zie ook 826).
- Ik vind dat hij beter brieven kan schrijven dan ik.
- Het is waar dat zij net zo hard heeft gewerkt als ik.

838 Soms staan prepositiezinsdelen achter de persoonsvorm en/of andere werkwoordsvormen.
- Men zegt weleens dat regen nadelig kan zijn voor de boeren.
- Op de radio hoorde ik dat dit bericht in de Tweede Kamer bevestigd is door de minister.

Omdat het moeilijk is aan te voelen wanneer zinsdelen wel of niet achter deze werkwoordsvormen kunnen staan, wordt geadviseerd altijd de werkwoordsvormen aan het eind van de bijzin te zetten.

B   Het gebruik van bijzinnen

839   Een bijzinconstructie moet worden gebruikt in de volgende gevallen.
1.   Na onderschikkende conjuncties, zoals *als, omdat, dat* (zie 609).
- Als ik veel geld had, zou ik een groot huis kopen.

840   2.   In geval van afhankelijke vraagzinnen.
Afhankelijke vraagzinnen worden afgeleid van een hoofdzin en beginnen met een vraagwoord of met een zinsdeel waarin een vraagwoord staat (zie hoofdstuk 11: vraagwoorden).
- Kunt u mij vertellen hoe laat de trein naar Amsterdam vertrekt?
- Hij heeft mij niet verteld waarom hij te laat was.
- Ik heb gezien met welk middel ze deze tafel hebben schoongemaakt.
- Met wie hij naar het feest is gegaan, weet ik niet.

Een vraagwoord kan subject zijn van een bijzin.
- Ik weet niet wie dat tegen hem heeft gezegd (zie 830).

841   3.   Na een relatief pronomen, zoals *die, dat, waar* (zie 457).
- Dit is de man die gisteren het feest heeft gegeven.
- Dit is het huis dat al jaren leegstaat.
- Dit zijn de grammofoonplaten waar wij gisteravond naar hebben geluisterd.

842   Een bijzin na een relatief pronomen staat vaak tussen twee gedeelten van een hoofdzin.
- De mensen die in het huis naast ons wonen, zijn aardig.

   hoofdzin   de mensen zijn aardig.
   bijzin   die in het huis naast ons wonen,

- De grammofoonplaten waar wij gisteravond naar hebben geluisterd, hebben wij in onze vakantie gekocht.

   hoofdzin   de grammofoonplaten hebben wij in onze vakantie gekocht.
   bijzin   waar wij gisteravond naar hebben geluisterd,

843   Soms staat de relatieve bijzin niet onmiddellijk na het antecedent, om de betekenis van de zin duidelijker te maken en de stijl te verbeteren (zie 460).
Bij voorbeeld
- Ik heb over een visser gelezen die kort geleden weer zalm in de Maas heeft gevangen.

is duidelijker en mooier dan
- Ik heb over een visser die kort geleden weer zalm in de Maas heeft gevangen, gelezen.

- Machines halen stoffen uit de aarde waar de mens brandstof aan ontleent.

is duidelijker en mooier dan
- Machines halen stoffen waar de mens brandstof aan ontleent, uit de aarde.

Zo ook:
- Ik heb een stoel gekocht waar je lekker op kunt zitten.
- Ik ga vanavond het boek lezen dat ik op mijn verjaardag heb gekregen.

844 Een zin kan alleen met een relatieve bijzin beginnen wanneer deze met *wie, wat/hetgeen* begint (zie 480).
- Wie ons met dat werk zou kunnen helpen, moet ons dat zeggen.
- Wat/hetgeen hij tegen mij gezegd heeft, is waar.

845 4. In bijzinnen van vergelijking.
Bijzinnen van vergelijking kunnen staan na de woorden *alsof, dan, zo ... als, zoals, even ... als, evenals, dezelfde/hetzelfde ... als*.
- Deze jurk ziet eruit alsof hij nieuw is.
- Je moet het doen zoals ik het je heb gezegd.

846 Na *dan, zo ... als, zoals, even ... als, evenals, dezelfde/hetzelfde ... als*, staat meestal geen complete zin (zie 828). Wanneer de zin in de vergelijking wel compleet is, is deze zin een bijzin.
- Wij doen dit tegenwoordig anders dan wij het vroeger geleerd hebben.
- Je moet net zo veel koken als je voor de gasten voor het avondeten nodig hebt.

C   Algemene opmerkingen over bijzinnen

847 1. Als een zin met een bijzin begint, is er in principe inversie in de daaropvolgende hoofdzin (zie 811).
- Als het vijf uur is, gaat iedereen naar huis.

848 Deze regel geldt niet na bijzinnen met vraagwoorden in combinatie met *ook (maar)* (zie 819) en na bijzinnen met *(ook) al* (zie 818).
- Wat je ook tegen hem zegt, hij gelooft je toch niet.
- Ook al ben ik moe, ik ga door met mijn werk.

849 2. Na de woorden *hoe ... hoe* in een vergelijking komt in het geval van een complete zin altijd een bijzin.
- Hoe langer je met dit werk wacht, hoe moeilijker het voor je zal worden.

850 Wanneer *hoe ... des te* gebruikt wordt, zijn er twee mogelijkheden.
- *des te* gevolgd door een bijzin:
- Hoe langer je met dit werk wacht, des te moeilijker het voor je zal worden.
- *des te* gevolgd door een hoofdzin:
- Hoe langer je met dit werk wacht, des te moeilijker zal het voor je worden.

20

— Naamvallen - casus

851   In theorie kent het Nederlands vier naamvallen.

Eerste naamval - nominatief
Het subject van een zin.
- *Ik* ga weg.
- *Het boek* ligt hier

Predikaat in een zin
- Jan is *leraar*.
- Zij wordt *president*.

Tweede naamval - genitief
In hedendaagse taal wordt de tweede naamval vervangen door een constructie met *van*.
- De statuten der vereniging. (De statuten van de vereniging.)

Derde naamval - datief
Indirect object in een zin, maar zonder prepositie.
- Ik geef *hun* een boek.
- Ik schrijf *vader* een brief.

Vierde naamval - accusatief
Direct object in een zin.
- Ik lees *een boek*.

Prepositie-object
- Het bord staat in *de kast*.

852   Alleen werkwoorden, adverbia en preposities (behalve *te*) kunnen geen
naamvalsuitgang krijgen. Bij alle andere woordsoorten is toevoeging van een
naamvalsuitgang in principe mogelijk.

A   De gevallen waarin de naamvallen nog gebruikt worden
853   Tweede naamval
1. Bij het aanduiden van bezit door toevoeging van *-s*, *'s* of *'*.
–   Achter de eigennaam van de persoon die de bezitter is.
- Piets huis
- Truus' boek
- Anna's grammatica
–   Achter een substantief ter aanduiding van een familielid dat de bezitter is.
- moeders kamer
- oma's bril
–   Achter het reflexief pronomen *elkaar*.
- Wij lezen elkaars boeken.

854 2. Bij zelfstandig gebruik van adjectieven door toevoeging van de uitgang -*s* na: *veel, weinig, genoeg, allerlei, iets, wat, niets, wat voor*. Hiermee te vergelijken zijn *iets dergelijks, iets soortgelijks* (zie 443).

- Ik heb iets nieuws gekocht.
- Heb je wat lekkers voor me?
- Wat voor moois kun je in dit museum zien?

855 3. In officieel geschreven taal.

Schrijftaal	*Spreektaal*
• Wiens boek is dat?	• Van wie is dat boek?
• De man wiens boek hier ligt, heeft de zaal verlaten.	• De man van wie het boek hier ligt, is weggegaan.
• De vrouw wier boek hier ligt, heeft de zaal verlaten.	• De vrouw van wie het boek hier ligt, is weggegaan.
• De heren wier boeken hier liggen, hebben de zaal verlaten (zie 470).	• De heren van wie de boeken hier liggen, zijn weggegaan.
• De minister en diens echtgenote (zie 419).	• De minister en zijn vrouw.
• In het belang des lands.	• In het belang van het land.
• De statuten der vereniging.	• De statuten van de vereniging.
• De opmerking der aanwezigen.	• De opmerking van de aanwezigen.
• De vijftiende dezer.	• De vijftiende van deze maand.

856 Derde naamval en vierde naamval

De meeste personale pronomina kennen een derde en/of een vierde naamval.

eerste naamval	*derde naamval en vierde naamval*
ik	mij, me
jij, je	jou, je
hij	hem
zij, ze	haar
wij, we	ons
zij, ze	hun | hen
	ze | ze

Voorbeelden

Derde naamval
- Schrijf *me* een brief. Ik geef *hem* een boek.

Vierde naamval
- Jan heeft *me* niet gezien. Ik heb *hem* niet gezien.

Alleen het personaal pronomen van de derde persoon pluralis *zij, ze* onderscheidt een aparte derde naamval *hun* en een vierde naamval *hen* (zie 390).

- Ik geef hun een kopje koffie.
- Ik heb hen nog niet ontmoet.
- Ik zal een kopje koffie aan hen geven.

857   Derde naamval
      Het woord *ter* (= te der) voor een substantief dat is afgeleid van een werkwoord, duidt een
      doel aan.
            • Ik geef je dit idee ter overweging. (Ik geef je dit idee om te overwegen.)
            • Je mag dit boek ter inzage hebben. (Je mag dit boek hebben om in te zien.)
      Zo ook: *ter discussie, ter bespreking, ter behandeling, ter bestudering.*

B   Vaste uitdrukkingen met naamvalsuitgangen
857   Er zijn enige vaste uitdrukkingen, waarin de oude naamvalsuitgangen van de tweede en
      derde naamval zijn overgebleven.

858   1. Uitdrukkingen met de tweede naamval.
      – uitgang -*s*
      De uitgang -*s* werd vroeger gebruikt bij mannelijke en onzijdige substantieven in de
      singularis. Het bijbehorende lidwoord was *des* (= '*s*).
      '*s* (= *des*): '*s morgens, 's ochtends, 's middags, 's avonds, 's nachts, 's zomers, 's winters,
      's maandags, 's woensdags, 's zaterdags, 's zondags.*
            • 's Morgens ga ik altijd naar school.
            • De vergadering begint 's middags om twee uur.
            • 's Maandags begint de les om half twee en 's woensdags om twee uur.

      In officieel taalgebruik ziet men in plaats van '*s* ook wel *des.*
            • De vergadering vangt om tien uur des morgens aan.

      '*s* komt voor in plaatsnamen als '*s-Gravenhage (=Den Haag)* en '*s-Hertogenbosch (=Den Bosch).*

      Vaste uitdrukkingen met *des*
            • De heer des huizes   • Zonder aanzien des persoons
            • Een teken des tijds   • De steen des aanstoots
            • De dag des Heeren   • De stem des volks
      Des aan het bijbehorende woord vastgeschreven, bij voorbeeld: *desgewenst, desnoods,
      desondanks, destijds, desalniettemin.*

      -*s* achter het substantief (zonder lidwoord): *driemaal daags, daags voor Kerstmis,
      blootshoofds.*

859   – uitgang -*r*
      De uitgang -*r* werd vroeger gebruikt bij vrouwelijke substantieven in de singularis en bij alle
      substantieven in de pluralis.
            • In de loop der jaren   • één dezer dagen
            • mijnerzijds   • zijnerzijds
            • onzerzijds

860   2. Uitdrukkingen met de derde naamval.
      Vroeger volgde na sommige preposities de derde naamval. Enige vaststaande
      uitdrukkingen, die hiervan zijn overgebleven, volgen hierna.

Combinaties met *te*
- te allen tijde
- te uwer informatie
- te zijner tijd
- te uwer attentie

Combinaties met *ten*
- ten aanzien van
- ten bate van
- ten bedrage van
- ten behoeve van
- ten dele
- ten dienste van
- ten gevolge van
- ten goede
- ten gunste van
- ten huize van
- ten kantore van
- ten koste van
- ten kwade
- ten nadele van
- ten name van
- ten noorden
- ten oosten
- ten onrechte
- ten opzichte van
- ten tijde van
- ten voordele van
- ten westen
- ten zuiden
- heden ten dage

Ten aan het bijbehorende woord vastgeschreven:
- teneinde
- tenminste
- tenslotte

Combinaties met *ter*
- ter attentie van
- ter ere van
- ter wille van
- ter plaatse
- ter plekke
- ter zake
- ter gelegenheid van

Combinaties met *bij*
- bij monde van
- bij name
- bij wijze van

Combinaties met *in*
- in koelen bloede
- in den lande
- in dier voege
- in groten getale
- in mindere mate
- in hoge mate
- in feite
- in genen dele
- in levenden lijve

Combinaties met *met*
- met mate
- met name
- met dien verstande

Combinatie met *onder*
- onder ede

Combinaties met *op*
- op den duur
- op straffe van

Combinaties met *uit*
- uit den boze
- uit hoofde van

Combinaties met *van*
- van ganser harte
- van node

21

— Homoniemen

861   Een zelfde woord wordt soms in verschillende betekenissen gebruikt. Ter verduidelijking wordt hier een overzicht gegeven van woorden die in de grammatica moeilijkheden kunnen geven.

862   *dat*

Dat: demonstratief pronomen, vóór een substantief (*het*-woord) (zie 424).
- Dat huis vind ik mooi.

Dat: demonstratief pronomen, zelfstandig gebruikt, ter vervanging van een *het*-woord (zie 433).
- Is het huis te huur? Ja, dat is nog te huur.

Dat: demonstratief pronomen, zelfstandig gebruikt, ter vervanging van een hele zin (zie 435).
- Jan is ziek. Ja, dat weet ik.

Dat: demonstratief pronomen, subject van een zin met predikaat (zie 453).
- Dat is mijn vrouw.
- Dat zijn mooie stoelen.

Dat: relatief pronomen, verwijst naar een substantief (*het*-woord) en wordt gevolgd door een bijzin (zie 462).
- Het huis dat daar staat, is mooi.

Dat: onderschikkende conjunctie, gevolgd door een bijzin (zie 632).
- Ik denk dat hij het huis koopt.

Dat: in combinatie met bij voorbeeld *zo* (zie 632).
- Hij is zo ziek dat hij niet zelf naar de dokter kan gaan.

863   *of*

Of: nevenschikkende conjunctie, ter verbinding van twee woorden (zie 595).
- Wil je thee of koffie?

Of: nevenschikkende conjunctie, ter verbinding van twee hoofdzinnen (zie 595).
- Zullen we vanmiddag naar het strand gaan of zullen we naar een museum gaan?

Of ... of: nevenschikkende conjunctie (zie 607).
- Of we gaan naar het strand, of we gaan naar een museum.

Of: onderschikkende conjunctie, gevolgd door een bijzin (zie 633).
    • Hij vroeg of ik vanavond wilde komen eten.

Of: conjunctie, gevolgd door een hoofdzinconstructie (zie 655).
    • Nauwelijks waren we thuis of het begon hard te regenen.

Of (= alsof), bij vergelijkingen (zie 845).
    • De jurk ziet eruit of hij nieuw is.

864   *als*
Als: onderschikkende conjunctie, gevolgd door een bijzin (zie 609).
    • Als het vijf uur is, gaat iedereen naar huis (zie 611).
    • Als ik mijn huiswerk gemaakt heb, ga ik wandelen (zie 614).
    • Als het regent, worden de straten nat (zie 615).
    • Als we vakantie hadden, gingen we vroeger altijd naar zee (zie 615).
    • Als ik veel geld had, zou ik een huis kopen (zie 616).

Als: bij vergelijking, in combinatie met *net ... zo, even ... zo* (zie 846).
    • Ik heb net zo veel slaap nodig als jij

Als: kwaliteit, gevolgd door een substantief
    • Als buitenlander moet je examen in de Nederlandse taal doen.

865   *toen*
Toen: onderschikkende conjunctie, gevolgd door een bijzin (zie 612).
    • Toen het vijf uur was, ging iedereen naar huis.
    • Toen Mohamed klein was, woonde hij in Egypte.
    • Toen ik mijn huiswerk gemaakt had, ging ik wandelen (zie 613).

Toen: verbindend adverbium, in een hoofdzin (zie 662).
    • Wij hadden vroeger les van mijnheer De Vries. Jij was toen nog niet in Nederland.
    • Jan was er al, toen kwam Piet pas.
    • Eerst heb ik televisie gekeken en toen ben ik naar bed gegaan.

866   *dan*
Dan: verbindend adverbium, in een hoofdzin.
    • Ik kan maandag niet bij je komen want dan heb ik altijd les.
    • Eerst komt Jan en dan komt Piet.
    • We gaan eerst in de stad eten, dan gaan we naar de bioscoop (zie 661).

Dan: bij vergelijking, na de comparatief (zie 189).
    • Hij kan beter schrijven dan ik.
    • Mijn tafel is groter dan jouw tafel.

867   *wat*

Wat: vragend pronomen, gevolgd door een directe vraag (zie 483).
   • Wat heb je gekocht?

Wat: vragend pronomen, gevolgd door een indirecte vraag (zie 483 en 840).
   • Ik ben benieuwd wat je gekocht hebt.

Wat voor (een) ...: gevolgd door een directe vraag (zie 489).
      • Wat voor (een) auto is dat?
      • Wat is dat voor een auto?

Wat voor (een): vragend pronomen, gevolgd door een indirecte vraag (zie 489, 840).
      • Ik ben benieuwd wat voor een auto dat is.
      • Ik ben benieuwd wat dat voor een auto is.

Wat: relatief pronomen gevolgd door een bijzin, na een onbepaald antecedent (zie 472).
      • Dit is alles wat ik weet.

Wat: relatief pronomen, gevolgd door een bijzin, zonder antecedent (zie 480).
      • Wat hij zegt, is waar.

Wat: onbepaald telwoord (zie 522).
      • Heb je wat geld voor mij?

Wat: onbepaald pronomen (zie 532).
      • Zei je wat?
      • Heb je wat moois gekocht?

Wat: uitroep, in combinatie met *een* (zie 80).
      • Wat een mooie bloemen heb je daar!
      • Wat heb je daar een mooie bloemen!

Wat: uitroep, voor een adjectief.
      • Wat leuk!

868   *al*

Al: adverbium (zie 556, 758).
      • Ben je al in Amsterdam geweest?
      • Ik heb deze brieven al gelezen, jij moet ze nog lezen.

Al: onbepaald pronomen, voor lidwoord *het*, demonstratief of possessief pronomen (zie 536).
      • Ik heb al deze brieven gelezen (deze brieven allemaal).

Al: conjunctie, gevolgd door een hoofdzinconstructie (zie 656).
      • (Ook) al ben ik moe, toch ga ik door met mijn werk.

— Aanhangsel

Inhoud

869

presens (onvoltooid tegenwoordige tijd - o.t.t.)

infinitief		werken		begrijpen	trouwen
stam		werk		begrijp	trouw

singularis

1ste p. stam	ik	werk	ik	begrijp	ik	trouw
2de p. stam + t	jij	werkt	jij	begrijpt	jij	trouwt
stam		werk jij		begrijp jij		trouw jij
stam + t	u	werkt	u	begrijpt	u	trouwt
3de p. stam + t	hij	werkt	hij	begrijpt	hij	trouwt
	zij	werkt	zij	begrijpt	zij	trouwt
	het	werkt	het	begrijpt	(het	trouwt)

pluralis

1ste p. infinitief	wij	werken	wij	begrijpen	wij	trouwen
2de p. infinitief	jullie	werken	jullie	begrijpen	jullie	trouwen
3de p. infinitief	zij	werken	zij	begrijpen	zij	trouwen

870   **imperfectum (onvoltooid verleden tijd - o.v.t.)**

regelmatig

infinitief	werken	trouwen
stam	werk	trouw

singularis

1ste p. stam + ⟨ te / de	ik	werkte	ik	trouwde
2de p. stam + ⟨ te / de	jij	werkte	jij	trouwde
	u	werkte	u	trouwde
3de p. stam + ⟨ te / de	hij	werkte	hij	trouwde

pluralis

1ste p. stam + ⟨ ten / den	wij	werkten	wij	trouwden
2de p. stam + ⟨ ten / den	jullie	werkten	jullie	trouwden
3de p. stam + ⟨ ten / den	zij	werkten	zij	trouwden

onregelmatig

begrijpen	begrepen
stam imperfectum	begreep

singularis

1ste p.	ik	begreep
2de p.	jij	begreep
	u	begreep
3de p.	hij	begreep

pluralis

1ste p.	zij	begrepen
2de p.	jullie	begrepen
3de p.	zij	begrepen

871   **perfectum (voltooid tegenwoordige tijd - v.t.t.)**

presens van de hulpwerkwoorden *hebben* of *zijn* + participium

infinitief	werken	begrijpen	trouwen
singularis			
1ste persoon	ik heb gewerkt	ik heb begrepen	ik ben getrouwd
2de persoon	jij hebt gewerkt	jij hebt begrepen	jij bent getrouwd
	heb jij gewerkt	heb jij begrepen	ben jij getrouwd
	u hebt gewerkt	u hebt begrepen	u bent getrouwd
3de persoon	hij heeft gewerkt	hij heeft begrepen	hij is getrouwd
	zij heeft gewerkt	zij heeft begrepen	zij is getrouwd
	het heeft gewerkt	het heeft begrepen	(het is getrouwd)
pluralis			
1ste persoon	wij hebben gewerkt	wij hebben begrepen	wij zijn getrouwd
2de persoon	jullie hebben gewerkt	jullie hebben begrepen	jullie zijn getrouwd
3de persoon	zij hebben gewerkt	zij hebben begrepen	zij zijn getrouwd

plusquamperfectum (voltooid verleden tijd - v.v.t.)

imperfectum van de hulpwerkwoorden *hebben* of *zijn* + participium

infinitief	werken	begrijpen	trouwen
singularis			
1ste persoon	ik had gewerkt	ik had begrepen	ik was getrouwd
2de persoon	jij had gewerkt	jij had begrepen	jij was getrouwd
	had jij gewerkt	had jij begrepen	was jij getrouwd
	u had gewerkt	u had begrepen	u was getrouwd
3de persoon	hij had gewerkt	hij had begrepen	hij was getrouwd
	zij had gewerkt	zij had begrepen	zij was getrouwd
	het had gewerkt	het had begrepen	(het was getrouwd)
pluralis			
1ste persoon	wij hadden gewerkt	wij hadden begrepen	wij waren getrouwd
2de persoon	jullie hadden gewerkt	jullie hadden begrepen	jullie waren getrouwd
3de persoon	zij hadden gewerkt	zij hadden begrepen	zij waren getrouwd

873   futurum (onvoltooid tegenwoordig toekomende tijd - o.t.t.t.)

presens van het hulpwerkwoord *zullen* + infinitief

infinitief	werken	begrijpen	trouwen
singularis			
1ste persoon	ik zal werken	ik zal begrijpen	ik zal trouwen
2de persoon	jij zal werken	jij zal begrijpen	jij zal trouwen
	zal jij werken	zal jij begrijpen	zal jij trouwen
	u zult werken	u zult begrijpen	u zult trouwen
3de persoon	hij zal werken	hij zal begrijpen	hij zal trouwen
	zij zal werken	zij zal begrijpen	zij zal trouwen
	het zal werken	het zal begrijpen	(het zal trouwen)
pluralis			
1ste persoon	wij zullen werken	wij zullen begrijpen	wij zullen trouwen
2de persoon	jullie zullen werken	jullie zullen begrijpen	jullie zullen trouwen
3de persoon	zij zullen werken	zij zullen begrijpen	zij zullen trouwen

874 **conditionalis (onvoltooid verleden toekomende tijd - o.v.t.t.)**

imperfectum van het hulpwerkwoord *zullen* + infinitief

infinitief			
	werken	begrijpen	trouwen

singularis

1ste persoon	ik	zou	werken	ik	zou	begrijpen	ik	zou	trouwen
2de persoon	jij	zou / zou jij	werken	jij	zou / zou jij	begrijpen	jij	zou / zou jij	trouwen
	u	zou	werken	u	zou	begrijpen	u	zou	trouwen
3de persoon	hij	zou	werken	hij	zou	begrijpen	hij	zou	trouwen
	zij	zou	werken	zij	zou	begrijpen	zij	zou	trouwen
	het	zou	werken	het	zou	begrijpen	(het	zou	trouwen)

pluralis

1ste persoon	wij	zouden	werken	wij	zouden	begrijpen	wij	zouden	trouwen
2de persoon	jullie	zouden	werken	jullie	zouden	begrijpen	jullie	zouden	trouwen
3de persoon	zij	zouden	werken	zij	zouden	begrijpen	zij	zouden	trouwen

875   **futurum exactum (voltooid tegenwoordig toekomende tijd - v.t.t.t.)**

presens van het hulpwerkwoord *zullen* + infinitief van *hebben* of *zijn* + participium

infinitief	werken / begrijpen			trouwen		
singularis						
1ste persoon	ik	zal	hebben	gewerkt / begrepen*	ik	zal	hebben	gewerkt / begrepen*

infinitief	werken / begrijpen	trouwen
singularis		
1ste persoon	ik zal hebben gewerkt / begrepen*	ik zal zijn getrouwd*
2de persoon	jij zal hebben gewerkt / begrepen	jij zal zijn getrouwd
	zal jij hebben gewerkt / begrepen	zal jij zijn getrouwd
	u zal hebben gewerkt / begrepen	u zal zijn getrouwd
3de persoon	hij zal hebben gewerkt / begrepen	hij zal zijn getrouwd
	zij zal hebben gewerkt / begrepen	zij zal zijn getrouwd
	het zal hebben gewerkt / begrepen	(het zal zijn getrouwd)
pluralis		
1ste persoon	wij zullen hebben gewerkt / begrepen	wij zullen zijn getrouwd
2de persoon	jullie zullen hebben gewerkt / begrepen	jullie zullen zijn getrouwd
3de persoon	zij zullen hebben gewerkt / begrepen	zij zullen zijn getrouwd

*)   zal gewerkt hebben, zal begrepen hebben, zal getrouwd zijn is ook mogelijk. Er is geen enkel verschil in gebruik.

876 conditionalis perfecti (voltooid verleden toekomende tijd - v.v.t.t.)

imperfectum van het hulpwerkwoord *zullen* + infinitief van *hebben* of *zijn* + participium

infinitief

	werken / begrijpen	trouwen

singularis

1ste persoon	ik	zou	hebben	gewerkt / begrepen*	ik	zou	zijn	getrouwd*
2de persoon	jij	zou	hebben	gewerkt / begrepen	jij	zou	zijn	getrouwd
		zou jij	hebben	gewerkt / begrepen		zou jij	zijn	getrouwd
	u	zou	hebben	gewerkt / begrepen	u	zou	zijn	getrouwd
3de persoon	hij	zou	hebben	gewerkt / begrepen	hij	zou	zijn	getrouwd
	zij	zou	hebben	gewerkt / begrepen	zij	zou	zijn	getrouwd
	het	zou	hebben	gewerkt / begrepen	(het	zou	zijn	getrouwd)

pluralis

1ste persoon	wij	zouden	hebben	gewerkt / begrepen	wij	zouden	zijn	getrouwd
2de persoon	jullie	zouden	hebben	gewerkt / begrepen	jullie	zouden	zijn	getrouwd
3de persoon	zij	zouden	hebben	gewerkt / begrepen	zij	zouden	zijn	getrouwd

*) zal gewerkt hebben, zal begrepen hebben, zal getrouwd zijn is ook mogelijk. Er is geen enkel verschil in gebruik.

877   **Lijst met onregelmatige werkwoorden**
In principe worden samenstellingen van werkwoorden niet gegeven, want meestal
is duidelijk van welk werkwoord de samenstelling gemaakt is.
Zo is *uitgaan* gemaakt van *gaan*.
Vergelijk

| gaan | wij gingen | wij zijn gegaan |
| uitgaan | wij gingen uit | wij zijn uitgegaan |

Wel worden soms minder duidelijke samenstellingen gegeven, bij voorbeeld
begrijpen naast *grijpen*.

bakken	bakte	bakten	gebakken (heb)
barsten	barstte	barstten	gebarsten (ben)
bedelven	bedolf	bedolven	bedolven (heb)
bederven	bedierf	bedierven	bedorven (ben/heb)
bedragen	bedroeg (het)	bedroegen (ze)	bedragen (heeft)
bedriegen	bedroog	bedrogen	bedrogen (heb)
beginnen	begon	begonnen	begonnen (ben)
begrijpen	begreep	begrepen	begrepen (heb)
belijden	beleed	beleden	beleden (heb)
bergen	borg	borgen	geborgen (heb)
bevallen	beviel	bevielen	bevallen (ben)
bevelen	beval	bevalen	bevolen (heb)
bewegen	bewoog	bewogen	bewogen (heb)
bezinnen (zich)	bezon	bezonnen	bezonnen (heb)
bezoeken	bezocht	bezochten	bezocht (heb)
bezwijken	bezweek	bezweken	bezweken (ben)
bidden	bad	baden	gebeden (heb)
bieden	bood	boden	geboden (heb)
bijten	beet	beten	gebeten (heb)
binden	bond	bonden	gebonden (heb)
blazen	blies	bliezen	geblazen (heb)
blijken	bleek	bleken	gebleken (is)
blijven	bleef	bleven	gebleven (ben)
blinken	blonk	blonken	geblonken (heb)
braden	braadde	braadden	gebraden (heb)
breken	brak	braken	gebroken (ben/heb)
brengen	bracht	brachten	gebracht (heb)
brouwen	brouwde	brouwden	gebrouwen (heb)
buigen	boog	bogen	gebogen (heb)
delven	dolf	dolven	gedolven (heb)
denken	dacht	dachten	gedacht (heb)
dingen	dong	dongen	gedongen (heb)
doen	deed	deden	gedaan (heb)
dragen	droeg	droegen	gedragen (heb)
drijven	dreef	dreven	gedreven (ben/heb)

dringen	drong	drongen	gedrongen (ben/heb)
drinken	dronk	dronken	gedronken (heb)
druipen	droop	dropen	gedropen (heb)
duiken	dook	doken	gedoken (ben/heb)
durven	durfde	durfden	gedurfd (heb)
	dorst	dorsten	gedurfd (heb)
dwingen	dwong	dwongen	gedwongen (heb)
ervaren	ervoer	ervoeren	ervaren (heb)
eten	at	aten	gegeten (heb)
fluiten	floot	floten	gefloten (heb)
gaan	ging	gingen	gegaan (ben)
gelden	gold	golden	gegolden (heb)
genezen	genas	genazen	genezen (ben/heb)
genieten	genoot	genoten	genoten (heb)
geven	gaf	gaven	gegeven (heb)
gieten	goot	goten	gegoten (heb)
glijden	gleed	gleden	gegleden (ben/heb)
glimmen	glom	glommen	geglommen (heb)
graven	groef	groeven	gegraven (heb)
grijpen	greep	grepen	gegrepen (heb)
hangen	hing	hingen	gehangen (heb)
hebben	had	hadden	gehad (heb)
heffen	hief	hieven	geheven (heb)
helpen	hielp	hielpen	geholpen (heb)
heten	heette	heetten	geheten (heb)
houden	hield	hielden	gehouden (heb)
houwen	hieuw	hieuwen	gehouwen (heb)
hijsen	hees	hesen	gehesen (heb)
jagen	joeg	joegen	gejaagd (heb)
	jaagde	jaagden	gejaagd (heb)
kiezen	koos	kozen	gekozen (heb)
kijken	keek	keken	gekeken (heb)
klimmen	klom	klommen	geklommen (ben/heb)
klinken	klonk	klonken	geklonken (heb)
kluiven	kloof	kloven	gekloven (heb)
knijpen	kneep	knepen	geknepen (heb)
komen	kwam	kwamen	gekomen (ben)
kopen	kocht	kochten	gekocht (heb)
krijgen	kreeg	kregen	gekregen (heb)
kwijten (zich)	kweet	kweten	gekweten (heb)
krimpen	kromp	krompen	gekrompen (ben)

kruipen	kroop	kropen	gekropen (ben/heb)
kunnen	kon	konden	gekund (heb)
lachen	lachte	lachten	gelachen (heb)
laden	laadde	laadden	geladen (heb)
laten	liet	lieten	gelaten (heb)
lezen	las	lazen	gelezen (heb)
liegen	loog	logen	gelogen (heb)
liggen	lag	lagen	gelegen (heb)
lijden	leed	leden	geleden (heb)
lijken	leek	leken	geleken (heb)
lopen	liep	liepen	gelopen (ben/heb)
malen	maalde	maalden	gemalen (heb)
melken	molk	molken	gemolken (heb)
	melkte	melkten	gemolken (heb)
meten	mat	maten	gemeten (heb)
mijden	meed	meden	gemeden (heb)
moeten	moest	moesten	gemoeten (heb)
mogen	mocht	mochten	gemogen (gemoogd) (heb)
nemen	nam	namen	genomen (heb)
nijgen	neeg	negen	genegen (ben/heb)
ontginnen	ontgon	ontgonnen	ontgonnen (heb)
ontluiken	ontlook	ontloken	ontloken (ben)
ontspruiten	ontsproot	ontsproten	ontsproten (ben)
ontwerpen	ontwierp	ontwierpen	ontworpen (heb)
openrijten	reet open	reten open	opengereten (heb)
opschieten	schoot op	schoten op	opgeschoten (ben/heb)
opwinden (zich)	wond op	wonden op	opgewonden (heb)
overlijden	overleed	overleden	overleden (ben)
plegen	placht	plachten	-
pluizen	ploos	plozen	geplozen (heb)
prijzen	prees	prezen	geprezen (heb)
raden	raadde	raadden	geraden (heb)
	ried	rieden	geraden (heb)
rijden	reed	reden	gereden (ben/heb)
rijgen	reeg	regen	geregen (heb)
rijzen	rees	rezen	gerezen (ben)
roepen	riep	riepen	geroepen (heb)
ruiken	rook	roken	geroken (heb)
scheiden	scheidde	scheidden	gescheiden (ben/heb)
schelden	schold	scholden	gescholden (heb)

schenden	schond	schonden	geschonden (heb)
schenken	schonk	schonken	geschonken (heb)
scheppen	schiep	schiepen	geschapen (heb)
scheren	schoor	schoren	geschoren (heb)
schieten	schoot	schoten	geschoten (ben/heb)
schijnen	scheen	schenen	geschenen (heb)
schijten	scheet	scheten	gescheten (heb)
schrijden	schreed	schreden	geschreden (ben/heb)
schrijven	schreef	schreven	geschreven (heb)
schrikken	schrok	schrokken	geschrokken (ben)
schuiven	schoof	schoven	geschoven (ben/heb)
slaan	sloeg	sloegen	geslagen (heb)
slapen	sliep	sliepen	geslapen (heb)
slijpen	sleep	slepen	geslepen (heb)
slijten	sleet	sleten	gesleten (ben/heb)
slinken	slonk	slonken	geslonken (ben)
sluipen	sloop	slopen	geslopen (ben/heb)
sluiten	sloot	sloten	gesloten (heb)
smelten	smolt	smolten	gesmolten (heb)
smijten	smeet	smeten	gesmeten (heb)
snijden	sneed	sneden	gesneden (heb)
snuiten	snoot	snoten	gesnoten (heb)
snuiven	snoof	snoven	gesnoven (heb)
spannen	spande	spanden	gespannen (heb)
spijten	speet (het)	-	gespeten (heeft)
spinnen	spon	sponnen	gesponnen (heb)
splijten	spleet	spleten	gespleten (heb)
spreken	sprak	spraken	gesproken (heb)
springen	sprong	sprongen	gesprongen (ben/heb)
spuiten	spoot	spoten	gespoten (ben/heb)
staan	stond	stonden	gestaan (heb)
steken	stak	staken	gestoken (heb)
stelen	stal	stalen	gestolen (heb)
sterven	stierf	stierven	gestorven (ben)
stijgen	steeg	stegen	gestegen (ben)
stijven	steef	steven	gesteven (heb)
stinken	stonk	stonken	gestonken (heb)
stoten	stootte	stootten	gestoten (ben/heb)
strijden	streed	streden	gestreden (heb)
strijken	streek	streken	gestreken (heb)
stuiven	stoof	stoven	gestoven (ben/heb)
tijgen	toog	togen	getogen (ben)
treden	trad	traden	getreden (ben/heb)
treffen	trof	troffen	getroffen (heb)
trekken	trok	trokken	getrokken (ben/heb)

uitscheiden	scheed uit	scheden uit	uitgescheden (ben)
	scheidde uit	scheidden uit	uitgescheiden (ben)
vallen	viel	vielen	gevallen (ben)
vangen	ving	vingen	gevangen (heb)
varen	voer	voeren	gevaren (ben/heb)
vechten	vocht	vochten	gevochten (heb)
verbannen	verbande	verbanden	verbannen (heb)
verbieden	verbood	verboden	verboden (heb)
verdwijnen	verdween	verdwenen	verdwenen (ben)
vergelijken	vergeleek	vergeleken	vergeleken (heb)
vergeten	vergat	vergaten	vergeten (ben/heb)
verliezen	verloor	verloren	verloren (ben/heb)
vermijden	vermeed	vermeden	vermeden (heb)
verraden	verraadde	verraadden	verraden (heb)
verschuilen	verschool	verscholen	verscholen (ben/heb)
verslinden	verslond	verslonden	verslonden (heb)
vertrekken	vertrok	vertrokken	vertrokken (ben)
verwijten	verweet	verweten	verweten (heb)
verzinnen	verzon	verzonnen	verzonnen (heb)
verzoeken	verzocht	verzochten	verzocht (heb)
verzwelgen	verzwolg	verzwolgen	verzwolgen (heb)
vinden	vond	vonden	gevonden (heb)
vlechten	vlocht	vlochten	gevlochten (heb)
vliegen	vloog	vlogen	gevlogen (ben/heb)
vouwen	vouwde	vouwden	gevouwen (heb)
vragen	vroeg	vroegen	gevraagd (heb)
vreten	vrat	vraten	gevreten (heb)
vriezen	vroor (het)	-	gevroren (heeft)
waaien	woei	woeien	gewaaid (heeft/heb)
	waaide	-	gewaaid (heeft/heb)
wassen	waste	wasten	gewassen (heb)
wegen	woog	wogen	gewogen (heb)
werpen	wierp	wierpen	geworpen (heb)
werven	wierf	wierven	geworven (heb)
weten	wist	wisten	geweten (heb)
weven	weefde	weefden	geweven (heb)
wijken	week	weken	geweken (ben)
wijten	weet	weten	geweten (heb)
wijzen	wees	wezen	gewezen (heb)
willen	wou	wouden	gewild (heb)
	wilde	wilden	gewild
winden	wond	wonden	gewonden (heb)
winnen	won	wonnen	gewonnen (heb)
worden	werd	werden	geworden (ben)
wreken	wreekte	wreekten	gewroken (heb)

wrijven	wreef	wreven	gewreven (heb)
wringen	wrong	wrongen	gewrongen (heb)
zeggen	zei	zeiden	gezegd (heb)
zenden	zond	zonden	gezonden (heb)
zien	zag	zagen	gezien (heb)
zijgen	zeeg	zegen	gezegen (ben)
zijn	was	waren	geweest (ben)
zingen	zong	zongen	gezongen (heb)
zinken	zonk	zonken	gezonken (ben)
zinnen	zon	zonnen	gezonnen (heb)
zitten	zat	zaten	gezeten (heb)
zoeken	zocht	zochten	gezocht (heb)
zouten	zoutte	zoutten	gezouten (heb)
zuigen	zoog	zogen	gezogen (heb)
zuipen	zoop	zopen	gezopen (heb)
zullen	zou	zouden	-
zwelgen	zwolg	zwolgen	gezwolgen (heb)
zwellen	zwol	zwollen	gezwollen (hen)
zwemmen	zwom	zwommen	gezwommen (ben/heb)
zweren	zwoer	zwoeren	gezworen (heb)
	zwoor/zweerde	zworen/zweerden	gezworen (heb)
zwerven	zwierf	zwierven	gezworven (heb)
zwijgen	zweeg	zwegen	gezwegen (heb)

878   **Onregelmatige werkwoorden, alfabetisch gerangschikt op imperfectum**

at	– eten	bleek	– blijken
		blies	– blazen
bad	– bidden	blonk	– blinken
bedierf	– bederven	bond	– binden
bedolf	– bedelven	bood	– bieden
bedroeg	– bedragen	boog	– buigen
bedroog	– bedriegen	borg	– bergen
beet	– bijten	bracht	– brengen
begon	– beginnen	brak	– breken
begreep	– begrijpen		
beleed	– belijden	dacht	– denken
beval	– bevelen	deed	– doen
beviel	– bevallen	dolf	– delven
bewoog	– bewegen	dong	– dingen
bezocht	– bezoeken	dook	– duiken
bezon	– bezinnen	dorst	– durven
bezweek	– bezwijken	dreef	– drijven
bleef	– blijven	droeg	– dragen

drong	– dringen	leek	– lijken
dronk	– drinken	liep	– lopen
droop	– druipen	liet	– laten
dwong	– dwingen	loog	– liegen
ervoer	– ervaren	mat	– meten
		meed	– mijden
floot	– fluiten	mocht	– mogen
		moest	– moeten
gaf	– geven	molk	– melken
genas	– genezen		
genoot	– genieten	nam	– nemen
ging	– gaan	neeg	– nijgen
gleed	– glijden		
glom	– glimmen	ontgon	– ontginnen
gold	– gelden	ontlook	– ontluiken
goot	– gieten	ontsproot	– ontspruiten
greep	– grijpen	ontwierp	– ontwerpen
groef	– graven	overleed	– overlijden
had	– hebben	placht	– plegen
hees	– hijsen	ploos	– pluizen
hief	– heffen	prees	– prijzen
hield	– houden		
hielp	– helpen	reed	– rijden
hieuw	– houwen	reeg	– rijgen
hing	– hangen	rees	– rijzen
		reet open	– openrijten
joeg	– jagen	ried	– raden
		riep	– roepen
keek	– kijken	rook	- ruiken
klom	– klimmen		
klonk	– klinken	scheen	– schijnen
kloof	– kluiven	scheet	– schijten
kneep	– knijpen	schiep	– scheppen
kocht	– kopen	schold	– schelden
kon (konden)	– kunnen	schond	– schenden
koos	– kiezen	schonk	– schenken
kreeg	– krijgen	schoof	– schuiven
kromp	– krimpen	schoor	– scheren
kroop	– kruipen	schoot	– schieten
kwam	– komen	schoot op	– opschieten
kweet	– kwijten	schreed	– schrijden
		schreef	– schrijven
lag	– liggen	schrok	– schrikken
las	– lezen	sleep	– slijpen
leed	– lijden	sleet	– slijten

sliep	– slapen	ving	– vangen
sloeg	– slaan	vlocht	– vlechten
slonk	– slinken	vlood	– vlieden
sloop	– sluipen	vloog	– vliegen
sloot	– sluiten	vocht	– vechten
smeet	– smijten	voer	– varen
smolt	– smelten	vond	– vinden
sneed	– snijden	vrat	– vreten
snoof	– snuiven	vroeg	– vragen
snoot	– snuiten	vroor	– vriezen
speet	– spijten		
spleet	– splijten	was (waren)	– zijn
spon	– spinnen	week	– wijken
spoot	– spuiten	wees	– wijzen
sprak	– spreken	weet	– wijten
sprong	– springen	werd	– worden
stak	– steken	wierf	– werven
stal	– stelen	wierp	– werpen
steet	– stijven	wist	– weten
steeg	– stijgen	woei	– waaien
stierf	– sterven	won	– winnen
stond	– staan	wond	– winden
stonk	– stinken	wond op	– opwinden
stoof	– stuiven	woog	– wegen
streed	– strijden	wou	– willen
streek	– strijken	wreef	– wrijven
		wrong	– wringen
toog	– tijgen		
trad	– treden	zag	– zien
trof	– treffen	zat	– zitten
trok	– trekken	zeeg	– zijgen
		zei (zeiden)	– zeggen
verbond	– verbinden	zocht	– zoeken
verbood	– verbieden	zon	– zinnen
verdween	– verdwijnen	zond	– zenden
vergat	– vergeten	zong	– zingen
vergeleek	– vergelijken	zonk	– zinken
verloor	– verliezen	zoog	– zuigen
vermeed	– vermijden	zoop	– zuipen
verried	– verraden	zou (zouden)	– zullen
verschool	– verschuilen	zweeg	– zwijgen
verslond	– verslinden	zwierf	– zwerven
vertrok	– vertrekken	zwoer	– zweren
verweet	– verwijten	zwol	– zwellen
verzocht	– verzoeken	zwolg	– zwelgen
verzon	– verzonnen	zwom	– zwemmen
verzwolg	– verzwelgen	zwoor	– zweren
viel	– vallen		

879   **Onregelmatige werkwoorden, alfabetisch gerangschikt op participium**

bedolven	– bedelven	gegeten	– eten
bedorven	– bederven	gegeven	– geven
bedragen	– bedragen	gegleden	– glijden
bedrogen	– bedriegen	geglommen	– glimmen
begonnen	– beginnen	gegolden	– gelden
begrepen	– begrijpen	gegoten	– gieten
beleden	– belijden	gegraven	– graven
bevallen	– bevallen	gegrepen	– grijpen
bevolen	– bevelen	gehad	– hebben
bewogen	– bewegen	gehangen	– hangen
bezocht	– bezoeken	gehesen	– hijsen
bezonnen	– bezinnen	geheten	– heten
bezweken	– bezwijken	geheven	– heffen
		geholpen	– helpen
ervaren	– ervaren	gehouden	– houden
		gehouwen	– houwen
gebakken	– bakken	gekeken	– kijken
gebarsten	– barsten	geklommen	– klimmen
gebeden	– bidden	geklonken	– klinken
gebeten	– bijten	gekloven	– kluiven
geblazen	– blazen	geknepen	– knijpen
gebleken	– blijken	gekocht	– kopen
gebleven	– blijven	gekomen	– komen
geboden	– bieden	gekozen	– kiezen
geblonken	– blinken	gekregen	– krijgen
gebogen	– buigen	gekrompen	– krimpen
gebonden	– binden	gekropen	– kruipen
geborgen	– bergen	gekweten	– kwijten
gebraden	– braden	gelachen	– lachen
gebracht	– brengen	geladen	– laden
gebroken	– breken	gelaten	– laten
gebrouwen	– brouwen	geleden	– lijden
gedaan	– doen	gelegen	– liggen
gedacht	– denken	geleken	– lijken
gedoken	– duiken	gelezen	– lezen
gedolven	– delven	gelogen	– liegen
gedongen	– dingen	gelopen	– lopen
gedragen	– dragen	gemalen	– malen
gedreven	– drijven	gemeden	– mijden
gedrongen	– dringen	gemeten	– meten
gedronken	– drinken	gemoeten	– moeten
gedropen	– druipen	gemogen	– mogen
gedwongen	– dwingen	gemolken	– melken
gefloten	– fluiten	genegen	– nijgen
gegaan	– gaan	genezen	– genezen

genomen	–	nemen	gestonken	–	stinken
genoten	–	genieten	gestorven	–	sterven
geplozen	–	pluizen	gestoten	–	stoten
geprezen	–	prijzen	gestoven	–	stuiven
geraden	–	raden	gestreden	–	strijden
gereden	–	rijden	gestreken	–	strijken
geregen	–	rijgen	getogen	–	tijgen
gerezen	–	rijzen	getreden	–	treden
geroepen	–	roepen	getroffen	–	treffen
geroken	–	ruiken	getrokken	–	trekken
geschapen	–	scheppen	gevallen	–	vallen
gescheiden	–	scheiden	gevangen	–	vangen
geschenen	–	schijnen	gevaren	–	varen
gescheten	–	schijten	gevlochten	–	vlechten
gescholden	–	schelden	gevlogen	–	vliegen
geschonden	–	schenden	gevochten	–	vechten
geschonken	–	schenken	gevonden	–	vinden
geschoren	–	scheren	gevouwen	–	vouwen
geschoten	–	schieten	gevreten	–	vreten
geschoven	–	schuiven	gevroren	–	vriezen
geschreden	–	schrijden	gewassen	–	wassen
geschreven	–	schrijven	geweest	–	wezen/zijn
geschrokken	–	schrikken	geweken	–	wijken
geslagen	–	slaan	geweten	–	weten
geslapen	–	slapen	geweten	–	wijten
geslepen	–	slijpen	geweven	–	weven
gesleten	–	slijten	gewezen	–	wijzen
geslonken	–	slinken	gewild	–	willen
geslopen	–	sluipen	gewogen	–	wegen
gesloten	–	sluiten	gewonden	–	winden
gesmeten	–	smijten	gewonnen	–	winnen
gesmolten	–	smelten	geworden	–	worden
gesneden	–	snijden	geworpen	–	werpen
gesnoten	–	snuiten	geworven	–	werven
gesnoven	–	snuiven	gewreven	–	wrijven
gespannen	–	spannen	gewroken	–	wreken
gespeten	–	spijten	gewrongen	–	wringen
gespleten	–	splijten	gezegen	–	zijgen
gesponnen	–	spinnen	gezeten	–	zitten
gespoten	–	spuiten	gezien	–	zien
gesproken	–	spreken	gezocht	–	zoeken
gesprongen	–	springen	gezogen	–	zuigen
gestaan	–	staan	gezonden	–	zenden
gestegen	–	stijgen	gezongen	–	zingen
gesteven	–	stijven	gezonken	–	zinken
gestoken	–	steken	gezonnen	–	zinnen
gestolen	–	stelen	gezopen	–	zuipen

gezouten	– zouten	overleden	– overlijden
gezwegen	– zwijgen	verbannen	– verbannen
gezwolgen	– zwelgen	verboden	– verbieden
gezwollen	– zwellen	verdwenen	– verdwijnen
gezwommen	– zwemmen	vergeleken	– vergelijken
gezworen	– zweren (zweerde)	vergeten	– vergeten
gezworen	– zweren (zwoer)	verloren	– verliezen
gezworven	– zwerven	vermeden	– vermijden
		verraden	– verraden
ontgonnen	– ontginnen	verscholen	– verschuilen
ontloken	– ontluiken	verslonden	– verslinden
ontsproten	– ontspruiten	vertrokken	– vertrekken
ontworpen	– ontwerpen	verweten	– verwijten
opengereten	– openrijten	verzocht	– verzoeken
opgeschoten	– opschieten	verzwolgen	– verzwelgen
opgewonden	– opwinden	verzonnen	– verzinnen

880 Tijden van het werkwoord met overeenkomstige Latijnse termen

presens	– onvoltooid tegenwoordige tijd	– o.t.t.
imperfectum	– onvoltooid verleden tijd	– o.v.t.
perfectum	– voltooid tegenwoordige tijd	– v.t.t.
plusquamperfectum	– voltooid verleden tijd	– v.v.t.
futurum	– onvoltooid tegenwoordig toekomende tijd	– o.t.t.t.
futurum exactum	– voltooid tegenwoordig toekomende tijd	– v.t.t.t.
'conditionalis'	– onvoltooid verleden toekomende tijd	– o.v.t.t.
'conditionalis perfecti'	– voltooid verleden toekomende tijd	– v.v.t.t.

o.t.t.	– onvoltooid tegenwoordige tijd	– presens
o.v.t.	– onvoltooid verleden tijd	– imperfectum
v.t.t.	– voltooid tegenwoordige tijd	– perfectum
v.v.t.	– voltooid verleden tijd	– plusquamperfectum
o.t.t.t.	– onvoltooid tegenwoordig toekomende tijd	– futurum
v.t.t.t.	– voltooid tegenwoordig toekomende tijd	– futurum exactum
o.v.t.t.	– onvoltooid verleden toekomende tijd	– 'conditionalis'
v.v.t.t.	– voltooid verleden toekomende tijd	– 'conditionalis perfecti'

881   Accusativus – vierde naamval
      Activum – bedrijvende vorm
      Adjectivum – bijvoeglijk naamwoord
      Adverbium – bijwoord
      Adverbium interrogativum – vragend bijwoord
      Affirmatief – bevestigend
      Artikel – lidwoord
      Cardinale – hoofdtelwoord
      Casus – naamval
      Comparativus – vergrotende trap
      Coniugatio – vervoeging
      Coniunctio – voegwoord
      Coniunctivus – aanvoegende wijs
      Consonans – medeklinker
      Coordinatio – nevenschikking
      Dativus – derde naamval
      Diminutivum – verkleinwoord
      Direct object – lijdend voorwerp
      Femininum – vrouwelijk
      Genitivus – tweede naamval
      Gradus comparationis – trappen van vergelijking
      Imperativus – gebiedende wijs
      Indefinitum – onbepaald woord
      Indirect object – meewerkend voorwerp
      Infinitivus – onbepaalde wijs
      Interrogativum – vraagwoord
      Intransitief – onovergankelijk
      Masculinum – mannelijk
      Negatio – ontkenning
      Neutrum – onzijdig
      Nominativus – eerste naamval
      Numerale – telwoord
      Numerale indefinitum – onbepaald telwoord
      Oratio obliqua – indirecte rede
      Oratio recta – directe rede
      Ordinale – rangtelwoord
      Orthographia – spelling
      Participium perfecti – voltooid deelwoord
      Participium praesentis – tegenwoordig deelwoord
      Passivum – lijdende vorm
      Pluralis – meervoud
      Praefix – voorvoegsel
      Praepositio – voorzetsel
      Pronomen demonstrativum – aanwijzend voornaamwoord
      Pronomen indefinitum – onbepaald voornaamwoord
      Pronomen interrogativum – vragend voornaamwoord
      Pronomen personale – persoonlijk voornaamwoord

Pronomen possessivum – bezittelijk voornaamwoord
Pronomen reflexivum – wederkerend voornaamwoord
Pronomen relativum – betrekkelijk voornaamwoord
Singularis – enkelvoud
Subject – onderwerp
Subordinatio – onderschikking
Substantivum – zelfstandig naamwoord
Suffix – achtervoegsel
Superlativus – overtreffende trap
Transitief – overgankelijk
Verbum – werkwoord
Verbum finitum – persoonsvorm
Vocalis – klinker

— Register